하나의 마디가 생기는 시간

하나의 마디가 생기는 시간

노경수 산문집

곰곰나루

|작가의 말|

오늘의 일상을 고마워하며

   귀향한 지 6년 차, 시골에서 청계 다섯 마리를 키우며 텃밭을 글밭 삼아 가꾸며 살아간다. 흙이 정겹고 텃밭에서 자라는 채소가 정겨운 문화마을 목천리, 청년이 6~70대인 노령마을이라서 나도 부녀회장을 맡고 있다.
   감사하게도 그동안 틈틈이 써 두었던 글을 묶는다. 묶어놓고 보니 수필집이라고 해야 하나, 산문집이라고 해야 하나, 오래된 글에서는 묵은내도 나는데, 갓 짠 들기름 같은 고소한 향내를 풍길 방법은 없을까. 동화처럼 현재 시점으로 다시 구성하여 과거를 시간 변조하여 끌어오면 될 것 같은데, 궁리하다가 이 많은 글들을 언제 바꾸나, 생각만으로도 아뜩해서 묵은내 나는 대로, 꼬질꼬질한 대로 세상에 내놓는다.
   묵은 글들이 대부분 고난을 통과하는 과정에서 쓴 것들이어서, 알록달록 예쁘지도 않거니와 당시 글쓰기는 고난을 이겨내는 방편이었던 터라 산문집으로 묶기로 했다. 묶어놓고 보니 남편에게 미안한 글이 되고 말았는데, 이제는 그 시간이 축복의 통로였음을 알아 안쓰러운 마음 나누며 살아간다.
   결혼하고 30여 년, 부부로 살아가기 위해서는 먼저 다름을 받아들여야 하는데, 속 좁은 나에겐 힘겨운 일이어서 주변을 힘들게 하고 내 몸까지 혹사시켰다. 암을 두 번이나 앓았고, 여기저기 장기들이 사라졌거나 흉터가 생겼다. 그러고 보니 현대 의학에도 참 많은 신세를 졌다.

　주눅과 열등감 덩어리였던 나로 인해 힘들었을, 이제는 안 계신 시부모님께 속죄하는 마음 간절하다. 시어머님이 이렇게 그리울 줄 미처 몰랐다. 학교 다니는 동안 서울행 첫차를 타는 나를 터미널까지 태워다 주기 위해 새벽부터 고생한 남편도 고맙다. 미움으로 눅눅했던 마음은 시간이라는 볕에 말려 보송보송해졌으니 시간은 분명 명약임에 틀림없다.

　눈곱만큼도 예측할 수 없었던 미래와 이해할 수 없었던 당시의 고난을 함께 견뎌온 딸 유진이와 아들 현중이에게도 고맙다. 그 시간 두 아이는 나에게 오염되지 않는 참사랑을 실천으로 보여주었고 가족의 소중함도 일깨워주었다.

　내 앞에 펼쳐진 모든 것들은 협력하여 선을 이루는 재료였음을 깨닫는 오늘의 일상에 감사하다. 혹시라도 나처럼 편협한 인식으로 힘들게 살아가는 사람이 있다면 여기 실린 글이 친구가 되어주길 소망한다. 부족한 글 꼼꼼하게 살펴봐 주신 박덕규 교수님께도 감사한 마음 전한다.

　모든 건 은총이었다.

2025년 8월
문화마을 목천리에서 노경수

차 례

작가의 말
004   오늘의 일상을 고마워하며

제1부
010   귀고리
013   독도
017   보리수나무 아래에서
021   알밤과 어머니
027   양은 주전자 속의 사랑
031   잊혀지지 않는 선물
035   창고 정리
039   마지막 휴게소
043   서로 다른 멍에

제2부
050   딸의 취임식
055   빗쟁이
058   새는 알을 깨고 나온다
061   성형수술
066   조기 유학
071   마디가 생기는 시간
077   새 식구 맞이하기

제3부

98학번, 나의 도전기　084
거울 앞에 서다　088
공부한다는 것은　097
교학상장(教學相長)　102
그리운 윤흥길 선생님께　125
기적 같은 날들　128
상선약수　139
자유의지와 운명　142

제4부

내가 지닌 향기는　148
모퉁이에서 마시는 아메리카노　152
빈궁마마와 6월의 넝쿨장미　157
암병동에서　162
무지외반증　167
나는 프락치였다　171
짝사랑 ― 문학 노트　175
압록강가에 서다　187
연꽃무늬 스카프　194
청이　197
투박한 멋　201
미래를 예측하는 일　205
길을 묻는다　208
텃밭과 글밭　212
산딸기　218

해설 박덕규 문학평론가, 단국대 명예교수
진솔한 고백이 뿜는 향　222

제1부

귀고리

독도

보리수나무 아래에서

알밤과 어머니

양은 주전자 속의 사랑

잊혀지지 않는 선물

창고 정리

마지막 휴게소

서로 다른 멍에

귀고리

 귀를 뚫었다. 귀고리를 하기 위해서다. 귀고리를 하고 다니는 사람을 볼 때마다 흉을 보는 게 다반사였다. 물론 가끔, 아주 가끔은 귀고리가 매달린 예쁜 귀를 볼 때는 나도 해볼까, 생각도 스쳤지만 진짜로 귀를 뚫을 줄은 나도 몰랐다. 겁도 나려니와 아픔까지 감수하면서 예뻐 보이고 싶은 내 모습이 싫었기 때문이다.
 그런 내가 귀에 구멍을 뚫게 된 것은 순전히 엄마와 효성스러운 남동생 때문이었다. 고혈압을 앓고 계시는 엄마가 우리 집에 오셨을 때, 지갑에는 세 쌍의 귀고리를 살 돈이 들어 있었다. 남동생이 돈을 넣어주며 누님들을 만나면 엄마와 함께 예쁜 귀고리를 하라고 했다는 것이다. 엄마는 효자 아들을 자랑하고 싶은 마음 때문인지, 예뻐질 것이라는 기대 때문인지, 언니와 나를 불러 길을 재촉하셨다.
 세 모녀의 나들이, 우리는 귀를 뚫기 위해 서산 시내로 갔다. 액세서리를 파는 집에 들어갔더니 18금으로 된 귀고리를 사면 구멍은 그냥 뚫어준다고 한다. 우리는 희희낙락 서로의 귀에 맞는 귀고리를 고르기에 바빴다.
 귀고리를 한 것과 안 한 것은 약 30% 정도 차이가 난다고 한다. 귀고리를 하면 안 한 것보다 30% 정도 아름다워 보인다는 것이다. 어디서 나온 통계인지는 모르지만, 점원은 30%를 강조하며 잘 선택했다고 부추긴다.

겁이 제일 많은 언니가 먼저 나섰다. 훤칠한 미모와 달리 큰 귀에 귓불이 없다고 불만이던 언니는 평소 겁쟁이라는 말이 실감 나지 않을 만큼 귓불을 뚫는 총 앞에 씩씩했다. 언니를 바라보는 내 마음은 조마조마하다. 얼마나 아플까, 피는 얼마나 날까, 꼭 해야만 할까, 귀에 구멍을 낼 준비를 하는 점원을 바라보며 나는 머뭇거렸다. 생각보다 아프지 않다는 엄살쟁이 언니의 말과 함께 젊은이들은 한쪽 귀에 서너 개의 구멍을 뚫고 다니기도 한다는 점원의 말이 곁들이자 두려운 마음이 다소 누그러진다.

"우리 아들이 하라구 하라구 돈을 쥐어주면서 멧날 멧칠을 두구 을매나 신신당부를 하던지, 그러닝께 마지못해서 하는 거유. 내가 이 나이에 뭐 이쁘구 싶다구 귀를 뚫겠슈. 머리 아픈디 좋다고 자꾸 하라닝께, 돈까장 주면서 자꾸 하라닝께 하는 거유!"

일흔셋의 엄마는 점원에게 귀를 내밀면서 아들 자랑을 늘어놓는다. 칠십 평생 한 번도 내보이지 않았던 아름다움에 대한 욕망이 다 늙어 들춰진 게 못내 쑥스러운 모양이다. 점원이 엄마의 늘어진 귓불을 잡아당기자 엄마는 그제야 '에구머니나!' 입을 다물면서 움찔 눈을 감더니만 곧바로 '안 아프다야' 빙그레 웃으신다.
 마지막으로 내 차례가 되었을 때 나는 다소 여유를 가질 수 있었지만 그래도 두려움은 사라지지 않았다. 그렇게 고민하는 사이 잠깐 따끔, 하더니 귓불에서 귀고리가 반짝인다. 이쁘다.
 상처에 약을 바른 우리는 뚫린 구멍이 아물 때까지는 귀고리를 빼면 안 된다는 점원의 주의를 듣고 점심을 먹으러 갔다. 점심을 먹는 동안은 내내 귓불이 얼얼하고 감각도 마비되는 듯했으나 세 모녀 우리는 어쨌거나 예뻐지기 위해서 귀를 뚫은 게 아니라 건강에 좋다는 동생의 권유에 마지못해 뚫은 거였다.

귀고리를 하고 난 후 세수할 때도 머리를 감을 때도 조심하면서 생활했다. 예뻐지려면 그만한 불편함이야 기꺼이 감수해야지, 거울 속에서 고개를 이리 돌리고 저리 돌려가면서 반짝반짝 빛나는 귓불에 며칠은 만족했다.

그렇게 3주쯤 견뎠을 때 사랑 땜이 끝났기 때문인지, 귀고리가 온몸을 구속하는 걸 느낀다. 동생을 핑계로 건강을 핑계로 욕망의 출구를 열어버린 귀고리는 나의 자유를 요구했다. 바늘구멍만 한 작은 구멍에 반짝이는 귀고리가 불러오는 불편함은 한둘이 아니었다. 세수할 때도 불편하고 머리를 감을 때도 불편하고 목욕할 때는 물론, 운동할 때도 땀이 날 때도 옷을 갈아입을 때도 잠을 잘 때도 불편했다. 날이 갈수록 그 많은 불편을 감수하면서 귀고리를 해야 할 합당한 이유가 떠오르지 않았다. 30% 더 아름다워 보인다고 하더라도 말이다.

아름다움이나 추함은 대상이 소유하는 게 아니라 보는 사람과의 거리에서 파생한다. 이때 보는 사람이 세계를 인식하는 방법도 끼어들고 시대의 흐름도 끼어든다. 자기다움의 주체성이 필요한 이유다. 따라서 절대적 기준이 있는 객관적 정서가 아니라 관찰하는 자의 주관에 따라 결정된다.

나다운 것은 어떤 것일까. 거울 앞에 서서 귓불을 바라보다가 '나다움'을 생각해 본다. 예뻐지고 싶은 욕망을 감춰주었던 남동생의 권유에도 나는, 감출 수 없었던 욕망의 출구였던 귀고리를 했다가 뺐다가 다시 했다가 빼기를 반복하며 나를 살펴본다.

무엇인가 조심하지 않아도 된다는 가벼움, 나는 왜 생살을 뚫으면서 구속을 택했을까. 결국 아름다움과 추함은 내 안의 문제였음을 깨닫는다. 다시 보면 그래도 대롱대롱 반짝이는 귀고리가 이쁘다. 구속을 택할 것인가, 자유를 택할 것인가, 거울 앞에 서서 귀를 바라보는 시간이 마냥 흘러간다.

― 2005년 6월

독도

 3년 전부터 가려던 독도였다. 그런데 막상 출발 날짜가 정해지면 빼곡한 일정에 발목이 잡혀 주저앉곤 했다. 올핸 다행히 7월이어서 방학이라 떠날 수 있으리라, 독도와 함께 할 3박 4일이 기대되었고 문우들과 함께 할 시간 역시 여간 설레는 게 아니었다.
 출발 열흘 전 새벽이었다. 요양원에 계시던 엄마가 의식을 놓으셨다는 연락이 왔다. 나는 허둥지둥 차를 몰아 요양원으로 갔고, 엄마를 태운 119구급차를 따라 공주에서 세종으로, 세종에서 대전으로 비상등을 깜박이며 달렸다. 다행히도 코로나가 잠시 주춤하던 때였다.
 엄마는 충남 보령의 바닷가마을에서 태어나고 자랐다. 어린 날 엄마가 들려주신 이야기 속에는 늘 바다가 있었고 썰물 때 드러난 독살에서 어른들이 남기고 간 물고기와 꽃게를 잡던 소녀가 있었으며, 죽방렴을 만드느라 갯벌에 대나무를 꽂는 아저씨들이 있었고, 그들의 몸짓이 부끄러워 고개를 돌리던, 고둥 줍던 소녀도 있었다.
 나의 어머니는 1930년생 이복구로 태어나 살다가 한국전쟁 이후 1932년생 이정선으로 살아오셨다. 한국전쟁이 발발하기 3개월 전에 홍성고등학생이었던 사람과 결혼했는데, 전쟁에 나가 잃었고, 큰외숙은 7년 만에 친정에 찾아온 엄마를 돌려보내지 않았다. 그리고 새로운 이름을 부여하여 우리 아버지와 재혼시킨 것이다.
 아버지를 만나서도 신산스러운 삶을 살아온 엄마는 5남매를 낳고 키우면서 고생만 하시다가 5년 전 뇌졸중으로 쓰러지셨다. 2주 만에 깨어났으나 엄마는 엄마가 아니었다. 편마비에 언어장애까지 있어 좋은 것도 싫은 것도 표현할 수 없게 된 엄마, 이야기꾼이었던 엄마는 목이 말라도 물을 달라고 할 수 없고 추위도 이불을 달라고 말할 수 없는, 모든 걸 타인의 손길에 의지해야 했다. 그런 엄마를 내가 모실 수 있는 건 3개월, 고작 3개월뿐이었다.

말할 수 있음이 축복이고 기적이라는 것을 나는 그때 처음으로 깨달았다. 내 의지로 내 손발을 움직여 뭔가를 할 수 있음이 축복이고 감사라는 걸 엄마를 통해 깨달았다. 엄마는 불편한 몸으로 우리들에게 겸허한 삶의 자세를 보여주셨다. 그런데 코로나가 창궐했고, 엄마한테 들락거릴 수 없게 되자 엄마는 우리들을 잊어버렸다.

구급차와 함께 간신히 찾아간 대학병원에서 CT를 확인한 의사는 머리가 다 막혔다고, 중환자실로 가야 한다고 한다. 나는 망설이지 않고 집으로 모셔가겠다고 했다. 의사가 놀라는 눈치다. 그러면 곧 돌아가셔요, 하는 의사의 말에 중환자실로 가면 안 돌아가시느냐고, 어차피 가실 길인데 하루라도 더 고생하시게 할 필요 있느냐며 돌아와 요양원 특별실에서 임종을 준비했다.

엄마는 잠자는 숲속의 공주라도 된 것 같았다. 깊이 잠든 고요한 숨소리, 얼굴과 목덜미, 가슴까지 이어지는 뽀얀 살결은 보드라웠고 표정도 편안했다. 우리 엄마가 이렇게 예뻤었나, 엄마 손이 이렇게 예뻤었나, 엄마 다리가 이렇게 날씬했나, 욕창 하나 없도록 보살펴준 손길이 고마웠다.

나는 엄마의 얼굴을 만지며 사랑한다고, 내 엄마여서 자랑스러웠다고, 하나님 품으로 안녕히 가시라고, 천국에서 만나자고 속삭였다. 5년 전 "이대로 가실 순 없어요, 눈을 떠보세요. 휠체어에 앉아 살아도 좋으니 일어나셔요." 울부짖던 때와 전혀 다른 속삭임이었다. 멀리 있는 자식들과 친척들까지 다녀갔다. 그리고 목사님께 연락드려 임종

예배를 드렸다. 기다렸다는 듯이 30분 후 엄마의 호흡은 멈췄다. 의식을 잃은 지 이틀 만이었다.

엄마를 선산에 계신 아버지 곁에 모시는 날은 폭염 속에서도 가랑비가 내려 상여꾼들의 땀을 씻어주었다. 어찌나 감사하던지, 나는 하늘을 우러렀다. 삼우제를 지낸 다음 날에는 남동생과 함께 엄마 타고 가신 꽃상여를 불태웠다. 동쪽 하늘에 떠오르는 6월의 보름달이 위로해 주는데 반딧불이 같은 불티가 달을 향해 날아올랐다. 마을 사람들은 마지막 꽃상여가 될 거라고 했다.

엄마를 그렇게 떠나보내고 나는 독도로 향했다. 엄마가 의식을 잃었을 때 취소하려던 일정이었는데, 나의 속내를 눈치챈 엄마가 서둘러 떠나신 것도 같고, 그동안 엄마가 해오시던 기도, 내가 이어오던 기도를 하나님께서 들어주신 것도 같았다.

독도로 향하는 날, 서울역에서 출발하여 영일만에 도착하니 눈앞에 바다다. 생명의 근원인 바다, 엄마 유년 시절 삶의 터전이었던 바다, 그곳에서 나는 유람선을 타고 울릉도로 향했다. 출렁거리는 바다 위에서 나도 모르는 새 깊은 잠에 빠졌다가 다음날 새벽에 깨어 선상으로 올라갔다. 망망대해에 일출이 장엄하게 펼쳐졌다. 아, 엄마!

"엄마!"

선상에서 나는 목청껏 엄마를 소리쳐 불렀다.

"엄~~마!"

소리가 클수록 눈물도 많이 나왔다. 엄마 올라가신 하늘을 쳐다보며 하염없이 울었다. 끝없는 사랑의 고백이 이어졌다.

아침에 울릉도에 도착하여 딸이 챙겨준 멀미약 한 병 마시고 배를 갈아타 독도로 향했다. 3대가 덕을 쌓아야 밟아볼 수 있다는 섬 독도, 선상에서 수많은 생각들이 바닷물처럼 출렁이는데 눈앞에 독도가 나타났다.

독도, 어디가 하늘이고 어디가 바다인지 알 수 없을 광활함에 둘러싸인 독도는 뜻밖에도 시커멓게 탄 가슴으로, 숭숭 구멍 뚫린 가슴으로 망부석이 되어 서 있었다. 정체성을 짓밟는 사람들 때문일까, 모국을 향한 그리움으로 타들어 간 것일까.

　독도, 망부석이 된 엄마는 삶이 그러했듯 쉼없이 다가오는 파도를 온몸으로 맞고 있었다. 그 위에 폭풍우가 몰아치고 한겨울 된서리 칼바람도 스쳤으리라. 끊임없이, 끝도 없이 자신의 모든 걸 내어주고 내어주고, 품어내고 길러내는 바다였던 엄마가 숭숭 구멍 뚫린, 시커멓게 탄 가슴으로 독도가 되어 서 있었다. 그 위를 갈매기 떼 2代가 날고 있었다.

보리수나무 아래에서

보리수나무 가지가 붉음으로 축축 늘어졌다. 왜 이리도 많이 맺었을까. 다닥다닥 맺은 알알의 무거움으로 곧 부러질 것 같은 가지 아래 소쿠리를 놓았다. 붉다 못해 맑은, 말랑말랑한 보리수는 달디 달다.

작년 늦가을 감나무도 그랬다. 대봉시를 어찌나 많이 맺었는지, 익어가는 감의 무게를 견디지 못해 축축 휘어진 가지가 버거워 보였다. 더 살이 오르기를 기다린다면 곧 부러지고 말 것 같아 감을 따며 말했다.

"왜 이렇게 많이 맺었니? 네 몸이 이렇게 휠 줄 몰랐어? 곧 부러지게 생겼잖아."

감나무는 말이 없다. 하긴 한 치 앞을 모르는 게 우리네 삶인데 감나무나 보리수 나무인들 봄에 꽃을 피우면서 제 몸이 이렇게 휠 줄 짐작이나 했을까.

초등학교를 졸업할 무렵이었다. 한 반에 60여 명씩 두 반이 졸업을 앞둔 가을 어느 날 선생님은 걸상 두 개를 운동장 화단 앞에 내어놓고는 중학교 진학하는 아이들을 두 명씩 앉으라고 했다. 입학원서에 붙일 사진을 찍기 위함이었다.

연미사진관 조 사장님은 걸상에 앉은 아이들 자세를 고쳐주며 삼각대 위 검은 보자기 속에서 찰칵찰칵 셔터를 눌렀다. 호명될 이유가 없는, 진학하지 못하는 아이들은 신발코로 운동장 모래를 차면서 사진

찍는 아이들을 구경해야 했다. 그때의 셔터 소리가 어찌나 크고 경쾌하던지 아직도 귓전에 들리는 듯하다.

남자아이들 먼저 찍은 후 여자아이들 차례였다. 진학하는 몇 안 되는 여자아이들은 앞에 나와 사진 찍는데 부끄럼을 탔다. 얼추 다 찍었을 때 우리 반에서 키가 가장 컸던 영순이가 혼자 남았고, 안 찍겠다며 몸을 배배 꼬았다. 그러자 선생님은 키가 큰 나를 불러 옆에 앉으라고 했다.

"조 사장님, 얘 아버지가 누구누구에요. 아시지요? 같이 한 방 찍어 주세요."

그날 나는 얼떨결에 영순이 옆에 앉아 사진을 찍었다. 그리고 집으로 돌아와 엄마에게 학교에서 있었던 일을 얘기했다. 가만히 듣고 있던 엄마가 깊은 한숨을 내쉬며 말했다.

"다니다 중퇴하는 일이 있어도 너도 들어가 보자."

그날 찍은 사진 한 장은 나의 운명을 바꿔놓았다. 비록 친척 언니가 입던 교복을 물려 입었지만 나는 중학생이 될 수 있었고 반질반질 닳고 닳은 교복으로 주눅은 들었지만 가는 허리에 질끈 벨트를 메고 중학교 교문을 드나들었다. 졸업 후 실업계 고등학교로 진학하였고, 취업해서는 부모님을 도와 남동생 둘의 대학 뒷바라지도 했다.

가난한 종가의 종부로 살아야 했던 어머니는 남아선호사상이 팽배하던 시대, 두 살 터울의 언니를 진학시키고 내 아래로 낳은 아들 둘을 진학시키려면 중간에 끼었던 나를 살림 밑천으로 삼아야 했을 것이다. 그러나 그날 내가 찍은 사진 한 장은 여자여서 배우지 못한 한을 품고 살아온 엄마에게 다른 선택을 하게 했고, 그때의 선택으로 엄마는 더 힘겨운 삶을 감당해야 했다. 보릿고개를 상추만으로 허기를 채운 적도 있다는 엄마는 늙어 척추 수술을 두 번이나 했음에도 휘어진 허리가 펴지지 않아 반듯이 눕지 못하였고, 걷는 것도 노모차에 의지해야만 겨우 걸을 수 있었다.

"딸이라고 핵교를 안 보내줘서, 남동생 공부할 때 조카를 업고 어깨 너머로 공부했지. 동생이 배우던 천자문도 동생보다 내가 먼저 외웠고, 동생이 배우던 교과서도 나는 지금도 달달 욀 수 있다. 그런 나를 보고 큰오라버님은 '가르치려는 사내 녀석은 미련 맞고, 안 가르치려는 계집아이는 영특하다'라며 늦었지만 핵교에 보내주신다는 거여. 얼마나 좋았는지 아니? 책보자기를 만들고, 길쌈하여 핵교 갈 때 입을 옷도 이쁘게 만들었지. 동생 교과서로 공부도 해놨어. 좋아서 잠도 안 오더라. 근디 말이여, 막상 다음 해 입학할라닝께 열 살이라 안 된다는 거여. 그 해부터 학령이 여덟 살로 정해졌다는 거여. 시상에나, 펑펑 울었다. 결국 나는 핵교 문턱에도 못 가봤다. 당시 국민핵교만 보내줬어도 내가 이렇게 살진 않았을 틴디, 늬들 이렇게 고생시키지는 않았을 틴디, 니가 대학을 간다닝께, 내 소원이 풀리는 것 같다. 고생만 시켜서 미안한디, 끝까지 학비를 못 대줘 미안한디, 열심히 해봐라."

서른아홉 살, 내가 만학으로 대학에 입학할 때 키우던 송아지 두 마리를 팔아 입학금을 마련해 주시던 아버지 옆에서 아끼고 아껴 모은 쌈짓돈을 용돈으로 주시던 어머니 말씀이다. 이후 내가 대학원에 진학하고, 박사학위를 받기까지 어머니는 당신이 다니기라도 하는 듯 기뻐하셨고, 내가 올 날만 기다리며 쏠락쏠락 쌈지 주머니를 푸셨다.

작년 초겨울 빨갛게 익어가는 감을 잔뜩 매달고 가지가 휘어질 대로 휘어진 감나무 모습에서 고생만 하다 가신 엄마가 보여 울컥했다. 어쩌자고 이렇게 많이 매달았는지, 몸을 생각해서라도 몇 개만 키울 것이지 꽃이 핀다고 다 키우면 어떡하냐고 투덜거렸다. 6월이 되니 보리수나무 역시 마찬가지이다. 감나무도 보리수나무도 우리 엄마가 겪은 보릿고개는 분명 있었을 터, 축축 휘어진 가지마다 붉은 열매 매달고 있는 모습이 먹먹했다.

"그래도 말이다, 지금은 살기 좋은 시상이고, 늬들이 용돈도 줘서 고맙지만, 이제껏 살아온 인생 돌아보면 늬들 가르칠 때가 가장 행복했어야. 가난해서 난닝구 하나도 못 사 입어 구멍 난 걸 입고 다녔지만 늬들 새까맣게 교복 입혀놓고, 토요일이면 자취방에서 김치통 들고 '엄마! 아버지!' 소리치며 집에 오는 모습, 보기만 해도 행복했다, 참말로 행복했다."

2년 터울의 오 남매가 시내에 자취방 하나 얻어놓고 차례대로 세 명씩 학교에 다니다가 토요일 오후면 반찬거리를 가지러 집에 오곤 하였는데 어느 여름, 부모님은 백로와 왜가리처럼 논배미에서 피사리를 하고 계셨고 우리는 합창이나 하듯 "엄마! 아버지!" 하고 부르며 달려갔었다. 그때가 가장 행복했다던 부모님 말씀을 이해한 건 내가 부모가 되고 난 후였다.

보리수 붉은 열매를 따며 나무에게 속삭인다.

"저 많은 열매를 익히며 너도 행복했니?"

보리수나무가 붉디붉은 사랑의 열매를 매단 채 웃고 있다. 안에는 멧새의 둥지도 품고 있다. 보리수나무의 꿈은 무엇이었을까. 그도 역시 "좋은 엄마"가 되고 싶었던 건 아니었을까.

축축 휘어진 보리수나무 아래, 먹먹한 가슴이 쉬이 풀어지지 않더니, 붉은 그리움이 소쿠리 가득 쏟아진다.

— 2023년 7월

알밤과 어머니

길가에 피어 있는 코스모스의 키가 작아졌다. 예전의 코스모스는 꽃만큼이나 줄기도 가녀려서 바람이 불 때마다 한들한들 가을을 가을답게 했었다. 그런데 작은 키의 코스모스가 군락을 이루고 있으니 가냘프다는 생각이 들지 않는다. 왜 키가 작아졌을까. 품종을 개량한 것일까. 작아서 좋을 것도 없을 듯한데 말이다.

오랜만에 나선 고향길, 한 번 다녀가지 않는다는 어머니의 원망 섞인 목소리를 들은 지 꽤 여러 날이 흐른 뒤에야 고향으로 차를 몰았다. 은행이 노랗게 익어가고 밤송이가 벌어지기 시작하면 어머니의 전화도 시작되는데 떨어진 은행이 차에 치여 푸른 생혈을 흘리고, 줍지 못한 밤톨에 벌레가 꾀기 시작하면 어머니의 전화는 극에 달한다.

"돈으로 치면 은행이나 밤이나 얼마나 되겠느냐마는 너들 어렸을 때는 왜 그 숱하게 많은 유실수도 심지 못했는지, 못 먹이고 키운 게 한으로 쌓여 있는 나는 자동차 바퀴에 깔려 으스러지는 은행을 볼 때마다 내 마음이 으스러지고, 벌레 먹어 썩어가는 알밤들을 볼 때마다 내 마음에 벌레가 먹는 듯 애가 탄다. 애가 타! 그러니 어서들 와서 주워가지 않고 뭣한다냐. 이놈의 다리만 안 아프면, 허리만 안 아프면 안나물(우리집 밤밭이 있는 산골) 밭이나 뒷산이나 고샅고샅 알밤 줍는 것은 일도 아닐 텐데, 해야 할 일은 눈에 많이 보이고, 할 수 있는 일은 없고, 애고, 죽어야지, 죽어야지, 살아서 뭣 한다냐!"

어머니는 한숨 반 원망 반으로 서울로 원주로 서산으로 딸네 아들네를 향해 전화를 하고 바쁜 자식들은 알았어요, 알았어, 다음에 갈게요, 대답만 시원시원할 뿐 그 다음이 언제인지 어머니로서는 알 수 없는 노릇, 이번 주 올 거냐, 다시 한번 확인한다.

밤 산지로 유명한 고향 공주는 가을이면 너나없이 밤 줍기에 바쁘다. 마을 사람들 대부분이 한 해의 수익을 산에서 나는 복숭아나 밤에 의존한다. 농사를 지을 수 있는 곳이 평야보다 산이 많기 때문이다. 그런 마을에 홀로 사시는 어머니는 밤으로 인한 수익은 없지만 출가한 자식들 실컷 먹이고도 남을 만큼의 밤나무는 심어놓으셨다.

십여 년 전 울밖에 심어놓은 밤나무와 은행나무는 제법 구실을 해서 매년 몇 부대씩의 알밤과 은행을 턴다. 그것들은 출가한 자식들 겨우내 군것질거리를 해결해 주는데 거두고 보관하는 일이 팔십을 바라보는 어머니로서는 불가능한 일이 되어버렸다.

은행은 지난주 남편이 털어놓았다고 하여 공주에 도착한 나는 긴바지에 긴소매의 옷을 입고 무릎까지 오는 장화를 신고 목장갑을 끼고 마대자루와 집게를 들고 뒷산으로 향하는데, 밤송이에 머리 맞으면 안 된다, 어머니는 마루에 걸린 아버지께서 생전에 쓰시던 중절모를 내미신다.

올해는 가을 가뭄이 심하여 밤송이가 벌어지지 않은 채 그냥 떨어졌다. 떡 벌어져 밤알들이 쏟아지면 줍기도 좋을 텐데, 송이채 떨어지니 하나하나 다 발라야 하는 번거로움이 뒤따른다. 그래도 하는 수 없지, 나는 밤송이들이 겹겹이 포개져 있는 숲으로 들어가 장화 발로 차례차례 비벼댄다. 한 톨, 두 톨 혹은 세 톨의 알밤들이 반지르르한 자태를 드러내기 시작하면 부대에 주워 넣는 재미가 쏠쏠하다. 사방에서는 투둑 투둑 투둑 밤송이 떨어지는 소리와 청설모 바스락거리는 소리 들려오고 바람이라도 불라치면 머리든 등짝이든 떨어지는 밤송이한테 얻어맞기 일쑤인데, 사방을 둘러봐도 밤나무 숲이니 도무지

피할 곳이 없다.

  그렇게 얼마쯤 밤을 줍다 보면 허리가 아파오고 밤송이 떨어지는 횟수보다 내 얼굴에서 땀방울 떨어지는 횟수가 더 많아진다. 모기도 달려든다. 나는 체온이 낮은 편이어서 모기가 잘 덤비지 않는 체질인데도 혼자 있는 밤나무 숲에서는 예외가 없다. 긴바지와 긴소매에 장화까지 신었어도 얼굴이나 목 등 모기의 먹잇감은 많다. 밤나무 숲의 모기는 밤가시처럼 사나워 한 번 물리면 밤송이한테 얻어맞은 것만큼이나 따갑다.

  애고 허리야, 허리의 아우성이 시작할 무렵, 몸을 일으킬라치면 눈앞에서도 밤알들이 어서 주우라고 나의 쉼을 방해한다. 저걸 언제 다 줍나, 밤송이가 또 떨어질세라, 바람이 불지 않기를 바랄 뿐이다. 나머지 나무에 붙어 있는 것은 다음에 올 동생의 몫으로 남겨둘 심산으로 말이다. 그렇게 머리를 굴리고 있을 때 아얏, 순간적으로 등을 때리는 밤송이 하나. 등짝이 얼얼하다. 그래, 쏟아질 테면 쏟아져라, 줍는 데까지 줍는 거지, 뭐. 꾀부리는 것을 포기하고 다시 허리를 굽혀 밤을 줍기 시작하는데 밤톨 위로 땀방울 하나씩 포개진다.

  가만히 셈하고 보니 공짜가 없다. 알밤 한 톨이 제 몫으로 땀 한 방울을 요구하니 말이다. 그때 울리는 주머니 속 전화벨 소리, 밤을 줍는 중이라고 하니까 부럽다고, 줍고 싶다고 말한다. 그래, 밤나무 숲에 와서 밤을 주워봐라, 그것도 한나절만 주워봐라, 주워본 사람만이 안다, 알밤 한 톨이 요구하는 수고로움을.

  작년에는 알밤을 주우면서 굵직굵직한 밤톨의 신기록이 갱신되는 재미가 여간 아니었다. 어린아이의 주먹만 한 알밤을 주울 때는, 고이고이 두었다가 누구에게 주어야지, 흐뭇하게 웃으며 바지 주머니에 넣는다. 그런데 조금 지나면 더 큰 밤톨이 나타나고, 또 나타나고 나타나고…. 시간이 지날수록 밤톨의 신기록은 깨지고 내 주머니는 살진 돼지의 불뚝한 배처럼 뒤룩뒤룩한다. 큰 것이 생기면 왜 주고 싶은 사람이 떠오를까.

올해에는 이렇게 수고하여도 줍는 재미도 별로이고 보니 택배로 보내는 재미도 별로이다. 내 주머니에 들어가는 알밤이 한 개도 생기지 않으니까 말이다. 게다가 시기를 놓쳐서 벌레까지 꾀기 시작하였으니 보냈다가 욕이나 안 먹으면 다행이지 싶어 망설여진다. 가뭄으로 밤톨이 영글기 전에 말라버려 토종밤 중에서 큰 것이 상수리만 하니, 토토리만 한 것은 부지기수다. 할 수 없이 개량종 알밤에 토종을 섞어 선물하기로 한다.

고랑고랑 밤톨을 주우며 누구누구에게 선물할 것인가, 보낼 곳을 갈량한다. 허리 아픈 정도에 따라 보낼 곳이 늘었다가 줄었다가, 한 되박씩 얹었다가 덜어냈다가, 변덕을 떤다. 받을 사람들이 이런 나의 마음을 안다면 얼마나 웃을까. 그깟 밤 한 되 5천원이면 사먹는다. 그걸 가지고 얹었다, 덜어냈다, 내 얼굴에서 쏟아지는 땀방울의 횟수에 따라 혹은 허리 아픈 정도에 따라 나누고 싶은 마음의 정도가 변덕을 부리고 있으니 주우면서 생각해도 피식, 웃음이 난다.

그렇게 이틀을 꼬박 알밤을 주웠다. 토방에 쌓아놓고 보니 몇 말은 됨직하다. 박스를 사다 굵은 것을 골라 담는데, 옆에서 엄마가 두런두런하신다. 큰아들네, 작은아들네, 원주 사는 막내를 들먹거리는 걸 보면 다른 자식들 몫을 챙기려는 심사다.

엄마, 걔네들 몫은 걔네들이 와서 주워가라고 해, 이거 남겨둬 봤자 벌레만 먹어요, 산에 가면 줍지 못한 밤알들이, 나무에 붙어 있는 밤송이들이 수두룩한데 뭘 걱정이야, 핀잔 한마디로 쐐기를 박는다.

하긴, 벌레가 먹는다고, 청설모가 먹는다고, 오가는 성묘객이나 나물꾼들이 주워간다고, 빨리 와서 은행도 털고, 알밤도 주우라고 여기저기 전화한 모정이니 오지 않은 자식들 몫을 챙기려는 어머니 심사야 왜 모를까.

엄마 알았어, 또 주워올게. 나는 선물로 보낼 내 몫의 알밤을 몇 박스 포장해서 택배를 시켜 보내놓고 두어 부대 더 주워 토방에 내려놓았다. 그제야 어머니는 많이 주웠구나, 만족한 모습이다.

애고, 나도 허리 좀 잡아야겠다, 장화를 벗어던지고 마루에 누우니 어머니는 옆에 앉아 금방 많이도 주웠네, 힘들겠구나, 알밤을 까기 시작한다. 뽀얗게 드러난 알밤의 속살, 어머니는 누워 있는 내게 뽀얀 알밤을 내미신다. 토종밤은 재래종과 달리 속껍질이 황도 껍질 벗겨지듯 죽죽 벗겨져 속살이 반들반들하다. 오도독오도독, 나는 어머니 곁에 누워서 까 주시는 대로 받아 오도독오도독 깨물어먹는다. 고소하다.

알밤을 까주시는 어머니는 두런두런 이야기를 시작하시고 응, 응, 그래, 그랬어? 나는 추임새로 응수를 하면서 오도독오도독 알밤을 깨문다. 과거부터 오늘까지 마을의 변천사에 해당되는 어머니의 이야기는 알밤을 까는 손놀림과 함께 계속되고 옆에서 오도독오도독, 나의 알밤 깨무는 소리도 계속된다.

새집을 짓느라 시골에 내려와 있던 남동생이 들어오더니 엄마 다시 밤 주우러 산에 갔다가 아프다고 하면 밤나무 모조리 베어버릴 테니 그런 줄 아세요, 그까짓 밤 만 원이면 실컷 사 먹은 걸 가지고, 뭣 때문에 줍느냐고 안달이고 병이 나요, 병이 나기를, 으름장을 놓는다.

앓는 소리를 하기로서니, 그럴수록 모정은 더욱 건강해지는데 남동생은 매몰차게도 싹둑 잘라내는 엄포로 어머니에게 일침을 가한다. 알았다, 알았어. 이젠 주우라고 해도 못 줍는다. 그러니 늬들이 와야지, 보고 싶기도 하고, 주고 싶기도 하고, 어떡하란 말이여, 어머니는 자주 오지 않는 자식들을 원망하신다.

내가 돌아가고 나면 어머니는 틀림없이 아들 눈을 피해서 또 뒷산에 오를 것이다. 툭툭 밤송이 떨어지는 소리는 어머니를 꾀여낼 것이고 벌이 꿀을 모으듯 어머니는 녹슨 허리를 굽혀가며, 다리를 어루만져가며 한 알 한 알 알밤을 주워 모을 것이다. 밤을 주워보니 아무리 힘들어도 줄 사람을 생각하며 줍는 재미가 쏠쏠하던데, 늙었기로서니, 신음소리를 숨소리 삼기로서니, 어머니가 그 재미를 포기할 분은 아니기 때문이다. 그러다 지치면 언제 오냐, 올 사람 너밖에 더 있냐, 전화를 할 것이고 나는 뭉그적거리다가 어머니의 전화가 빗발칠 때쯤이면 다시 고향을 향할 것이다.

― 2006년 9월 29일

양은 주전자 속의 사랑

 젊은 사람들은 미래를 생각하며 살아가고 늙은 사람들은 과거를 생각하며 살아간다고 하더니 이즈음 자꾸만 고향이 그립고 유년시절의 친구들이 떠오르는 것이 아무래도 심상치가 않다. 그동안은 정신없이 사느라 시간 가는 줄도 모르고 달려왔는데 말이다.
 며칠 전 고향에 갔다가 초등학교 때 친구들을 만났다. 고향에 오게 되면 꼭 연락하라, 맛있는 거 살 테니 그냥 가지 말고 꼭 연락하라는 친구의 말 때문이기보다는 보고 싶고 함께 하고 싶었다. 십여 년 전에 초등학교 동창회가 처음 열린 후로는 여름과 겨울로 나눠서 매년 만나며 살자고 약속은 하였지만 내 경우에는 2~3년에 한 번 꼴로 친구들을 만나게 된다.
 고향에서 친구들을 만나면 함께 가는 집이 있다. 그곳은 멋진 산자락에 위치한 아담한 카페도 아니고 으리으리한 한정식집이나 갈비집도 아니고 호숫가의 레스토랑도 아닌 시골의 허름한 방앗간 집이다.
 방앗간 집은 예전에 방앗간을 하던 사람이 그것을 개조해서 차린 음식점인데 주 메뉴는 보신탕이다. 이렇게 말하면 무슨 여자가 보신탕집을 다니느냐고 야만인이니 어쩌니 하는 소릴 듣겠지만 고향 친구들을 만나면 여자니 남자니 체면차릴 것 없이 발길이 가는 곳이 그 집이고 그곳에 가면 마음부터 설레고 따뜻해지면서 아련한 추억들이 떠오른다.

어린 시절 중학교에 진학하면서 집에서 9㎞ 떨어진 읍내에서 언니와 자취를 하였다. 읍내에는 조그만 방을 칸칸이 지어 놓고 학생들에게 방을 세 주면서 사는 사람들이 많았다. 시내가 가까울수록 방값이 비쌌기 때문에 우리는 변두리에 방을 얻고 살았는데 그때 나는 방을 세놓고 사는 사람들이 세상에서 제일 부자인 줄 알았다.

어찌나 부러웠는지 나도 다음에 어른이 되면 그런 방을 많이 만들어서 세를 주어야겠다고 마음먹었다. 세를 주되 전기세나 물세는 싸게 받고 방세는 한 번 들어오면 절대로 올리지 않겠다는 생각도 하였다. 혹시나 밤이 늦도록 공부하다가 30촉짜리 백열등을 켜 놓고 자더라도 '학생, 불 꺼!' 라고 소리지르며 벽을 탕탕 두드리는 주인은 되지 않을 거라는 생각도 하였다.

중학교 3학년이던 언니가 해주던 밥은 꼬도밥이었다. 연탄불 위에서 해 먹는 냄비 밥이었는데 냄비가 작아서 쌀을 씻어 연탄불에 올려놓고 학교에 갈 준비를 하다 보면 밥은 냄비 위까지 차올랐고 어느 땐 뚜껑이 밥에 밀려서 오도카니 올라앉아 있기도 하였다. 그 가장자리로 도톰하게 올라온 하얀 밥은 누룩을 섞어 멍석에 널어놓을 술밥 같기도 하였다. 세 발 달린 양은소반이 다리 하나를 절면서까지 받치고 있었던 꼬도밥에 김치와 장아찌, 무말랭이는 변하지 않는 메뉴였다.

가끔씩 아버지가 오시는 날이면 우리는 고깃국을 먹었다. 엄마가 고깃국을 끓여서 서너 되들이 양은 주전자에 담아 주시면 아버지는 그것을 자전거에 싣고 우리들 저녁 먹을 시간에 맞춰 오셨다.

뜨거운 국이 담긴 양은 주전자를 자전거 손잡이에 걸고 울퉁불퉁한 자갈길 9㎞ 신작로를, 아니 우리가 사는 변두리까지는 12㎞는 족히 되는 길을 달려오신 아버지. 채 식지도 않은 따뜻한 국을 내려놓으면서 어서 먹어라, 하시던 아버지는 뽀얀 먼지를 쓰고 웃고 계셨다.

고깃국은 정말 맛있었다. 빨간 기름이 동동 떠다니고 송송 썰어 넣은 새파란 부추가 섞여 있는, 건더기가 별로 없는 멀건 고깃국이었지만 나는 아직도 그 고깃국만큼 맛있는 국을 먹어보지 못하였다. 가끔씩 빨간 육개장을 마주하게 되면 그때 아버지가 날라다 주시던 고깃국이 생각난다. 후룩후룩 땀을 뻘뻘 흘리면서 먹고 있노라면 아버지는 먼 길을 달려오신 피곤함도 잊은 채, 앞으로 가셔야 할 먼 길도 잊은 채 마냥 행복하게 앉아계셨다.

어쩌다가 그렇게 고깃국을 먹게 되는 날은 동네 누구네가 키우던 개를 잡은 날이었다. 개 한 마리를 잡으면 동네 사람들 여럿이서 나눴으니 기름만 동동 뜨는 멀건 국은 당연한 거였다. 그래도 어머니의 손은 요술손이어서 가난한 살림살이에서 오병이어의 기적까지는 아니더라도 맛과 양을 내는 데는 그 비슷한 능력을 발휘하셨다.

보신탕인 줄 알게 된 뒤에도 나는 자라면서 그 고깃국을 가끔씩 먹었다. 객지에서 자취 생활을 하다 돌아오면 어머니는 그 고깃국을 준비했다가 주셨다. 그 국은 가난한 아버지 어머니가 해주실 수 있는 가장 비싼 음식이었고 가장 정성스런 음식이었다. 보리밥에 김치, 장아찌, 그리고 무말랭이만 먹고 자란 내가 이렇게 클 수 있었던 것도 아마 그때 보충했던 영양 때문일 것이다.

언젠가 글을 쓰는 사람들 몇몇이 어울려 무얼 먹으러 갈까 망설이고 있을 때 일행 중에 한 사람이 우리 개갈비나 뜯으러 가지요, 호탕하게 큰 소리로 말하였다. 남자들은 따라서 웃는데 여자들은 그걸 어떻게 먹느냐며 야만인 바라보듯 한다. 그런데 가만히 살펴보니 개갈비나 뜯으러 가자는 사람도 안 먹기는 마찬가지였다. 그렇구나, 속도 모르고 장단을 맞췄다가는 망신만 당할 뻔했구나, 안도의 숨을 내쉬다가 얼굴을 찡그리면서 "저도 그런 거 못 먹어요." 동물 애호가처럼 말하고는 혼자서 속으로 피식 웃었다.

가끔씩은 그렇게 동물 애호가처럼 행동할 때가 있다. 그런 경우 분위기에 밀려 어쩔 수 없는 상황인데 그런다고 내 과거가 숨겨지지도 않을 뿐더러 한번 떤 내숭을 기억했다가 일관성 있게 유지하기란 내 경우 불가능한 일이어서 아예 포기하고 만다.

내 생긴 대로 살기에는 고향이 제격이다. 개구리 잡아 구워 먹고 메뚜기도 잡아 구워 먹고 어쩌다 운 좋은 날에는 땅속에 굴을 파고 다니는 두더지도 잡아 구워 먹던 어릴 적 친구들과 함께할 때는 코 찔찔이 시절부터 다 아는 처지라 동물 애호가인 양 내숭을 떨어 봐야 흉잡힐 일밖에 없으니 남자나 여자나 모두들 방앗간집으로 간다. 소주잔을 주고받으며 떠먹는 방앗간집의 고깃국은 엄마가 끓이고 아버지가 실어다 주셨던 그 고깃국에 비할 건 못 되지만 고향친구들과 함께 옛정을 떠올리는 자리로는 제격이다.

그걸 먹고 내 육체가 이렇듯 자랐고 그걸 먹고 내 영혼이 이렇듯 자랐기 때문일까. 이즈음 나는 무엇으로 사는가, 뒤돌아보려니 내 뱃속에 들어간 그네한테는 미안한 일이지만 양은 주전자에 담긴 아버지의 뜨거운 사랑이 먼저 떠오른다.

나는 내 아이들에게는 주전자 속에 무얼 담아 주어야 할까. 무엇이라도 담으려면 우선 서너 되들이 양은 주전자부터 장만해야 하지 않을까. 커다란 양은 주전자를 손잡이에 걸고, 그 안에 뜨거운 국을 담아 걸고 아버지가 달린 울퉁불퉁한 신작로를 달리는 게 어떠한 일인지를 실감해 봐야겠다.

아마도 달리다가 출렁거려 길바닥에 좀 흘리면 어떠랴, 또 끓이면 되지, 혼자서 약은 체를 하면서 뒤에 싣고 달릴 게 틀림없지만 그래도 울퉁불퉁한 삶의 길, 나는 사랑하는 아이들을 위하여 따뜻한 무엇인가를 준비해야만 할 것 같다.

— 2004년 9월

잊혀지지 않는 선물

　설 명절이 다가온다. 이것저것 사야 할 것은 많고 사업에 손을 댄 남편은 가진 것을 사업에 쏟아붓느라 정신이 없고, 나는 불안으로 일상을 채우는데, 명절은 다가오고, 마음은 창밖 날씨보다 더 썰렁하다.
　내 기억 속에는 잊혀지지 않는 선물이 있다. 하나는 빨간 스웨터인데 왼쪽 가슴에는 초록빛 잎사귀 몇 장으로 둘러싸인 가운데 붉은 장미 한 송이가 붙어 있다. 빨간 바탕에 초록색 잎사귀, 그 위에 올라앉은 빨간 장미, 빨간색도 그 스웨터의 빛깔처럼 예쁜 빨강을 나는 아직 보지 못했다.
　그것은 초등학교 4학년 땐가, 5학년 땐가, 확실히 기억이 나지 않지만 서울로 돈 벌러 간 큰언니가 설날에 사 오신 설빔이다. 스웨터와 함께 까만 구두도 한 켤레 있었다. 그것은 새것이 아니라 서울의 어떤 꼬마숙녀가 신던 것을 큰언니가 얻어 온 것이다. 그런데 그 구두의 주인공은 나와 발이 똑같았던 모양이다. 내 발에도 좀 작았으니까.
　그해 설날 큰언니가 얻어 온 까만 구두를 신고 설빔으로 받은 빨간 스웨터를 입은 나는 신데렐라가 되었다. 신데렐라의 유리구두처럼 꼭 맞으면 얼마나 좋을까만, 까만 구두는 내 발에 맞지 않아 좀 아프긴 했지만 예쁘기로 말할 것 같으면 유리구두 못지않았다. 그 구두를 신고 밖에 나가면 고무신을 신고 다니는 동네 친구들이 내 주변으로 빙 둘러섰다. 나는 그 아이들 가운데 서서 아이들이 해보라는 대로 좌로도 걸어보고 우로도 걸어보고 앞으로도 걸어보고 뒤로도 걸어보고 팔짝팔짝 뛰어보기도 하였다.

그때 나를 바라보던 아이들의 얼굴은 부러움으로 가득했다. 작은 구두를 신고 친구들이 시키는 대로 좌로도 걷고 우로도 걷고 뛰기도 했던 나는 아픈 발의 통증을 참느라 입을 앙다물어야만 했다. 작은 구두 속으로 숨 쉴 틈도 없이 꾸겨 들어간 발은 빨갛게 달아올라 화를 내었고 그나마도 들어가지 못한 발 옆구리는 구두 위로 부풀어 올라 발등은 찐빵처럼 소복했다. 발이 크다는 것이 그렇게 원망스러웠던 적은 없었다. 성장기 내내 큰 발로 인해 열등감을 가졌던 것은 아마 그때가 시초였던 것 같다.

또 하나 기억에 남는 선물은 까만 바탕에 하얀 가로줄 무늬가 있는 나일론 티셔츠이다. 그것은 읍내 중학교에 입학하던 해 아버지가 사주신 어린이날 선물이었다. 가난한 아버지는 내게 교복을 얻어 입히고는 쌀 두 말을 자전거에 싣고 읍내에 나와서 산 돈으로 "인디안밥 한 봉지를 혼자 다 먹어봤으면 죽어도 원이 없겠다"던 남동생의 원을 풀어주시면서 덤으로 축구공을 하나 사주셨고 중학교에 입학한 나에게는 길거리에서 파는 나일론 티셔츠를 사주셨다. '어린이'라는 단어가 내게서 멀어진 다음에야 어린이날 선물을 한번도 못해 준 안타까움을 담아, 교복을 새로 사주지 못한 안타까움을 담아 사주신 선물이었다.

선물을 사주신 아버지는 자전거 옆에 서서 행복하게 웃으셨다. 그때 아버지 얼굴은 선물을 받는 우리보다 더 행복해 보였다. 30년 가까이 지난 지금까지 그 셔츠는 내 기억 속에 닳지도 않고 바래지도 않는 선명한 빛깔로 남아 삶이 힘들어질 때마다 눈앞에 나타나는데 더욱더 선명한 것은 행복하게 웃으시던 아버지 모습이었다. 당신의 누추한 삶에도 불구하고 행복해하시는 아버지의 모습, 그 모습이 화인처럼 남아 티셔츠보다 더 큰 선물로 내 가슴을 채울 줄 그때는 몰랐다.

 어른이 된 지금 유년 시절이 그리워 초등학교 동창회에 나간다. 주눅과 열등감으로 똘똘 뭉쳤던 초등학교 시절, 그때의 친구들을 만나면 그들은 내게 입을 모아 말한다. 남들 고무신 신고 다닐 때 구두를 신었던, 명절이면 설빔이나 추석빔을 입었던, 어린이날이면 아버지 어머니 손잡고 나들이 가던 부잣집 딸이었다고 말이다.

 남의 집으로 일하러 간 언니가 얻어온 작은 구두를 신고 자랑하느라 발뒤꿈치에 물집이 생겨서 고무신도 한동안 신기 힘들었다는 걸 아는 친구는 아무도 없었다. 물고구마로 장식된 엄마의 험한 밥이 보기 싫어서 그 밥을 가로채 먹고 학교로 내달리던 내 어린 시절을 아는 친구도 없었다.

 어른이 된 지금 그런 말을 들을 때마다 나를 부잣집 딸로 키운 가난한 아버지의 미소가 그립다. 알뜰했던 큰언니의 따뜻한 손길도 그립다. 아마도 아버지는 아셨을까. 가난에도 불구하고 지족을 실천하셨던 아버지의 삶이 자식들에게 지족의 삶을 사는 근원이 될 것이라는 것을.

 찬바람이 불고 설이 다가온다. 불경기를 스스로 헤쳐 가는 생활인이 되어 맞이하는 설은 창밖에 내리는 눈발만큼이나 차갑고 썰렁하다. 한동안 멍하니 눈 내리는 창밖을 바라보다가 서울 간 언니가 내려오기를 기다리며 동구 밖을 바라보고 서 있던 어린 시절의 기억들을 편편이 주워 모은다. 추억들은 난무하는 눈처럼 모아졌다 흩어지고 또 모아지면서 썰렁했던 나의 의식을 따뜻하게 깨워준다.

 이제는 검은 티셔츠를 입던 그만 한 나이로 자란 딸이 내 옆에 있다. 빨간 스웨터를 입던 고만 한 나이의 아들도 있다. 나는 그 아이들에게 아픈 발의 아우성을 참으며 신데렐라가 되었던 기쁨을, 빨간 스웨터가 감싸주었던 따뜻함을, 아버지의 해맑은 미소가 준 지족의 삶을 고스란히 전하고 싶어 궁리를 해본다.

어떻게 하면 내 아이들이 어른이 되어 따뜻한 추억을 간직할 수 있을까. 창밖의 눈은 그치지 않았고 썰렁한 바람도 쉬 멈출 것 같지 않아 자꾸만 옷깃을 여며본다. 가난한 언니의 넉넉한 품이 그리운 날이다. 가난한 아버지의 만족한 미소가 그리운 날이다.

― 2005년 11월

창고 정리

 몇 달째 미뤘던 창고를 정리하기로 했다. 도시 사는 형제들이 새것을 구입할 때마다 쓰던 게 버리기 아깝다며 가져다 놓은 물건들이 창고에 가득했다. 살림을 새로 장만할 때나 집안을 정리할 때 안 쓰는 물건은 시골로 가져왔고, 가난한 시대를 살아온 엄마에게 그것들이 새로운 거였다. 그러니까 창고에는 엄마가 예전에 쓰던 물건뿐 아니라 아들 둘, 딸 셋이 성장하며 쓴 붓글씨를 담은 액자를 비롯하여 주방도구까지 자리를 차지하고 있다. 유행에 지난 물건이지만 흠집 하나 없이 깔끔하다.
 삶이 풍요로워지고, 물질이 흔하다 보니 새로운 것들은 자꾸 생산되어 쓰던 물건들을 교체하게 한다. 가전제품들이 그렇고 가재도구들이 그렇다. 핸드폰만 해도 2~3년이면 아니 1년만 지나도 신제품이 나와 유혹하는데, 삐삐를 사용하던 때가 언제였나 잊고 산다. 아니 1980년대만 해도 마을에는 전화라고는 이장 집에 한 대 있었다. 부모님 안부가 궁금하여 전화를 하면 이장은 마이크로 "건너 마을 누구네 전화 왔습니다. 얼른 와서 받으세요"라고 부모님을 호출했다. 이후 삐삐가 등장하더니 이제는 한 사람이 두세 대의 핸드폰을 사용하기도 한다.
 가전제품이든 가구든 그릇이든 새것으로 교체하면, 쓰던 건 재활용품 장으로 갖다주면 될 것을 어쩌자고 시골집 창고에 가져다 놓았을까, 안을 둘러보니 한숨이 나온다. 가난을 운명처럼 안고 살아온 어머니나 그것을 보고 자란 우리 남매들에게는 쓸만한 물건을 버린다는 게 쉬운 일이 아니다. 특히 어머니에겐 더욱 불가능한 일이고 보니, 어머니 떠난 빈집 창고는 재활용 쓰레기로 넘쳐난다.

툴툴거리며 여기저기 널려 있는 물건들을 정리하는 나 역시 망설임이 잦아 청소하는데 진척이 없다. 그때 둥그런 마대 자루 두 개가 나의 손길을 잡는다. 쌀자루일까, 소금자루일까, 열어보니 하나는 쌀이 들어있고 하나는 들깨가 들어 있다. 각각 족히 세 말은 넘어 보이는 양이다.

엄마가 뇌졸중으로 쓰러지신 지 5년이고, 떠나신 지 2년, 합쳐서 7년인데, 자루 속 물건은 언제 적 쌀이고 언제 적 들깨일까. 시간을 헤아리던 나는 그만 털썩 주저앉고 말았다.

"언제 올래? 장에 가서 들기름을 짜야 되겠는디…."
7년 전 2월, 엄마 전화였다. 엄마는 대보름이 되기 전에 들기름을 짜야 한다며 기동성 있는 딸이 집에 오기를 기다렸다.
"알았어요, 엄마. 미국 다녀와서 내려갈게요."
"오늘은 안 되냐?"
"준비할 게 많아요. 기름은 다녀와서 짜도 되잖아요."
혹시나, 전화를 받은 내가 달려올까, 아니면 가까이 사는 큰딸이 달려올까, 들깨를 깨끗하게 씻어 말린 엄마는 마대 자루에 담아 창고 입구에 넣어둔 것이다.
"알았어. 너 바쁜 일부터 해야지."

그 말이 엄마가 할 수 있는 마지막 말이 될 줄은 몰랐다. 미국 여행에서 돌아온 이틀 뒤 저녁을 요양보호사와 맛있게 해 드셨다는 엄마는 잠자리에 드신 후 다음 날 오후 2시가 되어 요양보호사가 올 때까지 깨어나지 않으셨다. 그날은 시내에 살던 언니가 엄마한테 가기로 한 날인데, 조금만 서둘렀더라면 일찍 발견하여 막을 수 있었을까.

엄마는 일주일 뒤에 깨어나셨으나 왼쪽 뇌가 막혔고 오른편마비에 언어장애까지 생겨 말을 잃어버렸다. 말을 잃으니 생각하는 것도 잃으신 듯 요구르트에 꽂은 빨대도 빨 줄 모르고, 바나나를 까 드려도 드시는 법을 몰랐다. 상식을 잃어버린 엄마.

선천적으로 수전증을 앓던 엄마는 손 떨림이 심해 하루 네 시간 요양보호사의 도움을 받았다. 하루 중 네 시간이면 엄마의 어려움은 얼추 해소할 수 있었다. 부지런한 엄마는 떨리는 손으로도 텃밭을 꽃밭처럼 가꾸었고, 요양보호사를 딸 삼아 함께 밥을 해 먹고, 쌈 채소를 가꿔 나눴다.

"나는 우리나라가 참 고마워야. 매일 사람을 보내주지, 면에서는 가끔 내 안부를 살피는 전화를 해주지, 나라에서 매달 돈도 주지, 어떤 자식이 그런 효도를 하겠냐?"

엄마는 노령연금과 어쩌다 자식들이 조금씩 드리는 용돈으로 살 만하다고 하셨다. 가을이면 수확한 들깨를 가을과 이른 봄 두 번에 나눠 짰다. 고소한 들기름을 자식들에게 나눠주고 싶어서다. 뒤꼍 베란다에 있는 김치냉장고에는 언제나 자식들에게 나눠줄 들기름과 참깨, 서리태와 알밤이 봉지봉지 들어 있고, 철마다 수확하는 나물들은 삶아 냉동실에 있거나 말린 것은 선반에 올라 자식들이 올 때를 기다렸다.

그 나물들을 엄마표 들기름에 무쳤다. 냉이는 물론이고 취나물, 화살나물, 오가피나물, 구기자나물에 비름나물, 고사리와 미나리에 머위 잎이 들기름에 무쳐졌다. 여름이면 가지와 호박을 비롯한 열무와 얼갈이가 샐러드처럼 싱싱한 나물로 들기름에 무쳐 올랐으며 가을이면 고춧잎과 깻잎이, 겨울이면 시금치와 봄동, 파나물도 들기름에 무쳐 올랐다.

고소한 들기름을 우리는 엄마의 손맛으로 알고 먹었다. 엄마가 그랬던 것처럼 나물들을 좋아했고, 들기름을 많이 먹었다. 엄마는 그 자식들이 자라 출가하여 가정을 꾸리고 살아도 말린 나물에 들기름만큼은 한 해도 빠짐없이 나눠주셨다.

"그 들깨였구나!"

얼른 기름 짜러 가자고 보채던 엄마, 자루를 열어보니 깨끗하게 씻어 말린 들깨는 누런빛을 띠고 있다. 주변 사람들에게 물어보니 묵은 들깨는 쩐내가 나서 먹지 못한다고, 닭이나 주라고 한다. 묵었어도 7년을 묵었으니….

울컥 눈물이 나왔다. 딸이 언제나 올까, 방앗간을 비롯한 시장 나들이를 하고 싶었을 엄마, 다리도 아프고 허리도 아픈 엄마는 딸이 와야만 시장 나들이가 가능한데, 마대 자루에 담긴 채 누렇게 바래가던 들깨가 엄마의 기다림이었고 사랑이었다고 생각하니 눈물이 앞을 가린다. 당신 쓰러지기 직전까지 자식들에게 고소한 들기름을 나눠주고 싶었던 우리 엄마!

저 들깨를 어찌해야 하나, 쌀은 또 어떡하나, 창고를 치우면서 두런두런 엄마를 생각한다.

─ 2024년 7월

마지막 휴게소

모처럼 네 남매가 모였다. 남동생 생일에 엄마를 모시고 공주 마곡사 경내를 한 바퀴 돌아 뒷길로 드라이브를 하기로 한 것이다. 사곡면과 정안면을 잇는 지방도로, 갈 때마다 느끼는 아름다운 길, 아직 지지 않은 꽃들이 터널을 이루며 우리를 반겨준다.

엄마는 유난히 꽃을 좋아하셨는데, 엄마의 뜰에는 수선화가 노랗게 피었다가 졌고, 달래와 두릅이 새순을 내밀었다 쇠었는데, 붉디붉은 모란도 뚝뚝 떨어졌는데, 엄마는 2년째 집을 비웠다. 막냇동생이 엄마가 좋아하시던 노랫가락을 뽑는다. 하하하 호호호 깔깔깔, 엄마를 향한 사랑의 언어들이, 이제는 그리움이 되어버린 가난했던 시절의 이야기들이, 창밖 꽃잎 날리듯 차 안에서 난무한다.

아버지 떠나신 지 15년, 그동안 혼자 집을 지키시며 외로우셨던 걸까. 텃밭을 꽃밭처럼 가꾸며 다양한 야채들을 심어 집에 오는 사람들에게 나눠주는 재미로 사시던 엄마가 어느 날부터 내게 전화하기 시작하셨다.

"얘야, 언제 올래? 집 앞에 수선화가 예쁘게 피었어, 목단이 탐스럽게 피었는데, 상추가 맛있게 자랐는데, 열무가 연해서 부추 베어다가 김치 담가놨는데, 하비아저씨네 복숭아가 맛있게 익었는데, 알밤이 뚝뚝 떨어지는데……."

엄마의 그 전화들이 '딸아, 나 외롭단다.'라는 시그널이라는 걸 나는 모르지 않았다. 그러면서도 엄마한테 가지 못할 핑계들이 앞을 다투고 있어 오가는 기름값이면 그것들을 충분히 사먹고도 남는다고, 못 간다고 했다. 그러면 엄마는 "그려, 너는 애들 가르치느라 바쁘닝께, 아무리 바빠도 밥은 꼭꼭 챙겨먹고 다녀라. 몸조심하고…" 하시고는 전화를 끊었다.

늦게 공부하여 애들 가르치는 것이 무슨 교육부장관이나 된 것처럼 자랑스러워하시던 엄마, 그 엄마가 어느 날 저녁을 잘 드시고 잠자리에 드셨는데, 함께 저녁을 해먹은 간병인이 다음 날 오후 다시 찾아올 때까지 깨어나지 않으셨다. 그녀가 급하게 응급실로 옮겼으나 엄마의 잠은 일주일 동안 계속됐고, 이후 깨어난 엄마는 다른 사람이 되어버렸다. 오른 편마비에 평소 쓰시던 언어도 잃고 행동도 잃어버리셨으니까.

엄마가 멍하니 창밖을 보신다. 무슨 생각을 하시는 걸까. 90년 가까운 엄마의 삶이 내 머리에 스쳐간다. 한국전쟁이 남긴 상처들로 신산스러운 삶을 살아온 여인, 무매독자로 자란 철없는 남편을 만나 종부가 되어 억척스럽게 살아야 했던 여인, 배워야 한다고 가난 속에서도 여러 자식들에게 교복을 입히는 대가로 논농사에 밭농사, 봄가을에 누에까지 치고 농한기인 겨울에는 볏짚을 추려 콧구멍이 시커멓도록 어린 딸을 데리고 가마니를 짜야 했던 여인, 살만해지니까 자식들은 제각각 둥지를 만들어 나가고, 남편은 먼저 떠나고, 홀로 외로움과 싸워야 했던 여인…

대부분의 젊은이들은 인생을 마음대로 핸들할 수 있다고 믿고 살아간다. 나 또한 그리 살아왔는데 이제 돌아보니 내 마음대로 할 수 있었던 것은 별로 없었던 것 같다.

성서에 의하면 에덴동산에 살던 인간이 하나님처럼 스스로 선과 악을 분별하며 살고 싶어서 선악과를 따먹었고 에덴의 동쪽으로 추방되었다. 영원에서 시간 속으로 피투된 것이다. 모태에서 나온 인간은 성장하면서 하나님처럼 선과 악을 스스로 규정하고, 내 인생은 나의 것이라고 소리치며 주체적으로 살아보려고 안간힘을 쓰지만, 이리 깨지고 저리 깨지면서 종국에는 인생이 내 마음대로 살아지는 게 아니라는 것을 깨닫고 영원으로 돌아간다. 그러니까 살아가는 동안 주어진 모든 게 감사해야 하는 거였구나. 깨닫는 게 이 생의 목적이라는 것이다.

스스로는 아무것도 할 수 없는 현재 엄마의 모습은 그동안 무엇인가를 하며 살아온 시간들이 모두 기적에 가까운 감사의 조건이었음을 보여주고 있다. 걸을 수 있었던 것도, 볼 수 있고, 만질 수 있고, 느낄 수 있었던 것도, 그것을 표현할 수 있었던 것도, 모든 것들이 기적과 같은 하나님의 은혜였던 것이다. 그러고 보면 수많은 역경을 건너온 지난 나의 삶은 모든 것들이 감사라는 걸 깨닫기 위한 여정이었는데, 깨닫지 못하니 힘들었고, 고난의 연속은 필연이었던 것이다.

지나온 나의 삶을 돌아보니 내게 다가왔던 수많은 고난은 나의 삶을 내가 마음대로 핸들할 수 있다는 생각에서 비롯되었다. 내 인생은 나의 것, 나는 모든 것을 할 수 있어요, 유행가 가사처럼 주체적 삶을 살고자 했던 욕망에서 비롯되었던 것이다. 그런 생각을 버리고 모든 것들이 은혜입니다, 감사로 고백하는 삶을 살았더라면 지금 어찌 살고 있을까. 삶이 기쁨이었을 것이고 감동이었을 것이며 기쁨에 찬 감동은 곧 하늘이 바라는 기도였을 것이다.

T-map을 켜고 고속도로를 달리다 목적지 가까이 이르면 "이곳이 마지막 휴게소입니다."라고 알려준다. 누군가는 그냥 지나가지만 먼 길을 오느라 고단한 사람들은 마지막 쉼을 위해 들어선다. 영원에서 시간 속으로 여행 온 엄마는 주어진 생을 열심히 살아내다가 영원으로 가기 전 요양원이라는 마지막 휴게소에서 잠시 쉼을 얻고 있다. 곧 떠날 엄마, 가난한 시대에 나고 자라서 자식들을 가르쳐야 한다는 생각에 비포장도로를 달리는 것보다 더한 고생을 한 엄마, 영원이라는

목적지에 다다른 생의 끝자락에서 내 뜻이 아니더라고, 모든 게 은혜더라고, 내 삶을 보아온 너희들은 감사하며 살아가라고, 떠나시기 전 온몸으로 표현하시는 우리 엄마!

  그래도 엄마, 엄마는 얼른 떠나고 싶겠지만요, 우리는 이렇게 모여서 엄마라고 부를 수 있고, 엄마의 체온을 느낄 수 있으며 함께 할 수 있어서 감사해요. 주어진 모든 게 은혜라는 걸 죄송하게도 아무것도 할 수 없는 엄마를 통해 깨달으며 매사 감사하려고 노력하고 있어요. 나는 엄마한테 갈 때마다 사랑해요, 귓가에 속삭인다. 왼쪽 귀를 기울이며 최선으로 경청하던 엄마가 눈물지으시며 내 얼굴을 만지고, 내 머리를 쓰다듬으며 손도 꼬옥 잡아주신다. 나는 안다, 엄마가 흘리는 눈물이 "애야, 고맙다!" 하는 감사의 표현이라는 것을.

  청춘을 돌려다오, 젊음을 다오, 흐르는 내 인생의 애원이란다. 못다 한 그 사랑도 태산 같은데 가는 세월 막을 수는 없지 않느냐, 앞자리에 앉아 있는 막냇동생이 구성진 목소리로 노랫가락을 뽑는다.

  차창밖에는 활짝 핀 벚꽃잎이 흩날리고 있었다.

서로 다른 멍에

미국 서부를 여행하다 샌프란시스코에 사는 동생에게 들렀다. 요세미티와 그랜드캐년, 엔탈롭캐년 등에 가보고 싶어 떠난 여행이지만, 사실 샌프란시스코에 사는 동생을 만나고 싶은 마음이 더 컸다. 동생을 만나자 내 얼굴이 활짝 펴졌다고 일행들이 좋아한다. 낯선 사람들과의 여행보다 그리웠던 동생과의 만남이 더 좋은 건 인지상정일 것이다.

동생은 2남 6녀인 우리 집안의 희망이었다. 딸들은 고등학교만 졸업하고 아버지를 도와 남동생 둘의 대학 뒷바라지를 했는데, 노래하겠다고 아버지와 갈등하며 공부를 멀리한 큰동생과 달리 둘째동생 민섭이는 아버지 뜻에 따라 공부를 잘해 우리 집안의 희망이었다. 그 동생이 대학만 졸업하면 우리를 가난에서 벗어나게 해줄 것 같았다. 그래서 동생을 가르치는 일에 우리 모두 매달렸다. 동생을 대학에 보내고 졸업시키기 위한 일은 우리 가족의 기쁨이고 행복이었다.

둘째동생이 고등학생일 때는 두 살 위 언니가 자취하면서 데리고 있었다. 서울로 올라와 대학에 다닐 때는 내가 자취방을 얻어 데리고 있었다. 한 달에 6만 원인 월세방을 얻어 함께 생활하면서 동생은 학교에 다니고 나는 회사에 다녔다. 동생의 도시락을 싸기 위해 시장에 나가 식재료를 사 반찬을 준비했고, 동생이 부담 없이 쓸 수 있도록 5천 원, 천 원권 등 잔돈으로 바꾼 동생의 용돈을 책상 서랍에 넣어놓았다. 누나의 월급을 쪼개 쓰는 동생은 만 원짜리 지폐를 가지고 다니지 않았다. 만 원을 꺼내면 친구들이 빌려달라거나 밥을 사달라고 하기 때문이란다. 모두가 그렇게 가난하던 시절이었다.

  누나의 월급으로 방세를 내고, 밥을 얻어먹고, 용돈을 받는 게 미안했던 동생은 졸업 후 빨리 취직해서 신세를 갚겠다고 열심히 공부했다. 내가 결혼해서 만학도로 대학에 다닐 때 같은 과 아이들이 술을 마시고 괴로워하면 연장자로서 술국을 사주곤 했는데, 그때 내 눈에 비친 20대 대학생의 괴로워하는 모습은 아름다움이었다. 괴로워함에도 불구하고 젊다는 게 아름답다는 걸 처음 느낀 나는 동생에게 물었다.

"나도 20대에 대학에 다녔다면 저 애들처럼 사랑하고 이별하며 괴로움에 절망했을까. 아이들이 술 마시고 괴로워하는 모습조차도 아름답게 보여."

"누나는 20대에 대학에 다녔어도 그렇게 못했을 거야. 왜냐하면 내가 그렇게 못했거든. 친구들이 데모를 할 때도 나는 슬그머니 빠져나와 도서관으로 갔어. 누나가 번 돈으로 학교 다니는데, 졸업하면 얼른 취직해야지, 하는 생각에 어울리지 못했어. 비겁하게 도서관을 들락거리며 숨어서 공부했단 말이야. 누나라고 별 수 있었겠어?"

  처음으로 듣는 동생의 대학 생활 이야기였다. 신바람 나게 생활하는 줄 알았는데, 도서관에 들락거리며 친구들 눈치를 보았다니, 누나에게 신세 지며 대학에 다니는 것이 얼마나 부담스러웠으면 비겁을 선택했을까, 안쓰러웠다.

  우리의 희망이었던 동생은 대학을 졸업하고 대기업에 취직했으나 보험사로 배정받았고, 노래 잘하고 성격 좋은 동생에게 보험사 소장 역할은 제법 잘 맞는 듯했다. 많은 보험 모집인을 데리고 영업소를 운

영해야 하는 일에서 타고난 관리자라고 할까. 아니 어쩌면 노력일 수도 있을 것이다.

그런데 그 업무는 결혼하면서 올케와의 갈등을 불러왔다. 결국 동생은 회사를 그만두었고, 다른 일을 시작했지만 잘 되지 않았다. 이렇게 저렇게 재기를 도모하며 애쓰던 동생은 업친 데 덮친 격으로 남의 빚보증까지 서게 되었고 해결할 방법이 없어지자 미국으로 건너가 불법체류자가 되었다.

종갓집 아들로, 소문난 효자였던 동생은 마을에서 유일한 대학생으로 촉망받는 젊은이였다. 그런데 대학은커녕 중고등학교도 간신히 다녔거나 다니지 못한 동생 친구들은 결혼하여 아이들 데리고 부모님께 들락거리며 효도하는데, 동생의 삶은 나아질 기미가 보이지 않았다. 어머니는 그런 아들이 안쓰러워 이것저것 챙겼고, 동생은 마을 사람들 눈에 안 띄도록 밤에 왔다가 새벽에 서둘러 떠나곤 했다. 그래도 엄마 좋아하는 것 챙기는 효성만큼은 누구에게 뒤지지 않았지만, 대학까지 나온 아들이 왜 안 풀리는가, 하는 마을 사람들의 의문에서 자유로울 수는 없었던 듯했다.

아무도 자기를 아는 사람이 없는 곳이라면, 무슨 일이든 눈치 보지 않고 할 수 있을 것 같아서 미국으로 가겠다던 동생은 도착한 다음 날부터 이삿짐센터 노동자로 일하기 시작했다. 오늘날 동남아시아 사람들이 한국에 와서 막노동하는 것과 같은 이치다. 낯선 곳에서 잠자리인들 편했을까. 힘든 일을 해보지 않는 동생은 10kg 이상 체중이 줄었으나 마음만은 편하다고 했다.

미국살이에 어느 정도 적응하게 되자 이삿짐센터를 나와 스시집 스시맨으로 일하기 시작했다. 엄마는 매일 그 동생이 성공해서 빨리 돌아오게 해 달라고 기도했지만, 하나님은 엄마의 기도를 들어주시지 않았다.

남편의 사업실패로 내 삶이 힘들어진 걸 알게 된 동생이 내게 말했다.

"누나 그동안 누나에게 받기만 했는데, 나도 누나에게 용돈 좀 드려보고 싶어. 처음이지만 꼭 그러고 싶어 누나."

이게 무슨 말인가, 불법체류자로 하루하루 불안에 떨며 힘들게 번 돈을 내게 주겠다는 동생, 괜찮다고, 미국에서 너 아프지 않게 몸 보살피라며 사양했지만, 막무가내로 동생은 내게 천 달러를 내밀었다. 가슴이 아팠다. 삶이 잘 풀리지 않아 가족의 기대를 충족시키지 못한 동생이 짊어졌던 멍에는 얼마나 무거웠을까. 천 달러를 받아든 나는 엉엉 울었다.

모처럼 미국 여행에서 동생과 이런저런 이야기를 나누다가, 삶은 목적지가 아니라 과정이라고, 나는 20대 때 동생이 있어서 행복했다고, 비록 우리의 꿈은 이루어지지 않았지만, 동생으로 인해 꿈꿀 수 있었다고, 우리 집에 대학생이 있어 자랑스러웠고, 동생이 공부를 잘 해 자랑스러웠고, 그런 동생을 뒷바라지하는 일은 고생이 아니라 기쁨이었다고 말했다. 물론 동생의 삶이 잘 펴졌더라면 더 좋았겠지만, 당시 꿈을 꿀 수 있었던 것만으로도 우리는 충분히 행복했으니 부담 갖지 말고 살아가라고 신신당부를 했다.

꿈이 없으면 삶은 무의미해진다. 동생이 있어서 부모님을 비롯한 우리 모두는 꿈을 꿀 수 있었고 열심히 살아갈 수 있었으며 기쁘게 일 할 수 있었다. 인생은 목적지가 아니라 목적지를 향해 가는 과정이고 그 과정이 즐겁고 행복했으면 잘 살아온 삶이 아닌가.

동생이 우리의 기대, 우리의 꿈으로 얼마나 무거운 멍에를 짊어지고 살아왔는지 느껴졌다. 딸들이 다니지 못한 대학교에 다니면서 친구들 데모할 때 슬그머니 도서관으로 숨어들었다니, 비겁함을 감당했던 동생의 용기가 얼마나 큰 멍에였는지 느껴지자 안쓰러움이 몰려왔다. 이제는 그간 짊어진 멍에 벗어버리고 자유하라고, 동생의 행복을 위해 살아가라고, 이국에서 만난 동생을 다독였다.

가슴에서 뜨거운 것이 솟구친다. 동생도 그런 모양이었다. 아마도 그건 우리 남매의 사랑의 온도일 터였다. 샌프란시스코에서 만난 동생과 나는 모처럼 가볍고 행복한 마음으로 이틀을 보냈다. 그가 내 동생인 게 가슴 뼈근하도록 감사한 날이었다.

제2부

딸의 취임식

빚쟁이

새는 알을 깨고 나온다

성형수술

조기 유학

마디가 생기는 시간

새 식구 맞이하기

딸의 취임식

딸이 교사가 됐다. 같은 학교에 발령받은 세 명의 신입 교사를 위해 교장선생님은 취임식을 준비한다고 부모님 모두 참석하라고 한다. 딸의 취임식이라니, 가슴이 두근거린다. 취임식은 어떻게 하는 걸까, 경험이 없는 나는 참석하는 날까지 설레었다.

처음 발령 소식을 듣던 날, 딸이 돌아오기도 전에 우리 부부는 딸이 근무할 학교가 궁금해서 서산에서 분당까지 내비게이션에 의지하여 학교에 찾아갔었다. 교문으로 들어서자 아치형으로 둘러싸고 있는 넝쿨장미가 인상적이었는데 추운 날씨라 앙상한 모습이었지만 내 눈엔 6월의 넝쿨장미가 빨갛게 피어 있는 것 같았다. 우리는 학교 건물도 살펴보고 운동장도 돌아보다가 잠시 서서 하늘을 우러러 감사했다.

막상 취임식 날이 되자 딸은 나에게 학교에 좀 일찍 와서 자기가 담임하는 반 아이들을 만나고 참석하면 좋겠다며 교실로 올라오라고 한다. 딸이 맡은 반 아이들을 만나다니, 그 아이들에게 나는 담임선생님의 엄마니까 할머니인 셈인가.

아이들을 위하여 무엇을 준비할까, 고민하다가 인근 떡집 아줌마의 쫄깃하고 맛있는 송편이 떠올랐다. 그래, 쑥송편과 흰송편을 준비하자, 나는 떡집 아줌마에게 특별히 아이들이 먹을 송편을 주문하였다. 스물다섯 살 딸이 교사가 되어 아이들과 교실에 있는 모습은 어떨까, 시간이 다가올수록 여간 설레는 것이 아니었다.

드디어 취임식 날, 나는 남편에게 정장을 내밀고 나도 한껏 모양을 낸 뒤 떡보따리를 들고 분당으로 향했다. 그리고 들어선 6학년 교실, 쭈뼛거리는데 아이들이 "어서 들어오세요" 소리와 함께 박수를 친다. 복도에서 서성이던 우리 부부는 계면쩍은 얼굴로 들어갔다.

아이들이 와, 박수로 환영하는데 아이들 앞에 선 우리 부부 모습이 꼭 동물원의 원숭이 같다. 나는 어색한 분위기를 눙쳐볼 요량으로 인사를 하고 아이들에게 담임선생님에 대하여 궁금한 게 있으면 질문하라고 했다.

아이들은 기다리기나 했다는 듯 "우리 선생님 애인 있어요?", "보디가드가 있다고 하던데 어떤 사람이에요?", "선생님 초등학교 때 공부 잘했나요?", "말 잘 들었나요?", 등등 여러 가지를 묻는다.

나는 아이들의 호기심을 채워주기 위하여 만화광이었던 초등학교 때 딸의 모습을 들려주었고, 성적은 반에서 상위권이었다고 말해 주었다. 아이들의 표정이 '애걔? 겨우?' 하는 것 같았다. 이러다가 담임으로서 딸의 체면이 안 서겠구나 싶어 중학교 때는 전교에서 7-8위, 고등학교 때는 전교 1위였다는 이야기까지 들려주었다. 아이들의 표정이 환하게 펴지면서 '와! 와!' 한다.

하하 호호 깔깔거리는 30명의 눈망울은 햇살에 빛나는 산골짜기 개울물보다 더 투명했고 맑았다. 옹기종기 모여앉아 질세라 한 마디씩 질문하는 모습은 산골짜기 물소리보다 맑았다. 교장선생님의 배려로 딸이 수업하는 모습도 뒤에서 볼 수 있었는데, 이번에는 아이들이 부모 앞에 선 담임의 체면을 세워주기 위함인지 열심이다. 문제를 풀 때도 답이 1번이요, 2번이요, 혹은 3번이요, 소리치지 않고 조용히 손가락으로 숫자를 표시하여 손을 들었고 호명된 아이들은 왜 그것을 답이라고 생각하는지 차분히 설명하였다. 담임선생님을 배려하는 아이들의 모습이 어찌나 고맙고 예쁘던지 가슴이 벅차올랐다.

사랑하라. 사랑하게 되면 그 사람을 위하여 실력도 갖추게 되고 체력도 배려도 갖추게 된다고 누누이 이야기를 해왔는데, 막상 아이들과 마주한 딸의 모습을 보니 사랑한다는 게 느껴졌다. 여간 기특하고 대견한 게 아니었다. 저 아이들을 위해서 딸은 최선을 다하는구나, 마음이 놓이기도 하였다.

우리 부부는 교장실로 안내되어 선생님과 함께 차를 나눴다. 초록색 웃옷에 검은 스커트 차림의 교장선생님은 생각보다 훨씬 젊고 아름다웠다. 움직임에서 풍겨 나오는 단아한 이미지와 매끄러운 목소리에 녹아 있는 세련됨은 무척이나 인상적이었는데 딸이 초임교사로서 많이 배울 수 있겠구나 싶어 감사했다.

시간이 되어 취임식장인 강당에 들어서자 선생님과 학부모, 학생들이 모여 있었다. 앞자리에 신규 교사의 부모들이 가슴에 꽃을 달고 앉았고 그 옆으로 딸을 비롯하여 취임하는 신규 교사 세 명이 자리했다.

잠시 후 교장선생님이 들어오시고, 애국가 제창을 시작으로 취임식은 시작되었다. 새로 출발하는 세 명의 선생님, 그들의 취임사에 이어 꽃다발 증정과 교장선생님의 축사 그리고 어린이들의 리코더 합주와 신규 교사들의 노래 답사가 이어졌다.

얼추 끝나갈 무렵 교장선생님은 예정에도 없던 부모님들의 소감을 들어보는 시간이라며 한 사람씩 올라오라고 한다. 두 번째로 우리 순서가 되었을 때 나는 남편에게 나가라고 했지만, 그는 나를 일으켜 세웠다.

관중들 앞에 서자 10년 가까이 강단에서 섰음에도 불구하고 내 목소리가 떨려왔다. 딸이 생후 17개월일 때 위암으로 시한부 삶을 살아야 했던 일이 떠오르면서 눈시울도 젖어들었다. 내가 입원해 있는 동안 할머니와 생활하면서 엄마 냄새가 난다고 내가 쓰던 베개를 끌어안고 잤다던 딸, 낮에는 병원에 와서 간호사가 주삿바늘로 엄마를 찌른다고 출입을 막던 어린 딸 유진이.

죽음 앞에 서니 어떤 신이라도 잡고 매달리고 싶었다. 나는 엄마밖에 모르는 어린 딸을 보면서 저 아이가 초등학교에 입학할 때까지만 이라도 살게 해달라고, 엄마 노릇을 할 수 있게 해달라고 하나님을 찾아 빌고 또 빌었다. 사랑할 수 있는 시간이 필요하다고, 그 시간을 허락해 달라고 간절히, 간절히 매달렸다. 그리고 주어진 시간이 얼마인지 몰라서 애면글면 최선을 다했다. 딸이 자라면서 사랑받는 아이가 될 수 있도록 키우려고 나름대로는 책도 보고 공부도 하면서 스스로 하는 아이로 키우려고 노력했다. 딸은 초등학교 1학년 입학할 때부터 저녁이면 숙제를 마치면 다음 날 준비물을 챙긴 책가방과 입고 갈 옷을 머리맡에 가지런히 챙겨놓고 잠을 잤다.

그 딸이 초등학교 입학은 물론 중학교와 고등학교를 우수하게 졸업하고 교육대학에 들어갔으며 미국에서 어학연수까지 마치고 돌아와 졸업하고 교사로 취임하다니, 너무나 감사하다는 나의 목소리는 떨렸고 꽃다발을 받고 앞자리에 앉아 있는 딸은 울었다. 나는 경황이 없어 볼 수 없었지만 그 자리에 있던 선생님들도 학부모들도 학생들도 위암으로 투병하며 딸을 키운 내 이야기에 모두가 울었다고 나중에 전해 들었다.

이런 시간이 있을 줄 알았더라면 근사한 인사말이라도 준비했을 것을, 아무 생각 없이 달랑 떡보따리만 들고 올라왔다가 감정에 북받쳐 모두를 울리고 말았다. 촌스러움만 실컷 보여주고 울먹이다 내려왔지만 내겐 정말 잊을 수 없는 고맙고 감사한 날이었다.

5년 시한부 삶에서 내가 살아야만 하는 이유가 되어주었던 딸, 엄마를 엄마되게 키워준 딸이 교사의 자리에 서다니, 이런 날이 있으리라고 생각지 못하고 우리 딸이 콩쥐가 되어 팥쥐 엄마한테 구박받으면 어떡하나, 동동거리며 살아왔던 시간들…. 살아있음은 기적이다.

무엇보다도 시한부 삶을 살았던 내게 이런 영광의 날이 오다니, 한 치 앞을 알 수 없는 게 우리네 삶이라는 말이 실감 났다. 나에게 이런 시간이 있으리라는 걸 당시에는 눈곱만큼도 터럭만큼도 짐작할 수 없었다. 어쩌면 그때의 고난이 있었음으로 오늘의 기쁨이 가능했을지도 모른다. 그리고 보면 살아가면서 느끼는 절대 절망의 순간은 기쁨을 잉태하는 순간인지도 모른다.

빚쟁이

초등학교 3학년인 딸 유진이가 환절기만 되면 편도선염으로 고생하여, 이번 겨울방학에 편도선 제거 수술을 해 주기로 하였다. 이비인후과에 가보니 방학이어서 그런지 편도선염 중이염 축농증 등을 수술하고자 하는 학생들로 병원은 만원이었다. 병원이라고 하면 이미 친숙해질 만큼 나는 병원 신세를 많이 진지라 편도선 제거 수술쯤은 대수롭지 않게 생각하고 아이를 입원시켰다.

아이는 겁을 내어 잠을 못 잤다. 마취를 하게 되면 잠이 든 사이에 감쪽같이 수술을 하기 때문에 괜찮을 거라고 했더니, 아이는 잠을 자다가 깨면 어떡하느냐고 또 걱정이다.

입원 다음 날, 시간이 되어 아이를 수술실에 들여보내게 되었을 때 그동안의 여유는 어디로 사라졌는지 초조해지기 시작했다. 30분 예정이던 수술 시간은 무엇 때문인지 1시간 30분이나 걸렸다.

그동안 별의별 생각이 다 들었다. 안 해도 되는 걸 괜스레 수술하는 것은 아닌가 하는 생각까지 들면서 한 시간 삼십 분이 하루보다도 길었다. 초조해하는 나에게 시어머님은 별일 없을 거라고 앉아서 기다리라며 애써 태연한 척 자리를 내주신다.

한 시간 삼십 분이 지나자 회복실에서 나오는 딸의 모습이 보인다. 입 주변은 핏자국으로 얼룩져 있고, 아이는 아프다며 울고 있다. 가슴이 아려온다. 손을 잡고 우는 아이를 달랬다. 얼마나 두렵고 아팠을까. 아이를 병실에 데려다 놓고 남편한테 전화를 했다. 수술을 무사히 마쳤다고 전화하는 나의 목소리는 떨고 있었다.

남편은 웃으면서 왜 엄마가 우느냐고 여유를 피운다. 아빠라는 사람이 아이의 모습을 보면 그런 소리는 못할 거라며, 딸의 상태를 이야기했다. 그러자 남편은 "당신 위암 수술도 지켜보았는데 편도선 제거 수술쯤이야 수술 축에도 못들지" 하고 여유를 피운다. 듣고 보니 맞는 말 같기도 하다.

나는 지금까지 살면서 다섯 번 입원하여 다섯 번 수술을 했다. 친정어머니는 남매 중에서 내가 가장 약하게 태어났고, 가장 고생을 많이 했다고 늘 미안해하셨다. 태아 때부터 모체가 시원치 않았기 때문이라고 자책도 하셨다. 정말 그래서일까. 아니면 성질머리가 못되어 병을 불러들이는 것일까.

병원을 들락거리면서 나는 나의 아픔 때문에 간호하는 사람들의 수고로움이나 두려운 마음은 전혀 살필 줄 몰랐다. 나만 아프고 힘들었지, 나로 인해 고통받는, 나를 사랑하는 사람들의 마음을 헤아릴 줄 몰랐던 것이다.

아이가 수술받는 동안의 한 시간 삼십 분은 하루보다도 길었고, 그 시간을 초조와 불안 속에 떨면서 나는 나 때문에 힘들었을 가족들의 마음을 헤아리게 되었다.

위암 수술을 할 때 수술실 밖에서 여섯 시간 반을 서성이며 기다렸을, 부모님의 마음은 어떠했을까. 아무것도 모르는 채, 수술대 위에 누워 있는 동안 가족들은 얼마나 불안에 떨었을까.

마취에서 깨어날 때, 내 손을 잡으며 나의 이름을 애타게 부르시던 친정어머니의 떨리는 목소리, 수술 전 의사의 손을 잡고, 위는 이식이 안 되나요, 내 위를 떼어 딸에게 붙여주세요, 간청하시던 어머니, 그리고 그 모습을 지켜보던 남편을 비롯한 형제자매들…….

그때 수술실 앞에 와 주었던 친구는 나보고 말한다. 너 평생 살아가면서 남편한테 잘하라고, 초조해하는 네 남편 불쌍해서 눈물이 났다고. 그러나 그 후 투병 생활에 들어간 나는 친구의 말은 잊어버리고 받는 데에 익숙해져 갔다. 나만 아는 이기적인 사람이 되어간 것이다. 사소한 것에 투정 부리고 받을수록 더 받으려고 하는 어린아이가 되어가고 있었다. 딸의 편도선 수술을 통해 평생 빚쟁이의 마음으로 사랑의 빚을 갚으며 살아야 함을 새삼스럽게 깨닫는다.

수화기를 내려놓고 아이가 누워 있는 병실에 오니 신음하는 아이의 곁에서 시어머님은 얼음 수건으로 목을 닦아주고 있다. 아픔으로 흐느끼는 딸의 모습에 가슴이 저려온다. 손녀딸을 간호하는 어머님은 안절부절못하시며 대신 아파 줄 수 있었으면 좋겠다고 하신다. 내가 아팠을 때에도 어머님은, 어쩌면 엄마를 잃을지도 모르는 두 살짜리 손녀를 끌어안고 오늘처럼 애태웠을 것이다.

— 1996년 1월 10일

새는 알을 깨고 나온다

밤 11시. 잠자리에 들 준비를 하는데 전화벨이 요란하게 울린다. 초등학교 5학년인 딸 유진이의 전화다. 송수화기 저쪽에서 유진이가 머리가 아프다며 울고 있다. 아이의 울음소리에 가슴이 철렁 내려앉는다.

유진이는 학교에서 단체로 야영을 떠났었다. 먹을 것과 입을 것을 챙긴 후 콧노래를 부르며 떠난 아이가 야심한 시각에 전화를 해서 송수화기 속에서 울고 있으니 덩달아 나도 울먹이며 아이의 선생님을 찾았다. 선생님 말씀에 의하면 아이들은 고된 산행을 했고, 그를 통해 산에 오르는 어려움과 정상에서의 환희도 맛보았고 식사도 조를 짜서 스스로 해결했으며 저녁에는 촛불을 켜놓고 묵상의 시간을 가졌다고 한다.

문제는 그 묵상의 시간이었다. 아이들은 그 시간 촛불 아래에서 부모님을 생각하게 되었는데 그때 누군가로부터 시작된 가느다란 훌쩍임이 불씨가 되어 울음바다를 이루었다는 것이다. 우리 아이뿐 아니라 많은 아이들이 집으로 전화를 걸어 엄마를 찾는 바람에 전화를 통제해야겠다는 선생님은 여리기만 한 아이들이 고된 야영을 통해 많은 것을 느낀 것 같다며 내심 흐뭇한 목소리였다.

아이들을 키우면서 가장 힘들게 느껴지는 것이 자생력을 길러주는 일이다. 끊임없이 새로운 것을 요구하는 아이들의 심리를, 유행하는 것들은 모두 가지려는 아이들의 요구를 대부분은 거절하지만, 더러 사주게 될 때가 있다. 아이가 원하는 것의 유용성을 생각하지 않고 다른 아이들이 모두 가졌으니까 내 아이도 갖고 싶을 거라는 이해심이, 가져야 한다는 당위성으로 변하고, 그것이 사랑이고 관심이라는 착각으로 허세를 부리는 순간이다.

'새는 알을 깨고 나온다. 알은 새의 세계이다.'

청소년기에 읽었던 데미안의 한 구절이다. 그 글귀가 좋아서 공책의 첫 장에 적어 놓고 가끔 펼쳐 읽고는 했었다. 그 글은 청소년기의 어려움을 이겨내는 에너지였다. 어려움 속에서 보낸 나의 청소년기를 생각하며 성장하는 내 아이들을 바라본다.

청소년기, 나는 가난한 아버지가 불쌍했다. 손가락의 지문이 닳도록 일해도 돈을 요구하는 자식들의 손을 감당할 수 없어 이웃집으로 빌리러 다녀야만 했던 아버지, 허리 펴고 편히 쉴 수 있는 날이 없었던 가난한 아버지를 보면서 나는 진학하지 않고 서울로 올라가 돈을 벌겠다고 했다. 서울에 가기만 하면 돈을 벌 수 있고 가난을 벗어날 수 있을 거라고 믿었다.

그러나 부모님은 이 년 터울로 고만고만했던 우리 남매들에게 남이 입던 누렇게 바랜 교복을 얻어 입히면서까지 진학을 시켰다. 그런 아버지의 모습은 사춘기의 나에게는 번민을 가져다주었고 청년기의 나에게는 최선을 다해 살게 하는 자세를 갖게 했다.

가난에서 벗어날 수 있는 유일한 방법은 교육이라는 것을 깨달은 부모님은 실천하셨다. 그러려니 두 분의 삶은 매일 고단했고, 매일 바빴으며, 매일 땀으로 뒤범벅이셨다. 궁핍함으로 더러 부부싸움도 하셨다. 이제라도 그런 아버지가 자랑스럽다고 말하고 싶은데 아버지는 내 곁을 떠나셨다.

아이를 위한다는 얄팍한 사랑은 아이의 앞길에 장애물이 될 수 있다. 아이가 어려워하는 것이 안쓰럽다고 부모가 나서서 해결해 준다면 아이는 스스로 어려움을 극복할 줄 모를 것이다.

지금 돌아보면 이슬에 젖은 밭을 두어 고랑 맨 뒤에 달려가는 학교였지만 아버지가 얻어서 입혀주신 누렇게 바랜 교복은 주눅들게 했지만, 남을 배려할 줄 아는 마음을 갖게 하였다. 궁핍은 상대를 이해하는 마음을 갖게 하였으며 아버지의 환한 미소는 안분지족을 알게 하였으니 그때 받은 모든 교육은 오늘의 내가 되는 밑거름이었다.

야영 간 아이가 돌아와서 하는 말이 고된 훈련을 마치고 나니 엄마가 그렇게도 보고 싶었다고 한다. 그래서 울다 보니 머리가 아팠고 그걸 핑계로 엄마의 목소리를 들을 수 있었다고 한다.

물질이 풍부한 시대에 태어나 어려움을 모르고 엄마가 해 주는 밥만 먹으며 어리광 피우던 아이가 야영을 다녀온 후 조금 철이 든 것 같기도 하다. 이번 야영은 아이에게 부모를 객관적 거리를 두고 바라보는 계기를 준 것 같다. 그러나 딸아이도 곧 껍데기를 깨는 고통을 경험하는 일이 다가오리라. 엄마인 나는 그것을 묵묵히 바라볼 줄 알아야 할 텐데, 단단해지자고 마음 다잡는다.

― 1998년

성형수술

올해 대학에 입학한 딸아이가 거울을 들여다보며 내게 묻는다.
"엄마 나 쌍꺼풀 수술할까?"
"수술은 무슨 수술이야. 네 눈이 얼마나 예쁜데 수술을 하니?"
갑작스런 질문에 당황한 나는 서둘러 말거리를 찾아 전투태세를 갖춘다. 자칫하다간 수술비를 마련해야 할 상황이기 때문이다. 기러기 날개 같은 예쁜 눈썹에 쌍꺼풀 없는 큰 눈의 동양적 이미지가 얼마나 예쁜데, 이런저런 의미를 부여하다가 그런 눈썹과 눈을 준 엄마에게 감사하라는 말까지 덧붙였다.
"쌍꺼풀이 있으면 더 예쁘잖아."
딸아이는 다시 투덜거리고 나는 또 쌍꺼풀이 없는 딸아이의 눈이 가진 동양적인 매력에 대해 늘어놓았다.
어쩌다가 딸아이와 함께 텔레비전을 보게 되면 딸아이는 엄마, 저 사람은 누구인데 코가 참 예쁘지? 저 사람은 누구인데 눈을 잘 봐 참 예쁘지? 저 사람은 누구인데 턱 선이 예뻐, 하면서 화면에 나타나는 사람의 특징을 설명해 준다.
그 설명을 따라 바라보는 내 표정에 반응이 없자 아이는 한술 더 뜬다. 엄마는 또 잊었어? 지난번도 알려줬잖아, 눈이 예쁜 저 사람은 어느 대학 나온 누구라고 말이야, 실망스러워하는 딸. 이름을 알려주고 출신학교를 알려주고 외모에 대한 특징을 알려줘도 예쁘구나, 대답해

놓고 잠깐 한눈을 팔면 나는 그 사람이 그 사람만 같아 눈을 끔벅인다.

그러면 딸아이는 우리 엄마 큰일났네 벌써 눈이 그러면 어떡해 엄마, 아이고 흰머리도 생겼네, 여기 앉아 봐 엄마, 하면서 쌍꺼풀 수술을 운운하던 아이는 어느새 족집게를 들고 와 내 머리를 뒤적이며 스쳐 가는 시간을 한탄한다.

내 눈은 동양 여자와 서양 여자는 구별은 할 줄 알되 나라별로는 구별 못한다. 뿐만 아니라 요즘 젊은 연예인들도 구별 못한다. 소위 뜬다는 스타들도 구별하지 못하는 것은 노안 탓만은 아닌 것 같다.

며칠 전, 십여 년 전 아래층에 살던 지인이 찾아왔는데 그 댁의 쌍둥이를 보는 순간 나는 누가 언니이고 누가 동생인지 대뜸 구별해 냈다. 중학교 3학년이 된 일란성 쌍둥이를 대여섯 살 때 보고 처음 보는데도 불구하고 기억하려고 애쓸 필요도 없이 알아맞혔다.

그런데 젊은 스타들에 대해서는 구별이 잘 안 되는 건 무슨 이유일까. 그것을 딸아이 말처럼 내 곁을 스쳐 간 세월 탓이라 하기엔 뭔가 미심쩍다. 나의 무관심 때문일 수도 있겠지만 그보다는 요즘 젊은 사람들이 선호하는 아름다움이 획일적이기 때문은 아닐까, 변명거리를 찾아본다.

얼마 전에 한 시인은 성형수술도 의료보험 혜택이 되어야 한다는 주장을 하였다. 외모로 인해 열등감과 소외감을 느끼는 것도 일종의 정신적 장애라는 이유 때문이다. 외모가 개인의 삶에 영향을 주는 정도는 사람마다 다르고 심할 경우 사회생활에 지장을 초래한다니 그것을 극복하는 길이 성형수술이라면 마땅히 의료보험 혜택이 있어야 한다는 그의 주장이 설득력이 있게 들려왔다.

두 해 전이었다. 여름 학술세미나 참석차 터키에 갔을 때 가이드가 특별히 조심시킨 게 있다. 그곳 남자들이 동양 여자, 특히 한국 여자나 일본 여자를 좋아해서 틈만 나면 가까이 다가오니 조심하라는 것이다. 그들의 눈에 가장 아름다운 여성은 작은 키의 동양 여자라니 놀라웠다. 우리는 서구 여성을 따라가기 바쁜데 말이다.

아닌 게 아니라 이동할 때마다 그곳 남성들의 눈길을 느끼는 건 어렵지 않아 이곳에서 살면 나 같은 사람도 대접받겠구나 싶었다.

아제르바이잔에 가게 되었을 때 어떤 나라일까, 사전 정보를 검색하느라 인터넷으로 들어가 보았더니 그곳 대통령 부부의 사진이 올라와 있었다. 가슴이 저렇게 크면 옷맵시로라도 대충 가릴 수 있으련만 대통령 곁에 서 있는 여인은 전혀 그런 의사가 없는 옷차림을 하고 있었다. 아니 오히려 커다란 가슴이 돋보이도록 옷을 입었는데 그녀를 보고 있노라니 가슴만 눈에 들어온다.

초가지붕에 얹혀 있는 하얀 박덩이가 떠올랐다. 영부인이 저래서야 어쩌나, 그녀의 풍만한 가슴과 옷 입는 스타일은 뭇사람들의 입방앗거리가 되고도 남을 것 같아 안쓰러운 마음까지 들었다.

그런데 그런 영부인의 몸매가 그곳에서 가장 아름다운 여성의 기준이 된다는 것은 아제르바이잔에 가서야 알게 되었고 만찬장에 나와서 축사를 하던 교육부장관을 통해 확인까지 하게 되었다. 그녀는 꽃분홍색 실크로 된 하늘거리는 쓰리피스를 입고 있었는데 서 있기조차 버거울 것 같은 커다란 가슴을 보란 듯이 내밀고 축사를 했다. 앙상블로 걸치는 겉옷의 단추를 풀어놓고 말이다. 그런데 풍만한 여성이 저토록 아름다울 수 있을까. 축사가 끝난 뒤에도 나는 그녀에게서 눈길을 뗄 수가 없었다.

아제르바이잔의 수도인 바쿠 시내에서 본 여성들도 몸매가 드러나도록 옷을 입고 다녔다. 몸매를 가릴 수 있는 헐렁헐렁한 옷차림을 한 여성은 아이들이나 어른이나 한 사람도 찾아볼 수가 없었다. 그곳에서는 가슴도 나오고 배도 나오고 엉덩이도 나와야 아름다운 여자였다. 결혼 날짜를 받아 놓은 신부가 살이 빠지면 시댁에서 드러내고 시집살이를 시키기도 한다는데 가슴과 엉덩이가 큰 것은 풍요와 다산의 상징이기 때문이란다.

　아름다움의 기준이 시대마다 문화마다 달랐다는 걸 딸아이에게 들려주면서 먼저 너다움을 갖추라고 했더니 새치를 뽑고 있던 딸이 부스스 일어나 제 방으로 간다. 말이 너무 길었나 싶어 눈치를 살피는데 딸아이는 옷장을 정리하기 시작한다.

　며칠 지나면 저 애가 또 무슨 말을 할까, 이를 교정하면 좋겠다, 코를 높였으면 좋겠다, 턱을 깎아 내고 싶다, 이런저런 말들이 나온다면 어떡하나, 상상의 나래를 펼치다가 옷장을 정리하고 책장을 정리하는 딸을 보면서 미더운 마음으로 눈길을 돌리는데 딸이 한마디 한다.

　"엄마, 그거 알아? 엄마 딸이 엄청 착한 원시인이라는 거 말이야. 대학에 와서 핸드폰을 장만한 사람은 나밖에 없어. 옷도 사줘야 해. 입을 게 하나도 없어. 나도 이제 문명 세계로 진입했는데 나다움을 갖추려면 옷도 필요하고 구두도 필요하고 핸드백도 필요해. 아, 안경 대신 렌즈를 껴야겠다. 아니 라식수술을 할까. 어쨌든 안경을 벗으면 눈이 더 커 보일 거 아냐. 필요한 게 정말 많네. 혹시 엄마 나보고 알바 해서 하라는 것은 아니겠지? 그리고 꼭 기억해, 엄마. 교대 수업료가 다른 학교에 비하면 삼 분의 일밖에 안 된다는 거. 게다가 장학금도 받잖아? 그러니까 남는 돈 나한테 투자해야 해, 알았지? 그리고 나는 눈이 작은 게 싫은 한국인이야. 한국인이 선호하는 아름다움을 따라가고 싶다구."

　고3이 핸드폰이 무슨 소용이냐며 사준다 해도 마다하고 입시를 준비하던 아이가 대학생이 되더니 이제는 멋을 부리려고 한다. 하긴 옷장을 뒤져 치마를 찾아 입고 스타킹을 찾아 신고 엄마의 하이힐을 신으면서 현관에서 놀던 어렸을 때를 생각해 보면 그동안 참 잘도 참았지 싶다. 그러던 아이가 4년 후에 선생님이 된다 생각하니 기특하기도 하고 대견하기도 하고 어찌 해낼까 걱정스럽기도 하다.

　사람뿐 아니라 무릇 살아 있는 것들은 행복하기 위해 안간힘을 쓴다. 그런데 선천적으로 부여받은 외모가 그 행복을 저해한다면 성형수술을 함으로써 극복할 수 있다면 해야 할 것이다. 문제는 그렇게 해서 자기다움을 찾을 수 있다면 좋겠지만 대부분은 자기다움을 잃는다는 데 문제가 있다. 선풍기 아줌마처럼 말이다.

자기다움이 사라진 자리에 이렇게 예쁘고 저렇게 예쁜 것들을 모아 구성한 모습이 누가 누군지 구별을 할 수 없게 만든다면 생각만 해도 섬뜩한 일이다.

조기 유학

얼마 전 텔레비전의 한 프로그램에서 영재교육을 하는 부모들을 취재하여 보여주었다. 자기 아이들이 왜 영재라고 생각하는가, 라는 질문에 다양한 답이 나왔는데 아이가 태어났을 때 눈빛이 또렷했다, 옹알이할 때 '엄마'라는 말을 정확히 했다, 한글을 빨리 읽었다, 엄마가 가르쳐주지 않은 것을 아이가 알더라 등이었다.

이러한 일들은 엄마이면 누구나 한 번쯤 겪어보았을, 별스럽지도 않은 일이다. 그러나 그때그때의 상황에 직면한 엄마들은 누구나 겪는 사소한 일들이 특별하게 다가와 우리 아이가 혹시 천재이지 않을까, 하는 생각을 하게 된다. 그래서 엄마들은 하루에 세 번씩 거짓말을 한다고 하지 않는가. 타인의 눈으로 보면 거짓말일 수 있지만, 엄마 주관으로는 절대적인 진실이다.

돌아보면 아이 둘을 키우면서 나도 그런 생각을 종종 했다. 그렇다고 영재교육을 해야겠다고 생각한 것은 아니지만 특별하다고 여겨질 때는 이대로 두어도 되는가, 고민했던 것 같다.

둘째가 네 살 때인가, 손님들이 찾아와 접대 준비로 주방에서 분주할 때 아이는 손님들 틈에서 동화책을 들고 토씨 하나 틀림 없이, 오탈자 하나 없이 페이지를 척척 넘기며 읽어 내렸다. 손님-손님이래야 시댁 쪽의 친척들이었다-들은 깜짝 놀라며 천재가 났다며 호들갑을 떨었고 그 호들갑에 음식을 준비하던 나는 아이에게 달려갔다.

아이는 내가 읽어주던 『알리바바와 40인의 도둑』이라는 책을 읽고 있었다. 한글을 가르친 적이 없는데 제법 긴 동화를 토씨 하나도 안 빼고, 오탈자 하나도 없이 읽어 내다니, 놀라움 반 호기심 반으로 나는 책을 읽는 아이에게 한 글자 한 글자 짚어가며 확인하기에 이르렀다. 책 한 권을 척척 읽던 아이는 한 글자씩 가리키자 못 읽었다. 내가 읽어준 것이 아이의 머리에 각인되어 나타난 암기 현상이었다.

언젠가는 아침에 일어난 아이가 무서운 꿈을 꾸었다며 꿈 이야기를 한다. 아침 식사 준비로 바쁜 나는 무심코 "개꿈이야, 신경 쓰지 않아도 돼" 하고 지나쳤다. 아침 식사를 마치고 설거지를 하고 청소를 하고 있을 때, 아이는 슬며시 내게 다가와 "엄마 개도 꿈을 꾸나요?"라며 심각하게 묻는다. 그날 아이 이야기를 귀담아듣지 않고 무심결에 지나쳐버린 나의 행동이 아이 얼굴을 얼마나 심각하게 만들어 놓았는지 알 수 있었다.

대여섯 살 때쯤이었을까, 외출했다 돌아오니 아이는 엄마, 내일은 언제 오는 거예요, 묻는다. 왜 그러냐고 되물었더니 올 것 같은, 와야만 하는 내일은 늘 내일에 멈춰 있단다. 그래서 속상하단다. 이유인즉 누나가 자기한테 심부름을 시킬 때마다 "내일 아이스크림 사줄게"라고 약속하는데, 하룻밤 자고 나서 약속을 지키라고 아이스크림을 요구하면 누나는 "내가 내일이랬지, 오늘이랬냐"라고 반문한단다. 그러면서 한 번도 약속을 지키지 않는단다. 누나 말을 듣고 보면 오늘은 늘 오늘이고, 내일은 늘 내일이란다. 그러니 내일은 언제 오느냐고 묻는 것이다.

그런 아들과 함께 지난여름에 미국에 다녀왔다. 의문투성이던 아이가 중3이 되더니 국어 영어 수학 전국 경시대회에서 좋은 성적을 얻어 공주사대부고에 장학생으로 자리를 확보해 놓았다. 열심히 한 아이에게 뭔가 보상이라도 해주고 싶었다. 목표한 게 있으면 그걸 위해 노력하는 아이, 유학은 못 시킬지라도 색다른 경험이라도 해주고 싶었고, 혹시 천재가 아닐까, 궁금하기도 했다.

아들과 둘이서 샌프란시스코에 도착하여 하루 머물면서 스탠퍼드대학교와 버클리대학교를 둘러보았다. 학교 앞의 이런저런 문화도 접해 보고 버클리대학교 교정에서는 한 나무 밑에 500원짜리 동전을 묻으면서 대학생이 되면 찾으러 오겠다는, 공부하러 오겠다는 약속도 했다. 그렇게 하루를 샌프란시스코에서 묵은 다음, 지인들에게 신세를 져가며 미국의 서부와 북부의 이곳저곳을 둘러보았다. 주로 대학교를 둘러보았고 중고등학교도 둘러보았다. 비행기로 자동차로 갈아타며 다니는데, 참으로 넓은 나라라는 게 실감이 났다.

그곳에 머무는 동안 한 중고등학교에 가서 교장선생님과 인터뷰를 하게 되었다. 아이와 인터뷰를 마친 교장선생님은 시험을 거쳐서 8학년 입학을 허락하겠다고 하였다. 그 말을 듣고 보니 이렇게 저렇게 하면 유학을 못 시킬 것도 없다는 생각이 들었다. 게다가 보살펴주겠다는 지인까지 있으니 말이다.

그곳에 머무는 동안 파티에도 초대받아 가고, 학생들 공부하는 모습도 보고, 주립대학교에도 가서 교환학생들 공부하고 노는 모습도 보고, 교수님 연구실에도 가 보았다. 그곳 생활을 살펴본 아이는 나와 함께 한국으로 돌아가겠다고 한다. 자기는 한국인으로 태어났기 때문에 한국인으로 살 수밖에 없다고, 미국에서 공부하면 한국인으로서 경쟁력을 가질 수 없단다. 미국인으로 살 수 있다면 유학을 하겠지만, 그럴 수 없는 운명이라는 것이다. 지금 한국에 있는 친구들이 얼마나 열심히 공부하는데, 미국 아이들처럼 놀면서 공부하다가는 친구들에게 진다고, 사대부고에서 마음껏 공부해 보고, 유학은 대학에 진학한 후에 생각해 보겠다고 한다. 아이의 말을 듣고 보니 이제는 믿고 지원해야겠다는 생각이 들었다. 훌쩍 커버린 아들이 대견스러웠다.

숱하게 많은 기러기 아빠들이 생겨나면서까지 자녀교육에 열성인 부모들을 볼 때마다 아이들의 뒷바라지를 못해 주는 것만 같아 속상할 때도 있었다. 나도 보란 듯이 유학도 보내고 아이가 가진 역량대로 활주하도록 펼쳐주고 싶었다. 물론 그것이 자기 아이가 영재라고 생각하는 부모처럼 자식의 역량을 제대로 모르는 나의 오판일 수도 있겠지만 그렇다고 할지라도 달릴 수 있도록 여건을 마련해 준다면 더 넓게 더 멀리 달리지 않겠는가, 합리화까지 하면서 아쉬워했다.

그런데 아이가 유학이 싫다고 한다. 우리나라에서 엄마 아빠와 함께 살면서 할 만큼 하고 대학생이 되어 나오겠다는 것이다. 제 딴에는 심사숙고한 끝에 내린 결론임을 알 수 있었기에 나는 그러라며 아이를 격려하였다. 그런 아들을 바라보는데 든든한 마음을 감출 수 없었다.

미국에 다녀온 뒤 얼마 뒤 아이는 daum 아고라에 들어가 '세계엔' 속의 미국 방에서 나름대로 여행에서 겪은 에피소드를 글로 올렸다. 그 이야기가 조회 수 6만 건이 넘으면서 열띤 토론의 장이 펼쳐졌는데 문제는 '한국인의 정체성'에 관한 것이었다.

미국에서 파티에 초대받아 갔을 때 아이는 아이들끼리 어울릴 수 있도록 따로 방이 준비되었는데, 주인집 꼬마 아이가 손님으로 간 우리 아이에서 과자를 주더란다. 그것을 받고 '고마워'라고 인사를 했는데 꼬마의 반응이 영 못마땅해하더란다. 그 후 꼬마는 우리 아이를 따라다니며 귀찮게 했다는데, 원인을 알고 보니 '고마워'를 알아듣지 못했기 때문이었다는 것이다. 결국 선물을 내밀었던 꼬마가 원했던 것은 'Thanks'였고, '고마워'로 대답한 아들은 꼬마에게 무례하기 짝이 없는 손님이 된 것이다.

나중에 안 사실이지만 그 아이의 아빠는 그곳의 한 대학교 교수인데 아이들에게 한국어를 가르치지 않는다고 한다. 한국에서 태어난 큰아이에게조차 작은아이와 함께 있을 땐 한국어를 사용하지 못하도록 한다는 것이다. '고마워'를 못 알아들은 아이에게 무슨 잘못이 있을까마는 철저하게 영어만 사용하게 하는 부모가 이해되지 않았다.

미국에서 미국인들과 함께 자라는 한국인은 나중에 어떤 정체성을 갖게 될까. 미국 시민권을 가졌다 하여도 그의 부모와 조부모 등 그 뿌리는 한국인이다. 그러므로 그는 한국인일 수밖에 없을 것이다. 한국인으로서 세계인이 되면 되는데 더러는 한국인을 부정하고 미국인으로서 세계인이 되길 원하는 사람들이 있어 안타깝다.

부모는 아이에게 선생이다. 교사는 지식을 전수해 주는 사람이고 선생은 정체성과 주체성을 비롯한 예의범절을 가르쳐 인격을 함양해 주는 사람이다. 오늘날 학교에는 선생은 별로 없고 교사만 가득하다. 수능 위주의 치열한 경쟁이 학교의 선생들을 교사가 되게 했다. 그래서 가정에서 부모는 자녀들의 문제에 같이 고민하고 같이 아파하면서 지혜롭게 살아가도록 돕는 선생이 되어야만 한다.

그곳에서 들은 이야기는 가족이 함께 갔다면 몰라도 어린아이들만 조기에 유학을 보낸 가정에는 많은 문제가 발생한다고 한다. 기러기 아빠로 남은 부모는 부모 대로 문제가 되고 아이는 또 아이대로 문제를 안고 사는 것이다. 어린 시절, 부모라는 선생에게서 배워야 할 것이 많은데 교사에게서만 배우기 때문에 발생하는 문제들이다. 그것은 소탐대실이다. 자식이 말썽 피우면 왜 그런지 알 수 없다고 한탄하는 부모들이 더러 있는데, 콩 심은 데 콩 나고 팥 심은 데 팥 나는 법이다.

고양이가 '야옹'도 할 줄 모르면서 '멍멍' 하면 바보지만 '야옹'도 할 줄 알면서 '멍멍'도 할 줄 알면 똑똑한 고양이라는 어느 사람의 댓글이 습기 가득한 무더운 여름, 한줄기 시원한 바람 같아 보고 또 보았다.

— 2007년 1월 30일

마디가 생기는 시간

한바탕 회오리바람이 지나간 폐허, 아무렇지도 않은 척 여기저기 상처 나고 쓰러진 마음을 수습하는데 생이란 게 참 별것도 아니지 싶다. 열심히 살고 나면 마흔 살이나 쉰 살쯤에는 무언가 있을 줄 알았다. 그런데 마흔 살과 쉰 살이 생이 아니라 그 과정이 생이니 별것도 아니지 않은가.

다 내어주자고 각오는 하고 있었다. 그리고 홀가분한 마음으로 하나하나 정리하려던 중이었다. 그런데 강의 시간 핸드폰의 진동음을 감지는 했으나 꺼내볼 수 없어 마치고 내려오면서 전화기를 살펴보았다. 딸이었다. 엄마가 주부독서회에서 강의하는 줄 뻔히 아는 아이가 왜 그 시간에 전화를 했을까, 버튼을 눌러 물어보았다.

유치원부터 초등학교 3학년까지 함께 다니던 친구의 아빠가 찾아와 문을 열어 달라고 하더란다. 방학이어서 큰아이는 늦잠을 자던 중이었고 작은아이는 화장실에 있다가 갑작스레 받은 방문이었는데 낯선 아저씨들을 데리고 온 친구 아빠는 어른 안 계시냐는 한마디 물음뿐 다른 말은 없었고 함께 온 아저씨들은 방을 돌아다니며 가재도구 여기저기에 빨간 딱지를 붙이더란다.

10여 년 만에 본 친구 아빠의 싸늘한 얼굴이 보기 싫어서 딸아이는 화장실로 향했고 경험이 있던 아들 녀석은 빨간 딱지를 어디어디에 붙이는지, 몇 장이나 붙이는지를 살펴보았단다. 지난번에는 밥은 먹고 살라고 식탁에는 안 붙이더니 이번엔 얀정머리도 없이 식탁에 붙이는 것은 물론 저번보다 네 장이나 더 붙였다고 투덜댄다.

전화를 끊으며 집에 들어가기가 싫어 아이들을 나오라고 하였다. 점심을 먹으려고 아이들과 식당에 마주 앉았을 때 하얗게 질린 딸아이의 얼굴을 대하고 보니 가슴속에서 날 선 도끼에 쪼개지는 장작의 파열음이 지나간다.

무엇이 단란한 우리 가정을 이토록 짓밟는 것일까. 성실하고 건강하게 커 주는 아이들, 병마를 딛고 일어나 공부하고 제법 돈벌이도 하는 내가 있는데 서울로 중국으로 미얀마로 나가 일하는 남편은 왜 아이들이 숨 쉬는 보금자리에 이런 사람들을 보내는 것일까. 그는 왜 그리도 성공에 집착하고 조급해할까.

남편은 애초부터 사업에 수완이 없는 사람이다. 학교를 마치고 대기업의 반도체 연구원으로 십여 년 지낸 사람이 살겠다고 시퍼렇게 날뛰는 고등어 같은 사람들이 모여드는 수산업, 그중에도 북한과의 무역에 손을 댔으니 어찌 견뎌 낼 수 있을까. 개인과 개인이 하는 북한과의 무역은 사업이 아니라 투기였다. 좋은 물건, 싱싱한 물건이 한 번만 잘 들어오면 잃은 것들을 모두 복구할 수 있다는 로또 같은 욕망은 마력이 되어 그에게 사채도 두렵지 않은 한탕주의가 되게 만들었다.

북한과의 거래는 이해할 수 없는 거래였다. 물건도 선택할 수 없고 값도 흥정할 수 없고 물량 또한 흥정할 수 없다. 주는 대로 받고 부르는 대로 치러야 하는 거래다. 그래도 값이 싸다는 이유만으로 바지락, 대합, 생합, 전복에 홍합, 소라까지 다양한 것들이 오는데, 그런 품목들은 남한의 시장 사정에 따라서 이윤이 남을 수도 있고 손해 볼 수도 있다. 또한 그것은 생물이라서 빨리 소진되어야 하는데, 판매는 사업하는 사람의 선택에 의한 것이 아니라 그날의 시장경제에 의한 것이다. 겁도 없이 그런 회사의 대표 자리를 덥석 맡았으니 어찌 온전할 수 있을까.

  손을 댄 지 1년이 지나면서 빚쟁이들의 전화를 받는 듯하였는데 지난 연말에는 낯선 사내들이 들이닥쳐 집안의 가재도구에 빨간 딱지를 다닥다닥 붙이고 갔다. 어찌어찌 간신히 수습하는가 싶더니 두어 달 만에 다시 예전에 이웃에 살던, 큰아이와 같은 학년의 학부모라는 이유로 친해진 사람이 낯선 사내들을 데리고 찾아와 아이들이 보는 앞에서 집안의 가재도구에 빨간 딱지를 다닥다닥 붙인 것이다. 높은 이자를 챙겨준다는 말에 현혹되어 돈을 내준 사람, 얼마간은 높은 이자로 좋아했던 사람들, 원금이 보전되지 않자 집으로 찾아와 빨간딱지를 붙이는 사람들을 나와 아이 둘은 막아낼 재간이 없었다. 무슨 횡재하는 사업이 있어서 연 24%의 이자를 주고도 살아남을까. 그렇게 사업을 하겠다는 남편이나, 그 사람에게 이자를 받아먹겠다는 사람이나 마주치고 싶지 않은 인간들이다. 그런데 저들을 수습하고 나면 제3, 제4의 복병들이 차례차례 기다리고 있는 터여서 내어줄 것 다 내어주고 거리로 나가는 게 그들을 마주치지 않는 상책이구나, 하는 생각이 들었다.

  처음엔 견딜 수 없어 몸둘 바를 몰라 쩔쩔맸다. 아들 녀석은 내 눈치를 살피면서 기숙사에 있는 누나한테 실시간으로 보고를 하였고 나는 맥을 놓고 있었다. 처음 빨간 딱지를 받던 그날, 어찌나 울었는지 목이 아파서 다음날은 강의도 할 수 없을 지경이었다. 많이 울면 목청만 아니라 바깥 근육에도 통증이 몰려온다는 걸 그때 처음 알았다.

  그래도 어찌어찌 순서를 바꿔 가면서 간신히 강의를 마치고 돌아와 일을 수습하기 시작하였다. 내가 할 수 있는 수습이래야 남편에게 퍼붓던 원망을 그만두고 아이들 마음 다독이는 것밖에 달리 없었지만 가장 어려운 게 내 마음을 수습하는 일이었다.

  미안하다, 미안하다, 열심히 살게, 열심히 살게, 수없이 말하며 남의 회사로 들어간 남편은 1월부터 출퇴근 시간에 맞추느라 첫차와 막

차를 타고 서산에서 서울로 다닌다. 다 버리고 새로 출발은 하였으나 이미 저질러졌던 일들을 수습하는 데 만만치 않은 고통이 따른다. 그가 없는 시간에 찾아드는 빚쟁이들을 감당하는 것은 고스란히 아이들과 내 몫이다.

아이 둘을 키우면서 큰돈이 들지 않았다. 딸아이도 고등학교 3년을 장학생으로 다녀 주었고 국립인 교대로 진학하였으며, 작은아이도 중학교 의무교육과 이번에 들어간 고등학교에 장학생으로 들어갔으니 학비 때문에 힘들었던 적이 없다. 나 또한 만학도로 공부하기 바빠서 주부로서 살림의 재미를 별로 모른다. 그러니 생활비도 적게 들고 늦게 공부하였으나 남들만큼 벌기도 한다. 그런데도 집을 내주고 거리로 나가야 하는 신세가 되었으니 그것을 어찌 원망 아닌 운명으로 받아들일 수 있을까.

되돌아보면 아이들과 나는 똘똘 뭉쳐 공부하는 데 한 몸이 되었고, 승승장구하는데 행복했다. 그런데 남편은 그러지 못했다. 교사였던 시아버님의 외아들로 고이고이 자란 사람이 대기업에서 퇴직한 뒤 사업을 해보겠다고 나섰는데 둘이 합쳐도 헤쳐 나가기 힘든 경제 구조 속에서 알지도 못하는 가스업에 뛰어들었다가 실패하고, 다시 생면부지의 수산업 뛰어들었으니 역시 실패하는 건 정해진 이치였다.

앓고 난 남편은 미얀마나 중국을 오가면서 수입을 하더니 북한 무역이라는 새로운 유혹에 빠져 부모님께 물려받은 땅과 집은 물론, 부모님이 살고 계신 집까지 저당 잡혀 투자를 하였고 그것도 모자라 높은 이자의 남의 돈까지 빌렸다. 재력도 없고 사업 수완도 없는 그의 무모한 도전은 쭉 뻗은 아스팔트가 좋다고, 그 길을 당당히 걸어 보겠다고 올라서는 개구리나 고양이의 도전이었다. 결국 쌩쌩 달리는 자동차 바퀴에 깔려 죽는 신세가 될 뿐이었다.

아무리 길이 좋기로서니 개구리나 고양이는 자동차들이 쌩쌩 달리는 아스팔트 길로 가면 안 되는 거였다. 개구리는 개구리가 살 곳과 다닐 곳이 따로 있고 고양이 역시 살 곳과 다닐 곳이 따로 있다. 그런데 자신이 무엇인지도 모르고 새로 난 도로를 겁도 없이 활보한다면 언젠가는 자동차라는 괴물의 바퀴에 치여 죽을 수밖에 없다. 그곳은 자동차들이 달리는 도로이기 때문이다.

학교는 다녔어도 세상 사는 법은 배우지 않은 모양이다. 아니 어쩌면 에둘러 가르쳐 주었는데도 못 알아들었거나 가볍게 들었는지도 모른다. 하긴 잘 배운 우등생이라 한들 말로 배울 수 있는 것은 찌꺼기에 불과한 것이니 어찌 세상살이의 묘미까지 배울 수 있었으랴. 묘미란 직접 경험하지 않고는 결코 터득할 수 없는 것이니 말이다.

돌아보면 살아가면서 경험으로 배우는 세상살이 수업료가 너무 비싸다. 주변에는 세상살이 습득 과정에서도 학교 공부 잘해서 장학금을 받는 것처럼 돈을 들이지 않고 배우는 사람들도 있는 듯한데, 왜 남편만은 유독 비싼 수업료를 내야만 하는 것일까.

그렇게 좋아하는 회를 시켰는데도 아이들은 먹는 둥 마는 둥 얼굴이 침울하다. 괜찮다, 엄마는 너희를 위하여 무엇이든지 할 수 있다, 버린다는 것은 새로운 것의 잉태를 의미하는 것이니 염려하지 마라, 아빠도 새롭게 시작한다고 하셨으니 이 폭풍우만 넘기면 맑은 하늘이 나타날 것이다. 속삭이며 아이들의 어깨를 다독였다. 그래도 환하게 펴지지 않는 아이들의 얼굴, 식당을 나오면서 나는 아이들을 앞세우고 우체국으로 가서 통장을 하나씩 만들어주었다.

이제부터 이 통장에 희망을 심는 거다. 엄마는 이제부터 매달 꼬박꼬박 이 통장에 너희에 대한 희망을 쌓을 것이다. 딸의 대학 졸업 후와 아들의 고등학교 졸업 후를 대비해서 또 시작하는 거다. 마음만 먹으면 무엇이든지 할 수 있다. 몸도 선하고 마음도 선하고 원하는 것이 선한 것이라면 그것은 하늘이 이루어주신다고 했다.

비가 그치고 나면 더욱더 맑은 하늘이 펼쳐지고 비 온 뒤 때로는 그 하늘에는 무지개도 뜨는 법이니 너희도 너희 몫의 삶에 최선을 다해라, 그것만이 밝은 미래를 보장해 준다, 사계절이 돌고 돌듯이 쉬움과 힘듦도, 기쁨과 슬픔도 돌고 도는 것이다. 온 가족이 함께 희망을 심어 가면 맑은 날은 반드시 오게 되어 있다. 건강을 잃고도 되찾았는데 집을 잃고 되찾는 건 일도 아니다. 라며 나는 아이들에게 주술을 걸고 또 걸었다.

'하나의 마디가 생기는 시간, 그 고통의 시간을 잘 관리하면 단단한 마디가 되어 대나무가 쭉쭉 자라는데 튼튼한 허리 역할을 해 주지만 자칫 잘못하면 곁가지가 생겨 옆으로 빠질 수 있는 순간이기도 하다. 그 아픔의 시간을 어떻게 받아들이고 견디느냐에 따라서 사람은 거목이 될 수도 있고 잡목이 될 수도 있다.'

마디 하나가 생기던 생의 시간에 나의 아이들을 염려하시던 어느 선생님의 말씀이다. 내 아이들이 거목이 되느냐 잡목이 되느냐는 엄마인 나의 영향이라면서 그분은 나를 다독이셨다. 그러니 내가 어찌 주저앉아 세상 원망만 하고 있겠는가. 그럴 시간이 없다. 아이들을 향한 간절한 나의 주술은 세상을 원망하려는 나에게 거는 주술이었다.
꿈을 저축할 제 몫의 통장을 받아 든 아이들 얼굴이 펴지기 시작한다.
— 2007년 2월 23일

새 식구 맞이하기

아들이 결혼을 한다. 예단으로 혹시 뭐 받고 싶은 게 있느냐고 묻기에, 없다고, 혹시 뭐라도 해올 요량이라면 아들이 아파트 장만하느라 받은 대출금이나 좀 갚아주면 좋겠다고 했다. 절반이 대출인데, 월급쟁이인 아들로서 힘겨울 것 같아서였다. 어차피 아들 부부가 살 집이고, 아들 부부가 갚아가야 할 대출금일 텐데, 사돈댁에서 예단 삼아 좀 갚아주면 신혼부부 출발이 수월하지 않을까, 하는 마음에서였다. 어려서부터 믿음직스러워 마뜩했던 아들이 알았다고 한다.

모든 절차를 둘이 알아서 하겠다고, 엄마는 신경 쓰지 말라고 했지만, 며느리 될 신부에게 뭐라도 해줘야 하지 않을까, 자꾸만 신경 쓰였다. 내가 결혼할 때는 시댁 어른들 예단으로 차렵이불 하나씩 준비했었다. 그리고 나는 시어머님께 패물을 받았다. 당시에 결혼하면 누구는 패물로 뭘 받았다, 예단으로 뭘 해왔다, 하는 말들이 무성했고, 비교 당하는 입장에서는 거북했었다. 그런데 아들은 아무것도 신경 쓰지 말라고 한다. 고등학교에 진학하면서부터 매사를 스스로 알아서 해온 아들이 믿음직스러웠지만, 혼사만큼은 그러면 안 될 것 같아 싱숭생숭했다.

딸에게 물었더니 아들이 원하는 대로 하는 게 좋겠다고 한다. 엄마가 뭐라도 준비하면 신부도 뭔가를 준비해야 하지 않겠느냐는 것이다. 듣고 보니 그럴 듯도 하여 입을 다물었지만, 반지 하나라도 해줄

까, 금일봉이라도 줄까, 별의별 생각이 다 들었다. 딸은 나중에 기회가 있을 거라고, 우리 식구가 된 후 기념할 일이 생길 때 하면 된다고 한다. 듣고 보니 또 그럴 듯하여 수런거리는 마음을 달랬다.

사돈댁도 나처럼 갈등했는지는 모르겠다. 그런데 정말 아들 혼사를 치르면서 사돈댁과 아무 것도 주고받지 않았다. 물질을 주고받지 않은 게 마음을 주고받지 않는 것처럼 느껴져 싱숭생숭했지만, 이 또한 변화에 편승하는 일이어서 그럴 거라고 마음을 다독였다.

40여 년 전, 내가 결혼하던 때가 떠올랐다. 모두가 가난했던 시대지만, 딸부잣집인 우리는 더욱 가난했었다. 딸들이 아버지를 도와 남동생 둘 대학 뒷바라지를 하다가 막상 혼기가 차 결혼하려니 남은 게 아무것도 없었다. 가난한 것도 못 배운 것도 싫어서 살 만한 집안의 배운 남자를 선택했는데, 외아들로 부족함 없이 자란 남편은 가난한 나의 사정을 살필 줄 몰랐고, 그로 인해 나는 마음 고생을 했다.

모든 걸 알아서 하겠다는 아들은 결혼하면서 내게 만 원도 달라고 하지 않았다. 그리고 우리 집 가족들에게 해야 할 인사는 아들이 알아서 하고, 신부 집 가족들에게는 신부가 알아서 하기로 했단다.

아들 부부는 모든 허례허식을 없애고 둘이서 작은 가락지 하나씩 나눠 끼고 식장에 들어섰고, 신혼살이를 시작하기로 했다. 자기들을 낳고 키운 양가 부모님께 조금의 부담도 드리지 말자고, 둘의 힘으로 살아보자고 약속이라도 한 듯했다. 며느리를 데리고 우리 집에 처음 인사 왔을 때 나는 아들 어렸을 때 이야기를 자랑삼아 들려주었다. 얼마 지나지 않아 아들이 내게 말한다, 며느리를 대할 때 아들 자랑은 조금 자제해 달라고. 자라온 환경이 다르다 보니 엄마가 자랑스러워하는 아들 이야기가 신부의 감정을 터치할 염려가 있다는 것이다. 감성적인 신부의 성품을 갈피갈피 배려하는 것 같은 아들이 미워 흘겨보았지만, 일단 알았다고 대답은 했다. 그리고 생각에 잠겼다. 새 식구를 맞으니 조심해야 할 것들이 생기는구나, 서글픔 같은 것이 싹을 내미는 듯도 했다.

내가 시집살이로 힘들 때 남편도 아들처럼 자기 부모님께 "며느리가 불편할 수 있으니 이런저런 이야기는 자제해 달라"고 부탁했더라면 얼마나 좋았을까. 시부님과 갈등할 때에도 남편이 "아버지 그러시면 며느리가 너무 힘들다"라고 조심해 달라고 청했더라면 얼마나 좋았을까. 그랬더라면 나는 죄송해서라도 시부님께 더 잘했을지도 모른다. 시집살이라는 이름으로 그렇게 서럽지는 않았을지도 모른다. 40년이 지난 이야기지만, 결혼을 하는 비슷한 나이의 남편과 아들, 같은 혈통이지만 달라도 너무 다르다.

생각하고 보니 엄마인 내게 미리 귀띔하는 아들의 처사가 현명하다 싶다. 미처 생각지 못하고 꺼낸 말들이 새 식구를 불편하게 할 수도 있을 터, 그러면 둘 사이 고빗한 일이 생길 수도 있지 않겠는가. 사전에 배려하여 조심하는 것은 미래에 있을지도 모를 갈등을 해소하는 지름길이 아니겠는가.

아들에게 흘기던 눈을 얼른 거둬들였다. 내가 조심하면 아들 며느리는 사이좋게 사랑하며 잘 살아갈 것 같아 툴툴거리던 입술도 재빨리 단속했다. 언제 눈을 흘겼고, 언제 툴툴거렸냐는 듯 뚝 시치미를 떼는 것도 잊지 않았다. 그리고 며느리를 처음 만났던 날을 떠올리며 축사를 준비했다.

***

방금 소개받은 신랑 송현중 엄마 노경수입니다. 신랑 신부에게 주는 덕담에 앞서 오늘 저희 아이들 결혼을 축하해 주시기 위해 오신 귀빈 여러분께 감사 인사드립니다. 아들이 부탁하기를 결혼식에 덕담 코너가 있다면서, 기승전은 빼고 결론만 간단히 말해 달라고 하더군요. 말과 글에는 서론 본론 결론이 있고 기승전결이 있다고 평소 강조해 왔는데, 저의 잔소리가 꽤나 염려되었던 모양입니다. 그래도 아들아, 이번 한 번만 더 참아라.

현중아,
신부 지민이 곁에 나란히 서 있는 네 모습을 보니 네가 내게 온 첫날이 떠오른다. 위암 수술 후 시한부 삶인 줄 알았던 내게 너는 선물처럼 찾아왔었지. 입덧이 아닌 먹덧을 하게 했고, 기적 같은 하루하루가 이어졌단다. 유치원에서 돌아오는 길, 길가에 핀 민들레가 예뻐서 엄마 드리려고 꺾어왔다며 내밀었던 너, 너를 키우는 길목은 봄꽃이 만개한 4월처럼 곳곳이 기쁨과 감동, 감사로 반짝였다. 그런 네가 또 4월, 아름다운 신부 지민이를 맞아 가정을 꾸리다니 나는 또 하나의 기적에 감동한다.

신부 지민아,
네가 처음 우리 집에 온 날, 활짝 웃는 네 모습이 어찌나 사랑스럽던지, 너를 낳고 키워주신 부모님이 떠올랐고, 감사했다. 너를 시집보내기 얼마나 아까우실까, 하는 마음도 들었다. 그래도 현중이와 함께할 제2의 인생을 감사로 응원하시리라 믿는다. 현중이는 지민이 눈에 눈물 나게 하지 말고 속상하게 해서도 안 된다. 예금 중에 가장 이율이 많은 게 사랑이다. 사랑으로 부자 되기 바란다. 처음 엄마가 되었을 때도 좌충우돌했는데, 시어머니라니, 낯설지만 나도 좋은 시어머니 되기 위해 노력하련다.

지민아, 이 자리에서 고백하는데 사실 현중이는 좀 칠칠하지 못하단다. 뭐 하나에 빠지면 다른 건 잊어버리는 경향이 있어. 아침에 등교하면서 책가방을 두고 가기도 하고, 재산목록 1호라는 RC카만 책가방에 담아 간 적도 있단다. 사람은 잘 변하지 않는다는데, 손이 많이 갈 것 같아 엄마로서 미안하다. 힘들 땐 말하거라. 너희들 삶에 간섭할 생각은 없지만, 부탁한다면 현중이를 혼낼 힘은 아직 있으니까.

　현중아 그리고 지민아!
　나는 엄마가 된 때로부터 지금까지 '좋은 엄마'가 되고 싶은 꿈을 가지고 살아왔다. 그 꿈은 에너지가 되어 어떠한 어려움도 견뎌낼 힘을 주더구나. 오늘 결혼을 계기로 너희들도 꿈을 가지고 오순도순 살아가길 바란다. 그 길목에서 내가 누렸던 기쁨과 감동, 가슴 벅찬 환희와 감사도 마음껏 누리길 바란다. 내 삶에 내렸던 하나님의 은혜와 축복이 너희들 앞길에도 햇살처럼 펼쳐지길 나는 기도하마. 결혼을 축하한다.

2025. 4. 26.
사랑하는 엄마가.

제3부

98학번, 나의 도전기

거울 앞에 서다

공부한다는 것은

교학상장(敎學相長)

그리운 윤흥길 선생님께

기적 같은 날들

상선약수

자유의지와 운명

98학번, 나의 도전기

서른아홉 살, 만학도가 되고 싶어서 한서대학교 문예창작학과를 노크했을 때는 한여름 무더위가 기승을 부리고 있을 때였다. 암으로 위를 절제하고 시한부 삶을 극복하며 작은아이까지 낳았는데 어떻게 하면 좋은 엄마가 될 수 있을까 모색하다가 독서지도와 논술지도에 눈을 떴다. 그 과정에서 아이와 함께 동화책을 읽었고, 그저그런 동화가 눈에 띄었으며, 나도 쓸 수 있겠다는 멈추지 않는 자신감에 도전하여 동화작가가 되었는데, 막상 되고 보니 그 이름이 영 몸에 맞지 않는 명품 옷처럼 불편했다. 아는 게 없었기 때문이다.

본격적인 창작공부를 하고 싶다고 찾아간 나에게 소설가 윤흥길 선생님은 수능시험을 봐야 한다고 하셨다. 고등학교를 졸업한 지 20년이 지났는데, 게다가 여상을 졸업했는데, 시험을 볼 자신이 없다고 말씀드렸더니 4년제 대학교에 입학하려면 반드시 통과해야 하는 관문이라고, 내가 MBC창작동화 대상 수상자여서 특기생 전형에 해당된다고, 수능성적이 저조해도 된다고, 도전하라고 격려하셨다. 수능시험 원서 마감 이틀 전이었다.

수능시험, 도저히 치를 수는 없는데, 아는 것이라고는 아이들 독서지도를 위해 읽은 동화책이 전부인데, 앞이 깜깜했다. 그래도 특기자 전형이라니, 교과서 밖에서 많이 나온다니, 혹시 행운이 따라줄지도 몰라, 하는 생각에 사진을 찍고 대전여상으로 향했다. 교무실에 들어가는데, 성적증명서를 떼고 원서를 쓰는데 진땀이 났다.

시험 보는 날, 고사장이 서산여중이었다. 여고 교문 앞을 지나는데 운동장에 학생들이 정렬해 있는 게 보였다. 아, 저기구나, 서둘러 운동장으로 가서 내가 서야 할 줄을 확인하는데 아무리 보아도 내 번호에 해당하는 줄이 없다. 이상하다, 두리번거리다가 안내하는 선생님께 수험표를 내밀었다. 여기는 서산여고이고 서산여중은 옆 건물이라고 한다.

서둘러 울타리를 넘어 여중으로 갔다. 운동장이 텅 비어 있었다. 학생들이 이미 입실한 것이다. 내 번호를 확인하고 교실을 찾느라 복도를 돌다가 겨우 찾아 들어갔을 때 수험생들은 교실 가득 조용히 앉아 있었다. 급한 마음에 드르륵 교실 문을 열었더니 하필이면 앞문이었다. 자리에 앉아 있던 학생들이 자세를 바로하면서 시험볼 채비를 하며 나를 쳐다본다. 감독관인 줄 아는 모양이었다. 그런 학생들의 시선을 외면하고 내 번호가 적힌 책상을 찾아 들어가는데 얼굴이 화끈거리고 몸이 달아올랐다. 자리에 앉으니 아이들의 시선도 따라 앉는 것 같아 꼼짝도 할 수 없었다.

120점이 만점인 언어영역 시간, 시험지를 받아든 나는 깜짝 놀랐다. 시험문제가 이런 거라니, 한 문제씩 풀어가는데 신명이 났다. 공부할 엄두도 못 내고 특기자 전형이라는 운만 믿고 도전했는데, 모르는 문제가 하나도 없었다. 아이들 독서지도를 위해 책을 읽고 신문을 읽고 필사했던 것들이 큰 바탕이 되었다.

둘째 시간 수리시험에서는 첫째 시간과 정반대의 현상이 나타났다. 내가 풀 수 있는 문제는 딱 세 문제였다. 그것도 정답 근사치까지 낼 수 있었는데, 4지 선다형이라서 맞힐 수 있었다. 외국어 시간에는 도무지 모르겠는데, 듣기평가문제는 감각으로 알 것 같았다. 확인해 보니 15문제 중에서 13문제 맞혔다. 탐구영역에서는 그냥 찍어서 몇 문제를 맞혔는지 알지 못한다.

그날, 점심 도시락을 싸온 두 살 위 언니가 말했다, 공부가 지겹지도 않느냐고. 나는 고개를 저었다. 지겨울 만큼 공부를 해 본 기억이 없기 때문이었다. 사실 반에서 1~2등을 다투던 언니는 공부가 지겨웠을지도 모른다. 그러나 나는 마음잡고 공부를 해본 적이 없으니, 그것이 나를 대학에 도전하게 했는지도 모른다.

수능시험을 보는 용기를 내기까지는 참으로 어려웠으나 막상 도전하고 보니 그 물꼬는 학부 4년을 마치고 대학원으로 이어졌다. 시작이 반이라는 말은 그런 걸 의미하지 않을까. 아직도 수능 시험장에서 나를 바라보던 스무 살 아이들의 눈빛, 입학식이 거행된 운동장에서 함께 정렬했던 신입생들과 마주친 눈빛, 수업 시간에 비슷한 동연배의 교수님들 눈에 띄지 않으려고 애쓰던 일들 모두가 생생하게 떠오른다.

많은 용기가 필요했지만 그 도전 덕분에 나는 98학번을 달고 만학도가 될 수 있었고 두 아이에게 도전하는 엄마 모습을 보여줄 수 있었다.

책가방을 들고 다니던 시간, 봄이면 야속하게 찾아오는 춘곤증으로 점심을 굶어야 했고, 위암 수술 후유증인 빈혈로 힘들기도 했다. 그래도 집으로 돌아와 식탁에 앉으면 아이들과 나는 학교에서 배운 것들을 자랑하기에 바빴다. 새롭게 알게 된 것들을 서로에게 들려주고 싶은 것이다.

덕분에 우리는 서로에게 스승이자 제자가 되어 앎의 기쁨에 빠져서 행복한 시간을 보낼 수 있었고 과외를 시키거나 학원에 보내지 않아도 아이들은 무난하게 국가장학생으로 대학에 진학했다. 당시 초등학교 5학년이었던 큰아이는 교육계에서, 1학년에 입학했던 작은 아이는 행정계에서 일하는 공무원이 되어 맡은 일에 충실하면서도 계속 공부하는 것은 그때부터 생긴 버릇일 터였다.

"엄마, 만약에 내가 결혼해서 아이를 낳으면 엄마가 키워줄 거야?"

교사인 딸아이가 내게 한 질문이다. 기다렸다는 듯 내가 대답했다.

"너를 키우면서 내가 얼마나 행복했는데, 네 행복은 네가 누려야지 내가 뺏을 순 없을 거 같아."

딸아이가 웃더니 두 번 다시 묻지 않는다. 사실이다. 나는 두 아이를 키우면서 진실로 행복했다. 그 행복을 여기 열거하면 팔불출이 될 거 같아 삼가는데, 내일을 알 수 없다는 건, 미래를 예측할 수 없다는 건, 우리에게 두려움도 주지만 희망을 주고 꿈도 준다. 내일을 모르기에 오늘을 열심히 살아갈 수 있으니까.

스물아홉에 위암으로 시한부 삶을 살던 내가 투병생활 중에 작은아이를 낳고, 동화작가가 되고, 서른아홉에 만학도가 되어 대학교에 입학할 것을 어찌 짐작이나 할 수 있었을까.

위암으로 투병하던 당시 17개월이었던 딸아이를 조금만 더 키우게 해달라고 기도하던 시간이 있었는데, 주어진 시간 좋은 엄마 노릇을 할 수 있게 해달라고, 엄마가 없어도 살아갈 수 있는 아이로 키우게 해달라고 눈물로 기도하던 시간이 있었는데, 이후 엄마 소리를 들으며 아들도 낳고 30년 넘게 행복하게 살았다. 살아간다는 건 기적이고 사랑이며 환희이며 축복이다.

거울 앞에 서다

매일 아침 나는 거울을 본다. 거울 앞에 서서 세수를 하고, 아침을 먹고 일하러 나가기 전에 다시 한 번 거울 앞에 선다. 거울 앞에서 그날 해야 할 일이 무엇인지 스케줄을 생각하면서 얼굴을 정리하고 헤어스타일을 꾸민다. 옷매무새도 정리한다.

운전하면서도 신호등 앞에 서면 가끔 고개를 쳐들어 백미러를 본다. 일터에 도착한 뒤에도 강의실이든 회의실이든 이동하기 전 화장실에 들러 다시 거울을 본다. 그런 다음에야 비로소 사람들 앞에 선다.

그뿐이 아니다. 일상 중에서도 사람들을 만날 때 혹은 함께 식사를 했을 때에도 핸드백을 열어 무엇을 찾는 척 슬그머니 거울을 꺼내 얼굴을 비춰본다. 입가에 묻은 것은 없는지, 잇새에 끼인 것은 없는지, 눈 주변은 정갈한지…….

매일을 그렇게 생활하면서 마음을 비춰볼 거울 하나 가지고 있었던가, 생각해 본 적이 없다. 아니 그런 거울의 존재조차 생각해 보지 않았다. 마주쳐야 할 일상들이 기다리고 있다가 줄줄이 꿰어져 나오는 바람에 마음의 거울은 생각할 겨를도 없이 살아왔다.

그러던 어느 날 책 두 권이 내게로 왔다. 류시화가 인디언들의 이야기를 엮은 『나는 왜 너가 아니고 나인가』(김영사)와 제레미 리프킨이 쓰고 이창희가 옮긴 『엔트로피』였다. 평소 나의 어리석은 삶을 안타

깊게 바라보던 멘토 - 그는 친구라고 강조하지만 - 가 선물한 거였다.

저자도 출판사도 출판연도까지 서로 다른 두 책은 환경과 인류 미래에 대하여, 어떻게 살아야 하는가에 대하여 이야기하고 있다는 점에서 공통점을 이루고 있었다. 『나는 왜 너가 아니고 나인가』가 방법론을 보여준다면 『엔트로피』는 왜 그렇게 살아야 하는지 근거를 제시한다. 두 권의 책은 씨실과 날실이 되어 어떤 천이 만들어지는지, 어떤 천을 만들어야 하는지 보여주고 있다.

『엔트로피』에서는 열역학 제1법칙인 "우주 안의 모든 물질과 에너지는 불변하며, 따라서 창조될 수도 없다"는 것이다. 제2법칙(엔트로피법칙)은 "물질과 에너지는 한 방향으로만 변한다"이다. 유용한 상태에서 무용한 상태로, 획득 가능한 상태에서 획득 불가능한 상태로, 질서 있는 상태에서 무질서한 상태로만 변한다는 것이다.

엔트로피법칙은 우주 내 어떤 시스템에 존재하는 유용한 에너지가 무용한 형태로 바뀌는 정도를 재는 척도인데 발전을 위한 기술은 근본적으로 에너지를 유용한 상태에서 무용한 상태로 떨어뜨리는 변환자라고 한다. 왜냐하면 기술을 개발할 때뿐만 아니라 그 개발한 기술을 사용할 때에는 많은 에너지를 집약적으로 쓰기 때문이다. 그런데 이렇게 많은 에너지를 사용하면서 개발한 기술은 더 나은 기술에 의하여 쓸모없는 것이 되고 더 나은 기술은 또 더 나은 기술에 의하여 쓸모없는 것이 된다. 발전이라고 하는 이러한 과정에서 집약적인 에너지 소모는 계속되고 쓸모없음도 계속된다. 핸드폰이나 컴퓨터, 가전기기 등이 새롭게 출시되는 걸 떠올리면 쉽게 이해될 것이다.

이러한 순환은 결국에는 에너지를 고갈시키면서 쓰레기만 양산한다. 주부로서 그동안 살림을 하면서 유용한 것들을 무용하게 만든 게 얼마나 될까. 이 책은 투명한 거울이 되어 그동안의 나의 삶을 선명하게 비춰주었다. 어떡하나, 책을 읽고 난 뒤로는 매순간 고엔트로피인지 저엔트로피인지 따져보게 된다. 가능하면 에너지를 사용하는 방법보다 몸을 움직이는 방법을 택하게 된다.

　미타쿠예 오야신 – 우리 모두는 서로 연결되어 있다는 평원 부족 인디언들의 인사말로부터 시작하는 『나는 왜 너가 아니고 나인가』 역시 첫 장부터 내 눈길을 사로잡았다. 그동안의 독서에서 경험하지 못했던 깨달음들이 불을 향해 달려드는 나방들처럼 마구마구 달려들었다. 900여 쪽에 펼쳐지는 인디언들의 이야기는 나의 생각을, 나의 생활을, 나의 영혼을 비춰주는 차갑고도 예리한 거울이었다.
　그동안 인디언들에 관한 이야기는 「시애틀 추장의 편지」와 포리스트 카터의 『내 영혼의 따뜻했던 날들』을 읽은 게 전부였는데, 그 정도의 독서만으로도 인디언들의 삶과 지혜를 안다고 생각했는데, 이 책은 첫장부터 그런 내 어리석음부터 비추기 시작했다.
　오타와족의 검은새 인디언은 "나는 무엇보다 나 자신과 만나고 싶다. 우리 인디언들은 삶에서 다른 것을 추구하지 않았다. 물질이나 권력은 우리가 쫓아다니는 것들이 아니었다. 그런 것들은 겨울 햇살 속에 날아다니는 마른 잎과 같은 것이다. 우리는 매순간을 충실하게 살고자 노력했으며 자연에서 우리 자신을 돌아보는 일을 게을리하지 않았다. 하루라도 평원의 한적한 곳을 거닐면서 마음을 침묵과 빛으로 채우지 않으면 우리는 갈증 난 코요테와 같은 심정이었다."라고 말한다.
　무엇보다 먼저 나 자신과 만나고 싶어 평원을 거닐면서 성찰하는 일을 게을리하지 않는다는 그들에게는 주변에 펼쳐진 자연 모두가 거울이다. 그 거울은 내가 매일 보는 그런 거울이 아니라 어떤 마음으로 살아왔으며 살아가고 있는지, 살아가야 하는지, 나는 누구인지를 비춰주는 내면의 거울이다.
　미스 아메리카에 뽑힌 인디언 여성은 "삶은 신성한 것이다. 우리가 우리의 아름다운 방식대로 살아가게 해달라"고 한다. 몇 해 전 문예창작학회 세미나에서 한 교수가 '아름답다'는 말의 어원을 발표했는데 그는 "~답다"라는 말은 선생답다, 학생답다, 너답다 등에서처럼 명사 뒤에 쓰이는 것에 착안하여 '아름'도 명사일 것이라는 가정에서 연구한 결과 '알'의 고어라는 사실을 밝혀냈다. 그러니까 '아름답다'는 '알답다'에 어원을 두고 있다는 것이다.

'알'은 생명을 상징한다. 달걀에서 병아리가 나오고 오리알에서는 오리 새끼가 나오며 메추리알에서는 어린 메추라기가 나온다. 그것이 아름다움이다. 미스 아메리카였던 인디언 여성의 "삶은 신성한 것이고 우리의 아름다운 방식대로 살아가게 해달라"는 요구는 인디언들에게 부여된 삶을 인디언답게 살도록 해달라는 뜻이며 한적한 평원을 거닐면서 침묵과 빛으로 자신을 만나고 마음을 채우며 살게 해달라는 것으로 아름다운 삶을 강조한 것이다.

인디언들의 소망은 그동안 우리가 원했던 것처럼 많은 돈을 투자해서 복지혜택을 늘려달라는 것도 아니고 잘 사는 사람들을 바라보며 그들처럼 잘 살게 해달라는 것도 아니며 상대적 빈곤, 상대적 박탈감에 억울해하며 부익부 빈익빈 양극화의 격차를 줄여달라는 것도 아니다. 또한 공부할 수 있게 학교에 보내달라는 것도 아니고 아플 때 의료혜택을 받을 수 있게 해달라는 것도 아니다. 자기들이 살던 터전에서 자기들이 살던 그대로 자연의 일부로서 돌아보며 살 수 있게 해달라는 것이다. 바로 아름다운 삶을 요구한다.

"어느 곳이나 다 세상의 중심이고 나는 내 상황의 주인이며, 내 몸의 주인이며 내 자신을 마음대로 할 수 있다. 내가 원하는 대로 살며 내가 내 나라의 주인이다. 나는 어떤 사람도 두려워하지 않으며 오로지 위대한 정령에게만 의지한다"는 그들의 외침은 주체적 인간으로서 하늘을 의지하며 인디언답게 살아가고자 하는 소망으로서의 의지의 표상이다.

"나는 예수라는 사람이 인디언이었다는 결론에 이르게 되었다. 그는 물질을 손에 넣는 것, 나아가 많은 소유물을 갖는 것에 반대했다. 그리고 평화에 이끌렸다. 그는 인디언들과 마찬가지로 계산적인 것과는 거리가 멀었고 사랑으로 일한 것에 대해 아무 대가도 요구하지 않았다. 얼굴 흰 사람들의 문명은 그런 원리와는 거리가 멀다. 우리 인디언들은 예수가 말한 그 단순한 원리들을 늘 지키며 살아왔다. 그가 인디언이 아니라는 것이 이상할 정도다."

비교종교학자인 조지프 켐벨은 신은 민족과 문화에 따라서 그에 맞는 가면을 쓰고 있다고 하는데 그의 말대로라면 인디언들이 말하는 위대한 정령은 그들 문화에 맞게 가면을 쓴 그리스도가 아닐까. 그런데 복음을 전하는 문명인들은 '서로 사랑하라, 하나님은 사랑이시다'를 외치면서 그들이 살던 터전을 총과 칼로 빼앗고 인디언 보호구역이라 정해놓은 척박한 땅으로 원주민들을 몰아넣었으며, 항의할 때는 거침없이 살인을 했다. 아메리카 대륙 발견 이후 –인디언들은 자신들이 그들을 발견해 품어주었다고 말한다– 프론티어 정신에 의한 개척사는 그리스도의 복음을 전하면서 인디언들의 것을 빼앗은 침략사였음을 이 책은 고발한다.

인디언들은 자신들의 조상이 태초에 진흙에서 솟아났다고 믿는다. 태초에 하나님이 흙으로 아담을 빚었다는 것과 비슷한 맥락인데 "땅에서 솟았다"와 "하나님이 빚었다"와의 인식의 차이는 대지를 대하는 행동에서 많은 차이를 가져온다. 대지를 어머니라 칭하며 자연에서 최소한의 것을 얻으며 살아가는 그들은 문명인으로 대표되는 백인들이 땅을 파내어 돌이나 철 등의 광물을 찾아 쓰고 석유나 석탄, 가스를 찾아 에너지로 사용하는 것을 어머니의 살을 파고 뼈를 빼내 욕심을 채우는 것이라고 말한다.

그들은 문명인들이 자랑스러워하는 개발에 대하여 "백인들은 우리의 어머니인 이 대지를 자신들만 차지하겠다고 주장하면서 아무도 들어오지 못하게 철조망을 친다. 그리고 온갖 건물들과 쓰레기들로 땅을 더럽힌다. 계절에 맞지도 않는 곡식들을 생산해 내라고 땅을 윽박지르며, 땅이 힘을 잃었는데도 계속해서 약을 뿌리며 생산을 강요한다"라고 말한다.

체로키족 청년은 "우리 인디언들도 유럽 땅을 발견했다고 주장할 수 있다. 그 당시 우리는 바다 건너에 다른 나라가 있다는 것을 알지 못했다. 따라서 그들이 말하는 식으로, 이다음에 내가 영국이나 이탈리아로 건너가서 깃발을 꽂고는 그곳이 인디언들의 땅이라고 말하면 되는 것이다. 왜냐하면 내가 그곳을 발견한 것은 그때가 처음이며, 따라서 내가 그곳을 발견한 것이나 다름없으니까. 당신들이 아메리카 대륙을 발견했다고 하는 것이 바로 그런 식인 것이다."라고 하며 독자들에게 자기중심적인 인식을 돌아보게 한다.

가난하지만 위대한 정령의 말씀에 귀 기울이며 자유와 행복을 추구하는 인디언들의 모습은 발전지상주의, 성장지상주의에 빠져 있는 - 진정한 의미의 발전인지, 진정한 의미의 성장인지 돌아봐야하지만 - 우리의 모습을 비춰주는 거울이다. 카이오족의 큰구름은 "우리가 이 세상을 소중히 여기지 않으면 세상 또한 우리를 소중히 여기지 않는다. 세상은 아름다움을 발견하는 자에게는 아름다움을 주고 슬픔을 발견하는 자에게는 슬픔을 준다. 기쁨이나 지혜 같은 것들도 마찬가지다. 세상은 우리가 생각하는 것의 반영이다. 따라서 우리가 세상의 신비를 무시하고 우리 마음대로 땅을 파헤치고 나무를 베어 넘긴다면 언젠가 세상 또한 우리를 삶 밖으로 내동댕이칠 것"이라고 경고한다. 그들의 말에서 필자는 성경의 말씀과 다르지 않음을 발견한다.

최근 들어 세상 곳곳이 지진과 쓰나미로 폐허가 되는 것을 뉴스에서 자주 본다. 최고의 지성들은 그러한 현상에 대하여 이런저런 탐구를 계속하지만 발원지가 어디이고 진동이 몇이었는지 수치만 알아낼 뿐 예방 차원에서는 속수무책이다. 핵 선진국이었던 독일에서는 핵폐기물을 지하에 매장했는데 그것의 위험성이 사라지려면 78만 9천 년이 걸린다고 한다. 천문학적인 시간이다. 쓰나미에 의한 일본의 원전 사고를 보아도 안전하고 경제적이라는 원전은 우리가 직면해야 하는 위험을 우리 자식들의 세대인 미래에 전가시키는 것뿐이다.

요즘처럼 빈번하게 일어나는 자연재해들은 인디언들의 말대로 우리가 세상을 소중히 여기지 않았던 지난 행동들이 부메랑이 되어 이제 우리를 세상 밖으로 내동댕이치려는 것은 아닐까. 지혜는 미래를 내다보고 대처할 줄 아는 능력이다. 글도 모르고 문명도 모르는 그들을 우리는 미개인이라고 무시하지만, 발전과 효율성을 찬양하는 이 시대에 어떤 지성에게서 그런 지혜를 찾아볼 수 있을까.

다코다족의 인디언 오히예사는 "잊지 말아야 한다, 자연의 경이로움과 장엄한 법칙을 발견하더라도 과학이 모든 것을 설명할 수 없다는 것을. 우리 모두는 생명의 원리를 간직한 궁극의 기적과 마주해야 한다. 이 궁극의 신비가 바로 기도의 본질이며 그것 없이는 종교가 있을 수 없다. 이 신비 앞에서 모든 사람은 인디언과 같은 자세를 지녀야 한다."라고 하며 인간 지성의 오만이 불러올 비극에 대하여 말한다, 자연 앞에 신 앞에 겸손하라고.

두 권의 책을 연결하고 보면 인디언들은 자연의 섭리에 맞게 에너지를 아끼며 저엔트로피 사회를 이루고 행복과 자유를 만끽하며 깨달음을 중요한 가치로 여겼음을 발견한다. 반면 문명인은 발전, 개발이라는 이름으로 유용한 에너지들을 무용한 에너지(쓰레기)로 변환시키는 고엔트로피 사회를 형성하면서 물질을 최고의 가치로 여긴다. 지구라는 한정된 공간에서 고엔트로피 사회의 끝은 불을 보듯 뻔하다.

"자연계의 영적인 측면은 절대적이다. 자연계의 법칙은 누구도 바꿀 수 없다. 우리 인디언들의 가르침은 그 법칙과 조화를 이루라는 것이다. 사실 그건 전 인류의 가르침이라고 나는 믿는다. 자연의 법칙을 이해해야 한다. 그 법칙과 조화를 이루고 그것에 순응하며 살아야 한다. 그렇게 살아갈 때 삶은 영원한 것이라고 오래전 우리는 배웠다. 그때 생명의 순환은 영원할 것이다. 위대한 재생과 거듭남의 순환 속에서 모든 것이 이어질 것이다. 끝없이 재탄생하면서 위대하고 강력한 순환이 계속될 것이다."

 자연을 알면 성경을 안다는 말이 있다. 자연의 법문을 제대로 읽을 줄 알면 부처님의 법문을 안 들어도 된다는 말도 있다. 섭리에 맞춰 살 줄 알면 도에 맞게 살아간다는 의미이다. 그들의 이야기를 읽으면서 나는 어떻게 살아왔나, 나는 누구인가, 내 생각이라고 하는 것들의 실체는 무엇이며 어디에서 온 것인지 자꾸만 돌아보게 된다.
 인디언들은 물에 관련된 노래를 많이 부른다고 한다. 그것은 물이 부족하기 때문이라며 문명인들이 사랑을 노래하는 건 사랑이 부족하기 때문이라고 지적한다. 돌아보니 음악도 문학도 사랑을 제외하면 남는 게 없는 듯하다. 심하게는 사랑에 목숨을 걸어 사건사고로 이어지는 걸 아침저녁 뉴스에서 듣는다.
 천국은 금은보화가 가득한 나라가 아니라 통치권이 하나님께 있는 나라를 의미한다. 하나님은 사랑이기 때문에, 사랑으로 다스려지는 나라, 사랑이 가득한 나라는 곧 천국이다. 예수님도 천국은 우리의 마음속에 침노해 들어와 있다고 했다.
 우리는 살아오면서 대부분 짧은 시간이나마 사랑을 경험했다. 첫사랑의 황홀함, 그 황홀의 무한함을 경험했다. 삶에서 잠깐씩 맛본 사랑의 순간, 그러한 상태에 오래 머물 수 있다면 얼마나 좋을까. 물질적 가난에 처해도 역경에 처해도 사랑이 가득하면 천국이고, 천국에 사는 것이다, 인디언들의 삶이 그러했던 것처럼.
 성경 속의 "부자가 천국에 가려면 낙타가 바늘구멍을 통과하는 것과 같은 일이다"라고 하는 이야기에서 부자는 물질을 많이 가진 부자가 아니라 내 주먹을 믿고 내 머리를 믿고 하나님처럼 모든 것을 마음대로 핸들할 수 있다고 믿는 사람들이다. 그러한 생각이 문명을 발달(?)시켰지만 『엔트로피』를 읽다 보면 개발이라는 이름 아래, 발전이라는 이름 아래 지구를 파괴하는, 인류 파국을 향해 치닫는 인간 욕망의 실체가 명확하게 드러난다. 낙원건설이 요원하다. 그러나 『나는 왜 너가 아니고 나인가』를 읽다 보면 자연의 일부로서 겸허한 자세로 위대한 정령의 보살핌을 바라며 사랑과 감사로 살아가는 그들의 세상이 에덴동산이라는 느낌을 지울 수 없었다.

  내가 매일 거울 앞에 서는 건 단정하게 살아가기 위함이다. 아름답게 살아가기 위함이다. 그런데 그 거울은 외양만 비춰준다. 너무 늦은 감이 있지만 이제는 내면을 보는 거울을 곳곳에 설치하고 나를 돌아보는 시간도 자주 가져야겠다. 두 권의 책을 덮고 나니 얼음처럼 차디찬, 가을 하늘보다 투명한 거울 하나 장만하고 그 앞에 서 있는 느낌이다.

  욕망의 찌꺼기들로 얼룩덜룩한 모습이 선명하여 저걸 언제 다 바로잡나, 한심스럽긴 하지만 추한 모습으로 그대로 살 수는 없으니 조금씩 고쳐나가자, 그래서 가벼운 마음으로 경쾌하게 살아가자, 마음을 다잡는다. 나는 봄보다 가을을 좋아하는데 봄이 밖으로 표현하는 계절이라면 가을은, 특히 11월은 안으로 파고드는 계절이기 때문이다. 이 가을, 내면으로 파고드는 두 권의 책으로 인하여 온기 속에서 삶에 대하여 물음을 던지는, 깊이에로 침잠하는 소중한 시간을 가질 수 있었다.

  － 2012년 11월

공부한다는 것은

　전년도 수능시험을 본 수험생이 국가를 상대로 소송을 제기했다. 이유인즉 사회탐구 영역의 한 과목에서 만점을 받았는데 표준점수가 60점대로 나와서 원하는 대학에 갈 수 없게 되었기 때문이란다. 문제의 난이도가 낮아 발생한 일인데 이에 교육부는 난이도를 예측하기는 신만이 가능한 일이라는 답변을 내놨다.
　수험생들마다 수능시험에 대한 대비는 다를 것이다. 어렵게 출제되어도 잘 풀 수 있도록 만반의 준비를 한 사람이 있는가 하면 그렇지 않은 사람도 있을 테니까. 수능시험은 수험생의 수학능력을 알아보는 것이고 그 능력에 따라 들어가 공부할 수 있는 대학은 달라진다. 그런데 난이도가 낮아 수험생들의 우열을 가릴 수 없다면 열심히 준비한 학생들에게는 불리하다.
　아이들을 가르치던 어느 날 공부하는 게 무엇이냐고 물어보았다. 갑자기 들이닥친 질문에 아이들은 공부를 하면서도 우물쭈물 대답을 못한다. 초등학생이나 중학생, 고등학생도 마찬가지이다. 현재 하고 있는 것을 물었을 뿐인데, 정적만 흐른다.
　그러다가 한 친구가 좋은 사람이 되기 위해서, 라고 대답했다. 그러자 꿈을 실현하기 위해서, 능력을 기르기 위해서, 좋은 대학에 가기 위해서, 좋은 직장에 가기 위해서 등 다양한 대답들이 나온다. 공부하는 행위에 대해 물었는데, 공부하는 목적을 말하는 것이다.

그런 학생들을 향해 공부한다는 것은 문제를 푸는 것이라고 말해주었더니 피식 웃는다. 대답치고는 싱겁다는 눈치다. 늘 해오던 문제풀이, 그것이 공부하는 것 아니냐고 반문했더니 별거 아니라는 듯 고개를 끄덕인다.

아이들은 초등학교에 입학하면서부터 문제를 푼다. 시험을 보는 것도 문제를 푸는 것인데, 시험을 잘 보기 위해 또 수많은 문제집들을 마주한다. 요즘 학생들의 말에 의하면 학교에서 국정교과서가 의미 없을 정도로 문제집에 의존해 문제를 푼다고 한다. 국어 수학 영어 그리고 또 다른 과목들, 과목마다 문제집의 종류도 많다. 교과서를 가지고 공부하기보다는 참고서나 문제집을 많이 풀어야 수능시험을 잘 볼 수 있다는 것이다. 그러니 문제풀이보다 인격함양이나 사회생활, 교우관계 등을 가르쳐야 하는 학교 선생님들도 학원 선생님들과 마찬가지로 문제집에 의존해서 학생들을 가르칠 수밖에 없는 모양새다.

대부분의 사람들은 초등학교에 입학해서 고3이 되기까지 수많은 문제를 풀어야 하고, 풀어왔다. 그 문제는 중간고사나 기말고사, 학력평가라는 이름으로 선생님이나 교육당국이 테스트 하기 위해 내주는 문제다.

이렇듯 학교에서의 시험은 문제가 주어지고 답의 범주가 주어진다. 문제에 대한 답을 4개 혹은 5개 마련해 놓고 그중 하나를 선택하라고 한다. 노력하지 않아도 맞힐 수 있는 확률은 20-25%이다. 노력하면 올백을 맞을 수 있고 대충 눈치만 있어도 답을 찍어 좋은 점수를 받을 수 있다. 주관식 문제일 때도 크게 다르지 않다.

그런데 학교에서 우등생이 사회에서 우등생이 아니라는 말이 있다. 공공연한 정설로 여겨지는 이 말은 학교에서 우등생이나 열등생의 위치는 사회에 나오면 바뀌는 경우가 종종 생기기 때문이다. 왜 그럴까? 학교와 사회는 무엇이 다른 것일까.

인생 공부라는 말이 있다. 사회에 나와서 하는 인생 공부 역시 문제를 푸는 일이다. 다른 점은 학교에서처럼 이것을 풀어라, 저것을 풀어라, 정확한 문제를 주지 않는다. 물론 답안의 범주도 주지 않는다. 자기 앞에 놓인 문제를 스스로 발견해야 하고 스스로 답을 찾아야만 한다. 그래야만 사회에서 우등생이 될 수 있다.

그러나 정확하게 풀라고 주는 문제만 풀던 학생들은 사회에 나와서 자기 앞에 놓인 문제를 모르는 경우가 종종 생긴다. 문제를 알아도 풀기 어려운데, 눈치가 없어 문제 자체를 모를 때에야 결과는 뻔하지 않은가.

주변을 살펴보면 자기 앞에 놓인 문제를 모르는 사람이 의외로 많다. 아니, 알더라도 풀 줄 모르거나 용기가 없어 외면하는 사람도 많다. 필자도 한때는 그랬다. 내 앞에 놓인 문제가 무엇인지는 알겠는데 해결할 묘안을 몰라 끙끙거리다가 더 큰 문제로 확산되었고 풀지 못한 그 문제들은 문제의 집합인 커다란 갈등을 만들어 나를 압도하였으며, 그래도 풀지 못하자 스트레스로 인한 이런저런 병에 시달리는 것이다.

주변에서 성공한 사람들을 보면 공통점이 있다. 그들은 자기 앞에 놓인 문제를 정확히 알고 때에 맞게 풀어낸 사람들이다. 끝없이 주어지는 인생의 문제, 잘 풀었든 못 풀었든 그들은 그들 앞에 놓인 문제를 알았고, 어렵든 쉽든 그 문제 앞에서 도망가지 않고 적극적으로 풀어나갔다.

국가를 상대로 소송을 제기한 학생처럼 우리 앞에 닥친 문제의식을 느낀다는 건 중요한 일이다. 풀 수 있는 기회를 만들기 때문이다. 그런데 문제의식도 없이 수동적으로 시키는 대로, 주어지는 문제만 해결하면 된다고 생각하는 사람이 많다. 그렇게 수동적으로 살아가는 생을 '나의 인생'이라고 말할 수 있을까.

이명박 대통령 당선자는 『신화는 없다』라는 책에서 "내가 한 일을 밖에서는 신화라고 하는데 나에게는 현실이었다. 아주 치열하고 아슬

아슬한 현실이었다"고 밝힌 바 있다. 자기 앞에 놓인 문제를 풀기 위해서 치열하게 마주했으며 최선을 다했다는 이야기다. 자기 앞에 주어진 문제를 정확히 알고 그 문제를 풀기 위해 마주한 사람은 아마도 수능시험을 보는 수험생 못지 않은 비장한 각오로 무장했을 것이다. 어쩌면 죽기 살기로 마주했을지도 모른다. 최선을 다하고 운까지 함께 해주기를 기대했을 것이다.

문제를 푸는 방식이 시대에 맞는다면 운도 따라줄 것이고, 타인들에게는 신화로 보이는 성공이 아닐까. 그러나 성공이든 실패든 동전의 양면이어서 공짜는 아니다. 상응하는 대가가 주어질 것이라 생각한다.

요즈음 열심히 공부하는 아이들을 볼 때 주어지는 문제만 풀 줄 아는, 계산기로 전락해 가는 것은 아닌가 염려스러울 때가 있다. 기성세대가 아이들을 그렇게 만드는 것은 아닌가, 미안하고 걱정되기도 한다. 물론 주어진 문제만이 아니라 자기 앞에 놓인 현실을 비판적으로 바라보고 문제의식을 느껴 질문하고 주장을 펼치는 학생들도 더러 만난다. 그런 아이들을 만나면 사뭇 긴장하게 된다. 갑론을박 토론을 하다가 자칫하면 교수 체면에 궁지에 몰리는 수도 생기기 때문이다.

문제의식을 느끼고 도전하는 학생들을 위해서 나는 경우의 수를 따져가며 꼼꼼한 수업을 준비한다. 질문하고 도전하는 학생들과 두 시간여 씨름하고 나면 내 가슴속에 보람이라는 뿌듯함이 자리한다. 더불어 그 아이들의 든든한 미래가 그려지면서 한 번도 본 적 없는 학생의 부모가 존경스럽기까지 하다.

그동안 우리는 수많은 문제를 풀어왔고 앞으로도 풀어가야 한다. 어떤 자세로 임하느냐에 따라서 인생의 우등생이 될 수도 있고 열등생이 될 수도 있다. 나의 삶을 살 수도 있고 타인의 삶을 살 수도 있다. 내 앞에 주어지는 문제가 무엇인지, 살펴보아야 한다.

사회를 살아가면서 문제를 잘 못 풀어서 들어가는 실패 비용은 학교 수업료와는 비교도 안 되는, 상상을 초월하는 금액임을 종종 목격한다. 기왕에 해야 할 공부라면 사회에서 우등생이 될 수 있도록 부지런히 움직일 일이다.

— 2007년 12월

교학상장(教學相長)

전화 한 통이 걸려왔다. 충남 교사들을 대상으로 학부모로서 독서 실천 사례를 발표해 달라는 거였다. 순간 나는 꼭 해야만 한다는 느낌에 휩싸였다. 그것은 내가 가장 잘할 수 있는 일 중의 하나였고 내가 가장 효과를 많이 본 사람 중의 하나라고 자신하기 때문이다.

교학장상(教學相長)이란 가르치고 배우면서 함께 성장하는 것을 의미한다. 아이들을 가르치다 보면 뜻하지 않은 질문에 당황하는 일이 있다. 아이들의 사고가 유연하여 낭만적이고 철학적이기 때문이다. 호기심 많은 아이의 질문에 대응하기 위해서 부모 역시 낭만적이고 철학적이면 좋을 텐데, 자녀들을 키우며 살아가노라면 부모는 현실적일 수밖에 없다. 그래서 부모는 낭만적이고 철학적인 자녀를 위해서 공부도 해야 한다. 그러다 보면 부모도 성장하게 된다. 교학상장, 함께 성장하는 것이다.

나는 어떡하면 아이들을 잘 키울 수 있을까. 좋은 엄마가 되고 싶다는 꿈을 가지고 궁리하다가 함께 동화책을 읽기 시작하였다. 함께 동화를 읽고 토론을 하다 보니 쓸 수 있을 것 같아 창작에 도전하였으며 MBC 창작동화 대상 수상으로 동화작가가 되었다. 그 덕에 특기자 전형으로 수능시험을 보아 대학에 들어갔고, 만학도로 공부하면서 박사학위를 받아 강단에도 섰다. 그러는 과정마다 아이들이 있었다. 좋은 엄마가 되려면 성장하는 아이들을 따라서 엄마도 준비해야 했다.

아이들이 공부하는 단계보다 2년만 앞서 공부하자고 마음먹었다. 그러다 보면 큰애가 대학에 들어가게 될 때면 나도 혹시 대학생이 될 수 있지 않을까, 막연한 기대는 하고 있었다. 그런데 좋은 엄마가 되고 싶다는 꿈은 나를 동화작가가 되게 하였고, 그것은 대학생이 되는 지름길이 되었고, 큰아이가 5학년이 될 때 나는 대학교에 입학했다.

그러니 나는 아이들을 가르쳤다기보다는 아이들이 나를 가르쳤다고 해도 과언이 아니다. 아이들을 잘 키우려는 과정에서 내가 자랐으니 말이다. 함께 성장한 아이들은 이제 나의 보호자가 되어 이런저런 일을 마주할 때 상의하는 대상이 되었다. 그야말로 교학상장이었다.

큰아이를 대학에 보내고 작은 아이도 원하는 고등학교에 가게 된 시점인 2008년, 충청남도 교육청에서 학부모로서 자녀교육에 대해 사례발표를 해달라는 요청이 있었고 나는 공주문예회관에서 다음과 같은 글을 발표했다. 일부 보완하여 여기 적는다.

모성애

심리학자들에 의하면 인류 사회문화의 발전은 응축된 성적 에너지가 바탕이 되었다고 한다. 그중의 하나가 모성애인데, 모성애는 어떠한 환경에서도 자식들을 키워내는데 굴하지 않는 강인한 힘을 가지고 있다.

맹모삼천지교(孟母三遷之敎)라는 말이 있다. 이 말은 바로 자녀교육이 어머니에게 달려 있다는 것을 의미한다. '삼천지교'에는 다양한 해석이 있지만 '맹모'에는 하나의 해석만 있다. '맹자의 엄마'가 삼천지교를 했다는 말이다.

성현인 공자도 자기 아들은 스스로 가르치지 못하여 스승을 따로 불러서 가르쳤고 세세한 것들은 어머니가 가르쳤다고 한다. 아버지가 아들을 가르치다 보면 책선(責善)하기 때문인데 자녀를 책선하는 것은 어린아이에 대한 이해나 배려보다 욕망이 앞서기 때문이다.

유대인은 모계사회이다. 따라서 유대인을 유대인답게 만드는 사람이 어머니라고 한다. 유대인이 다른 민족과 결혼하면 여자가 유대인이면 남자는 어느 나라 사람이든 자식은 유대인이지만, 유대인 남자가 다른 민족의 여자와 결혼하면 그 자식은 유대인이 아니라고 한다. 그것은 자녀교육을 누가 맡느냐에 따라 달라진다는 것을 의미한다.

유대인 어머니는 아기를 낳으면 그때부터 품에 안고 끊임없이 속삭여준다고 한다. 아이가 알아듣든 못 알아듣든 어머니는 젖을 물리고 눈을 맞추면서 끊임없이 이야기한다. 이러한 어머니의 속삭임은 아이들의 정서발달이나 인지발달에 커다란 영향을 주는데 모유를 먹고 어머니의 속삭임을 듣고 자란 아이는 자연스레 어휘가 발달하고 이야기를 좋아하며 책과 친숙해져 사고가 확장된다.

물론 이러한 어머니는 유대인뿐 아니라 우리나라 어머니들도 그랬다. 필자의 어머니만 보더라도 남아선호사상으로 학교는 다니지 못했지만, 모성애만큼은 뛰어났다. 자신이 겪은 고난을 대물림할 수 없다고, 그것을 극복하는 길이 배움이라고 믿는 어머니는 수많은 어려움을 감수하면서 자식들에게 교복을 입혔다.

어머니가 발휘했던 모성애는 학교에서 배운 게 아니다. 책으로 터득한 것도 아니다. 자식들을 위한 일이라면 어떠한 어려움도 마다하지 않고 해낼 수 있었던 어머니의 어머니로부터 체득한 것이며 외할머니 또한 어머니로부터 체득한 몸의 언어였다. 이러한 모성애가 나에게도 잠재해 있음은 아이를 갖기 전까지는 모르고 있었다.

어느 날, 엄마가 될 준비는 눈곱만큼도 없이 혼기가 찼고, 남자를 만났으며 떠밀리듯 결혼을 하여 엄마가 되었다. 그런데 막상 아이를 낳고 보니 눈앞이 깜깜하였다. 당시 나의 학력은 대전여상 졸업이었다. 여상을 졸업하고 사회에 나가게 되었을 때는 당당했다. 서울 어디에서든 살아갈 자신이 있었고, 국내가 아닌 미국 어느 도시에 홀로 떨어져도 살아갈 수 있을 것 같은 자신이 있었다. 실제로 여상 졸업 후

7년 동안 나는 사회생활을 훌륭히 해냈고 500여 명이 근무하는 중소기업에서 여직원회 회장도 지냈으며 결혼으로 퇴직할 때는 -당시 여사원은 결혼과 동시에 퇴직해야 했다- 우수사원 표창도 받았다.

그런데 결혼 후 엄마가 되고 보니 막막했다. 사회생활에는 그토록 자신만만했는데, 내가 사랑하는 아이들에게 어떻게 하면 부끄럽지 않은 엄마가 될 수 있을까. 왜소해지기 시작했다. 생각하고 또 생각해 봤지만 당당하던 모습은 사라지고 무식한 엄마로서 주눅뿐이었다. 내 어머니가 그랬듯이 나 역시 가난으로 못 배웠다 하더라도 부끄러운 엄마가 될 수는 없었다.

아이와 함께 공부하기로 마음먹었다. 아이보다 한두 단원씩만 앞서가는 동급생이 되기로 한 것이다. 아이가 초등학생에 입학할 때는 나도 입학하고 아이가 중학생일 때는 나도 중학생이 되어 함께 공부하고 아이가 고등학생일 때는 나도 고등학생이 되자는 생각이었다. 고등학교는 졸업했으니, 나만 부지런하면 할 수 있는 일이었다. 아이가 학교에 간 사이에 집에서 아이들 책을 뒤적거리며 공부하는 건 쉬운 일이니까. 그렇게 하다 보면 아이가 대학교에 들어갈 때 혹시 그때 나도 대학생이 되어 아이와 나란히 대학에 다닐 수 있지 않을까. 그런 상상을 하니 가슴부터 설레었다.

설레던 가슴이 벅차올랐다. 그렇게 공부한다면 악기를 다루는 건 학원에 맡기더라도 다른 교과목을 위해 학원에 보내지 않아도 될 것 같았다. 함께 공부하기로 하고 나니 딸아이와 함께 대학에 다니는 내 모습이 보였다. 도란도란 이런저런 이야기를 나누며 어깨를 나란히 함께 대학 캠퍼스를 거니는 엄마와 딸. 생각만으로도 가슴 설레는 멋진 일이 아닌가.

다행스럽게 남편이 튼튼한 직장에 다니고, 시부모께서 약간의 뒷받침도 해주셨기 때문에 경제적인 활동은 하지 않아도 되었다. 지금 생각해 보아도 무척이나 다행스럽고 감사한 일이다.

아이가 학교에 간 시간에 책을 읽기로 했다. 대학에 다니지 못한 내가 아이들을 잘 키우기 위해서는 책을 읽는 수밖에 없었다. 다행인지 불행인지 당시 여자들은 결혼하면 지금처럼 사회활동을 할 수 없었고, 써주는 곳도 없었다. 결혼 후에도 일할 수 있는 직종은 공무원뿐이었던 것 같다.

나는 생각했던 것들을 하나하나 실천하기 시작하였다. 시골에서 엄마 젖을 먹고 자란 나는 많은 엄마가 아이에게 젖을 먹이는 걸 보며 자랐다. 엄마가 되었을 때 나 역시 모유로 키웠다. 작은 아이는 아파서 입원하는 바람에 10개월밖에 먹이지 못했지만, 큰아이는 15개월 먹였다. 6개월이 지나면 모유의 영양가가 없어진다는 우유 회사의 광고 같은 것은 믿지 않았다. 송아지는 소젖을 먹어야 하고 아이는 엄마 젖을 먹어야 한다는 자연의 섭리를 믿는 것이다. 똑같은 유전조건에서 모유로 키운 아이와 우유로 키운 아이의 아이큐가 10 정도 차이가 난다는 것을 당시는 알지 못할 때였다.

아이에게 젖을 물리면 엄마는 자연스레 눈을 맞추게 되고 이런저런 이야기를 하게 된다. 눈을 맞추고 아이에게 속삭이는 이야기는 사랑의 언어여서 젖먹이는 엄마는 행복한 수다쟁이가 된다. 눈빛을 교환하며 속삭이면 젖을 빨던 아이가 잠시 쉬어 방긋 웃음을 짓고, 옹알이로 대꾸도 해준다. 아이의 옹알이를 나는 의미 있는 이야기로 듣고 대답을 해주었다. "응, 그래? 맛있다고? 많이 먹어 우리 아가!" 그러면 방긋 웃는 아이는 "뛔뛔뛔뛔뛔" 대답하거나 맑게 웃음소리로 알아들은 체 손짓과 발짓까지, 아니 온몸을 들썩이며 좋아했다. 그렇게 방긋 웃는 아이의 모습이 아직도 내 눈에 생생하다.

젖을 빨며 온몸으로 웃는 아이와 교감하는 어머니의 행복, 수유해 보지 않은 사람들은 절대로 짐작할 수 없는 행복이다. 노자는 이를 일러 '황홀'이라 하였다는데, 노자가 젖을 물려봤을까? 남자로 알고 있는데, 아무리 노자라고 해도 그 황홀함을 어찌 알까, 신기했다. 아이와 눈빛을 교감하고 사랑을 속삭이면서 나는 좋은 엄마가 되기 위한 것이라면 무엇이든지 할 준비가 되어있었다.

책 읽기의 내적 동기 유발

시험 때가 되면 아이들은 공부하러 도서관이나 독서실로 간다. 처음에 큰아이가 도서관이나 독서실로 향할 때 나는 장소가 문제가 아니고 마음이 문제라고 생각했다. 그런데 딸아이는 도서관에 가면 공부가 더 잘된다고 했다. 그러던 어느 날 나는 큰아이를 따라 도서관 열람실에 가게 되었고 거기에서 공부에 몰두하는 아이들을 보았다.

우리 속담에 "서당 개 삼 년이면 풍월을 읊는다"라는 말이 있다. 말 못 하는 개도 서당에서 3년을 살면 글을 읽을 줄 안다는 말인데, 환경이 중요성을 알려주는 좋은 예이다. 실제로 주변에 대학생인 언니나 오빠가 있는 집안의 아이들을 살펴보면 그 아이들이 쓰는 어휘와 생각의 범주가 그렇지 않은 아이들과 다름을 알 수 있다. 더 많은 어휘량, 사고의 유연성까지 돋보이는 걸 느끼는데, 환경의 영향 때문이다. 도서관에 가야 공부가 잘된다는 것 역시 도서관에 형성된 면학 분위기, 환경 때문일 것이다. 인간은 환경에 영향을 받고 어린아이일수록 심하다.

환경에 민감한 아이들이 학교에서 돌아왔을 때 집안 분위기에 따라 마음가짐이 달라지는 건 당연할 일이다. 집안에서 텔레비전 소리가 나면 아이는 텔레비전 앞에 앉고 주방에서 음식 냄새가 나면 아이는 또 주방을 기웃거리며 먹을거리를 찾는다.

언젠가 아이가 학교에서 돌아왔을 때 텔레비전을 보고 있었다. 그랬더니 아이는 스스럼없이 엄마 옆에 앉아서 함께 텔레비전을 보았고, 리모컨을 손에 들고 채널을 돌렸다. 그런 일이 서너 번 반복되니까 아이는 좋아하는 프로그램이 생기고 애청자가 되어서 시간에 맞춰 텔레비전 앞에 앉았다.

 그것을 알게 된 나는 아이가 학교에서 돌아올 시간이 되면 아무리 바쁜 일이 있어도 모든 걸 제쳐두고 거실에 앉아 조용히 책을 보았다. 그러자 학교에서 돌아온 아이도 제 방에서 책을 들고 나왔다. 손에 책을 든 아이는 내 곁에 앉기도 하고 소파에 눕기도 하면서 책장을 넘기기 시작했다. 이후 책 읽기의 재미에 빠져드는 걸 보았다. 엄마가 만들어 놓은 환경에 영향을 받는 것이다.

 무엇을 줄 테니 책을 읽어라, 이 책을 읽으면 무엇을 사주겠다는 것은 외적 동기를 부여하는 것이다. 책과 친숙하지 않은 아이에게는 보상 같은 게 필요하다. 그로 인해 책을 읽는다면 독서에 흥미를 유발할 수 있고, 나중에는 보상이 없어도 읽고 싶다는 내적 동기가 유발될 수 있기 때문이다.

 책을 읽지 않는 아이에게 책을 읽게 하는 외적 동기는 수시로 다양하게 바꿔야 한다. 그리고 보상에 대한 아이와의 약속은 꼭 지켜져야 한다. 그렇지 않으면 아이는 신뢰를 잃게 되고 부정적인 영향을 받게 되니까.

 책을 다 읽으면 무엇을 해주겠다는 외적 동기는 칭찬이다. 다 읽지 못했다 하더라도 읽으려고 노력했을 때 그 과정을 인정해 주는 건 격려이다. 그러니까 칭찬은 결과에 주는 것이고 격려는 과정에 주는 것이다.

 아이들이 책을 읽기 시작했을 때 다 읽지 못했다고 책선(責善)하게 되면 아이는 책에서 점점 멀어진다. 그러나 읽은 만큼 인정하고 격려해 준다면 아이는 인정받는 것이 좋아 서서히 책과 친해질 수 있다. 책과 친해지기 시작한 아이는 책이 주는 기쁨을 알게 되고 책 읽기가 즐거워지며 책을 가까이하게 된다.

 이러한 내적 동기로 책을 든 아이에게 독서는 놀이가 된다. 그런 아이는 자투리 시간도 책을 잡고 몰입한다. 이러한 내적 동기를 갖게 해주는 데까지 독서지도는 절대적으로 필요한데, 외적 동기를 부여하든지 환경을 만들어주든 엄마는 책 읽기에 대한 내적 동기가 유발되도록 아이의 생활에 신경을 써야 한다.

이러한 내적 동기를 나는 환경으로 만들었다. 학교 공부도 아이가 좋아하는 과목이 있고 싫어하는 과목이 있다. 그럴 때 나는 싫어하는 과목을 선정해서 가령 수학이라든가 영어라든가 그런 과목에서 어떤 것들을 지적하여 아이에게 질문한다. 그것도 아이가 아는지 모르는지 테스트를 하려는 질문은 되지 않게 조심해야 한다.

"엄마가 이 책을 보는데, 몰라서 그러는데 너 혹시 이거 아니?"

문제를 내밀며 아이에게 물으면 엄마를 사랑하는 아이는 유심히 들여다본다. 그러다가 아는 문제이면 신이 나서 설명을 해주고 모르는 문제이면 얼버무려 피하려고 한다. 아이가 설명을 잘할 때는 어떻게 그런 것까지 아느냐고, 놀람과 함께 칭찬을 아끼지 않는다. 또 몰라서 머뭇거릴 때 나는 아이에게 서둘러 가르치려 하지 않고 "엄마를 위해서 알아볼 수 있어? 엄마가 모른다고 말하면 창피하니까 네가 모른다고 하고 배워서 엄마 좀 가르쳐 줘"라고 부탁한다. 그것도 아주 간절한 표정으로 말이다.

아이는 엄마가 부탁한 문제는 어떠한 일이 있어도 꼭 기억했다가 배워와서 가르쳐주었다. 그러면서 "엄마 모르는 거 있으면 또 물어보세요."라는 말까지 한다. 그때를 기다려 나는 아이의 대단함을 이야기하며 "이렇게 어려운 문제를 너는 쉽게 배워왔구나, 엄마는 정말 어려운데…" 고맙다는 인사를 잊지 않는다. 아이가 성취감 또는 자긍심에 뿌듯해하는 것을 느낄 수 있었다.

공부하는 습관을 들이려고 시작한 일련의 과정을 통해서 나는 아이가 엄마를 얼마나 사랑하는지도 알게 되었다. 큰아이를 가르치다가 못 알아들을 때면 "이것도 몰라? 지난번에 가르쳐줬잖아!" 책선하곤 했는데, 아이를 교사 자리에 올려놓았더니, 엄마가 몰라도 아이는 절대로 책선하는 법이 없다. 엄마에게 가르치기 위해서 선생님께 배워

오는 아이의 행위는 엄마에 대한 사랑이다. 엄마가 아이를 가르칠 때 스며드는 조급함이나 이기적인 불순물이 섞이지 않은 순수한 사랑이다. 엄마가 아이를 가르칠 때보다 더 침착하고 더 친절하며 더 자상하다. 모른다고 하면 실망하지 말라고, 배우면 다 알 수 있다고 용기까지 준다.

나는 엄마를 향한 아이의 사랑, 아이의 동심을 활용하여 아이에게 알아가는 즐거움을 깨닫게 하려고 노력했다. 이러한 일들을 반복하다 보니 아이는 배움을 좋아한다는 걸 느낄 수 있었다. 또한 엄마한테 가르쳐준다는 자긍심은 아이의 만족감으로 이어지고, 아이의 가슴에는 지적인 욕망이 자리하는 것을 느낄 수 있었다.

처음에는 아이에게 공부하는 습관을 들이려는 의도에서 질문거리를 찾았는데 그 아이가 중학교에 들어가니까 실제로 내가 모르는 게 많아졌다. 그러다 보니 엄마는 몰라서 쩔쩔매고 가르쳐주는 아이는 그런 엄마가 안쓰러워 도와주려고 애썼다. 나는 실제로 영어 문법이나 단어 같은 것은 아이에게 수시로 묻고 배운다. 모르는 것을 솔직하게 모른다고 말하며 도움을 청하면 아이는 언제든지 도와줄 준비가 되어있다. 어느 땐 엄마, 그렇게 어려운 건 몰라도 괜찮아요, 라고 위로도 해 준다.

엄마가 아이에게 매번 모른다고 배우기만 하면 체면이 서질 않는다. 그래서 틈틈이 책을 읽으면서 가르쳐야 할 것들을 찾았고, 호기심을 발동시킬 만한 것들을 조사하여 함께 토론하였다. 엄마인 내가 가르칠 수 있는 부분이라야 철학이나 문학, 사회 같은 부분이었지만 어떤 책을 읽고 문제점이나 감동을 이야기하면 아이는 엄마가 왜 그렇게 느꼈을까, 궁금해하다가 스스럼없이 책을 찾아 읽고 확인하는 걸 보았다.

큰아이는 차분해서 어릴 때부터 스스로 할 일은 꼼꼼히 챙겼다. 그런데 작은아이는 나를 닮은 탓인지 좀 덜렁대는 습관이 있었다. 6학년 어느 날 아침에 학교 간다고 집을 나선 작은아이가 금세 되돌아왔다. 무엇을 놓고 갔을까, 깜짝 놀라 물으니 씩 웃으면서 "책가방을 놓고 갔어요" 한다. 학교에 가는 녀석이 가방도 잊고 가다니, 그 아이의 머릿속에는 무슨 생각이 들어 있었을까. 시험일이 다가오는 것 같아 일자를 물으면 엄마가 시험일을 알아서 스트레스받을 게 뭐가 있냐면서 알려주질 않는다. 그래도 꼬집어 물으면 자기도 모른다고 한다. 그러면서 누나에게 왜 시험 일은 기억해서 잠도 못 자고 스트레스를 받느냐고, 그런 건 잊어버리는 게 상책이라고 알은 체를 한다.

그렇게 여유를 부리는 둘째의 손에는 언제나 책이 들려 있다. 공부하는 걸 별로 못 보는데 책 읽는 것은 많이 본다. 두 아이 모두 만화를 좋아하는데 얼마나 많이 보는지, 혼내기도 했고 고민도 많이 했다. 그런데 큰아이가 고3이 되어서 고백하는 걸 들어보면 중학교 때까지 동네 만화방에 있는 건 다 읽고 시내에 있는 만화방까지 진출하였으며 신간이 나오면 만화방 아주머니가 전화까지 해줬다고 한다. 얼마나 만화를 즐겼는지 짐작할 만한데 이제 돌이켜보면 책과 친근해지고 깨달음을 즐기는 것에는 만화도 한몫했다는 생각이 든다.

자녀교육은 수공업이다

아이들의 이유기가 시작되면 나는 속삭임을 멈추고 책을 읽어주기 시작하였다. 젖을 먹으면서 엄마의 속삭임을 듣던 아이는 이유기가 시작되면 듣는 문학을 시작하는데 이런 동화 저런 동화 단계도 모르고 지도법도 모르고 그냥 닥치는 대로 읽어주었다. 그러다 보니 무엇인가 알아서 지도할 수 있으면 좋겠구나, 하는 생각이 들었다. 어느 날 독서지도사 과정의 수강생을 모집한다는 광고가 눈에 띄었다. 그걸 보는 순간 나에게 투자하면 두 아이를 가르칠 수 있겠구나 싶었다. 한 사람이 공부해서 두 아이를 가르친다면, 두 아이의 학원비보다 남는 계산으로 일거삼득이 아닌가. 그래서 독서지도사 과정에 등록해서 공부를 시작하였다.

강의를 듣다 보니 알아듣지 못하는 게 많았다. 기초 독서량이 부족한 탓이었다. 그래서 두 시간 강의를 들으면 그 내용을 이해하기 위해서 일주일 동안 책을 찾아 읽었다. 강의 시간에 '톨스토이 사상'이라는 단어가 나오면 나는 집에 돌아와 톨스토이 사상에 대해 알아보고 '플라톤의 이데아론'이 나오면 그걸 알기 위해 또 책을 찾아 읽었으며 작품 속 주인공들의 명대사를 말하면 그걸 이해하기 위해서 작품을 찾아 읽었다.

모두가 중고교 때 작가와 작품과 줄거리만 알고는, 안다고 생각했던 책들이었다. 그런데 실제로 읽으니 놀라웠다. 나는 그동안 무엇을 알고 있었나, 깨달음이 밀려오면서 뒤늦게 명작을 찾아 읽는 기쁨을 만끽하였다. 그렇게 겨우 이해하고 나면 다음 강의 시간에 또 못 알아듣는 게 있었다. 그러니 내가 강의 내용을 이해하는 데는 남들보다 한 박자 늦는 셈이다.

그래도 알아가는 하루가 설레었고 신명 났다. 모르는 것을 알아가는 것처럼 기쁜 일이 또 있을까? 공자의 학이시습지불역열호(學而時習之不亦說乎)에 동의하였고, 문학의 기원 중에서 칸트가 주장한 유희본능설도 이해되었다. 배우고 때로 익히면 즐겁지 아니한가, 라는 공자의 말씀에 고개가 끄덕였고, 인간은 깨닫는 기쁨을 즐기려는 본능을 가지고 있다는 칸트의 말에 공감했다. 그것에서 문학이 기원했다니 내가 느끼는 기쁨도 본능이었다.

그 기쁨을 아이에게 남편에게 들려주고 싶어서 나는 안달이었고 우리 집 식탁에는 빈약한 반찬, 풍성한 이야기가 한 상씩 차려졌다. 독서지도사 자격증을 취득하고 난 후 전인교육이라는 생각에 한우리독서문화원 부천남지부를 개원했다. 개원한 지 6개월 만에 아이들은 120명이 되었고 몸이 피곤하기 시작하면서 나는 경영자로 바뀌어 가고 있었다. 학부모를 상담하고, 강사를 채용하느라 책을 읽을 시간도 아이와 함께 할 시간도 줄어들었다. 어느 순간 이게 아닌데 싶은 생각이 밀려왔고 미련 없이 한우리독서문화원 부천남지부를 동생에게 넘겨주었다. 다시 가정으로 돌아와 내 아이에게 책을 읽어주기 시작했다. 아이는 책이 놀이기구가 되었다.

어느 날 집에 손님을 초대하게 되었는데, 그들을 위해 식사 준비를 하는데, 손님 중에 한 사람이 주방으로 다가왔다. 그녀는 "이 집 아들 천재 아니야?" 하면서 네 살배기 우리 아이가 책을 읽는다는 것이다. "아니에요, 아직 못 읽어요"라고 대답했으나 그녀는 정말이라며 놀란다. 무슨 일인가 싶어 그녀를 따라 아이 방으로 갔다. 아이는 『알리바바와 40인의 도둑』을 들고 주룩주룩 읽는다. 가까이 가 보니 토씨 하나 틀리지 않고 정확하게 읽으며 다음 장으로 넘길 때가 되면 바스락 넘어간다.

세상에, 한글을 가르친 적이 없는데 이게 웬일인가 싶어서 나는 책을 잡고 읽는 아이에게 한 글자씩 짚어가며 "이게 무슨 글자야?" 하고 물었다. 뜻밖에도 책 한 권을 거침없이 읽는 아이는 한 글자를 짚으니 대답하지 못했다.

내가 읽어준 것들을 외워서 읽는 거였다. 괜스레 확인했구나, 아이에게 미안했지만 많은 시간 함께 책을 읽다가 보니 아이는 통문자로 한글을 익혀갔다.

그러던 어느 날 시시한 동화들이 눈에 보였다. 이 정도면 나도 쓸 수 있겠다, 아니 내가 더 잘 쓰겠다는 생각이 들었다. 작가는 대단한 사람인데 어떻게 내가 그런 생각을 할 수 있을까, 교만이다 싶어서 겸손해지려고 노력해 보았지만, 더 잘 쓸 수 있다는 생각은 멈추질 않았다. 어려서부터 눈에 띄는 문학소녀도 아니었고 공부를 잘해 우등상을 타본 적도 없으며 창작기법은 물론, 문장 구성도 잘 모르는데, 이 막연한 자신감은 어디서 오는 것일까.

내가 경험한 이야기들이 더 재미있을 것 같다는 생각은 시시한 동화들이 가져다준 선물이었다. 명작도 스승이지만 졸작도 스승이 될 수 있다는 것을 나는 그때 체험했다.

여기저기 창작을 배울 수 있는 곳을 알아보았고 한우리 아동문예아카데미가 눈에 보였으며, 나는 그곳에 들어가 글쓰기를 배우기 시작하였다. 집으로 돌아오면 그날 배운 실력으로 우리 아이의 글쓰기를 봐주었다. 소소한 이야기를 나누면서 자연스럽게 글을 쓰는 길잡이 역할을 하였는데 독서에 기쁨을 알게 된 아이는 글쓰기도 좋아하였다. 긴 글을 쓴다기보다 짧은 글 안에도 아이의 독창적인 생각은 들어있었고 돋보였다. 속 깊은 이야기를 나누면서 아이와 정서를 공유할 수 있다는 것은 특별한 축복이었고 기쁨이었다.

아이와 함께 책을 읽고 이야기를 나누고 글쓰기를 하는 과정은 수공업이다. 현대사회가 발달하여 세계가 하나의 마을로 형성되고 지구 반대쪽에 있는 사람들과 실시간으로 이야기를 나눌 수 있는 정보화시대에 살고 있어도 아이를 키우는, 품에 안고 젖을 물리고 아이와 눈동자를 맞추면서 이야기를 나누는 것이나 한 학년 한 학년 아이들의 발달에 맞춰 함께 하는 것은 과학의 발달과 무관한 듯했다.

줄기세포를 발견해 내어 새로운 치료제가 개발되고 X 염색체를 해독해서 여성의 신비가 밝혀지는 현실에 살고, AI가 등장해도 독서지도나 글쓰기 지도를 비롯한 하나의 인격체를 길러내는 일은 온전히 엄마의 수공업에 의한다. 자녀 지도만큼은 인디언들이 그랬던 것처럼, 유대인이 그랬던 것처럼, 나의 어머니가 온몸으로 땀을 흘리며 보여주었던 것처럼, 몸으로 부딪치고 행해야 하는 철저한 수공업이다.

선생님에 대한 긍정적인 효과

3월, 한 학년이 올라가는 신학기가 되면 아이는 집에 돌아와 새로 바뀐 선생님들에 대해 이야기를 한다. 어떤 선생님은 이래서 좋고 어떤 선생님은 저래서 싫고……. 아이는 나름대로 선생님에 대해 평가를 하면서 좋아하기도 하고 싫어하기도 하고, 나아가 불평도 한다. 아이의 말을 전적으로 신뢰하는 것은 아니지만 근거 없는 이야기는 아닐 것으로 생각한다. 왜냐하면 강아지도 저를 예뻐하는 사람은 알아보는 법이니까.

아이가 선생님의 좋은 점을 이야기할 때 나는 마음에서부터 '감사합니다'라는 느낌이 샘솟는다. 그리고 본 적 없는 그분이 좋아지면서 존경스럽기까지 하다. 그 선생님의 좋은 점을 우리 아이가 닮아갈 것이기 때문이다. 또 그 선생님이 담당하는 과목은 아이가 재미를 붙일 것이고 잘할 것임을 예측할 수 있기 때문이다. 그런데 아이가 어느 선생님의 안 좋은 점을 이야기하면, 저 이야기가 어디까지 흘러갈 것인가, 내 마음은 얼음 위를 걷는 것처럼 졸밋거린다.

아이가 선생님에 대해서 불평을 늘어놓을 때 나는 묵묵히 들으면서도 동조하지 않았다. 사람들은 관계를 맺고 살아간다. 그 관계 중에는 소위 코드가 맞는 사람도 있고 그렇지 않은 사람도 있다는 걸 나는 경험했다. 그런데 교육 현장에서 교사와 학생 사이 코드가 맞지 않는다면 그 손해는 고스란히 학생 몫으로 돌아온다. 선생님을 싫어하거나 믿지 못하면 아이는 그 선생님이 가르치는 과목을 싫어하게 될 가능성이 크기 때문이다. 미움이나 싫음을 품은 아이는 공부와 힘겨운 싸움을 해야 한다.

모든 일에는 원인이 있다. 공부하기 힘들어할 때 그 원인이 어디에 있는가 살펴야 한다. 무조건 아이의 말만 믿으면 함께 선생님 흉을 보는 꼴이 된다. 또한 아이는 자기 말이 옳구나, 생각하며 미운 선생님을 점점 더 싫어하게 될 것이 뻔하다. 그렇다고 부정적인 이야기를 하는 아이에게 무조건 나무랄 수도 없다.

나는 아이의 말은 믿되 그 원인이 어디에 있는지 살펴서 빨리 제거

해 주려고 노력했다. 예쁠 수도 있고 미울 수도 있는 인간의 다양성을 이야기하고 긍정적인 시각을 갖게 하려고 노력했다.

"엄마도 좋은 엄마일 때도 있고, 너를 속상하게 하는 나쁜 엄마일 때가 있잖아. 선생님도 그럴 거야. 아프다거나 컨디션이 안 좋아 짜증이 날 수도 있거든. 그럴 때는 학생들도 미울 수도 있고 싫을 수도 있지 않을까? 그렇지만 그게 선생님의 전부는 아니야. 그분이 살아온 세월이 있고, 공부한 시간이 있으며, 교단에서 학생들을 가르친 경험이 많으니까."

아이가 고개를 끄덕인다. 선생님을 좋아하기 시작하면 그 선생님의 과목은 걱정 안 해도 된다. 나는 중학교 때 생물 선생님이 해주시는 칭찬 한마디가 좋았고, 그 선생님을 좋아했으며 졸업할 때까지 생물 시험은 언제나 만점 받았다. 40년 가까이 된 지금까지 그분 성함은 물론 몸짓, 말투, 억양 등 모든 것을 선명하게 기억하고 있다. 반면 미술 시간, 수채화를 그려오라는 선생님 말씀에 후딱 그려갔다가 실망하시던 선생님의 표정에 기가 죽었던 기억도 있다. 이후 나는 40여 년 넘는 시간을 그림에는 솜씨가 없는, 젬병이라는 생각으로 살았다. 아직도 그 믿음은 살아있다. 그만큼 아이들을 가르치는 선생님의 영향은 크고 오래간다.

아이에게 배움에 흥미를 갖게 하는 사람도, 그렇지 않게 하는 사람도 선생님이라고 하면 과언일까? 어쨌든, 학생에게 선생님은 부모 못지않게 절대적인 영향을 끼친다. 그런데 아이가 교사에 대하여 부정적으로 인식하게 된다면 교사는 그것을 알아챌 것이고 예쁘게 보일 리 없을 것이다. 결국 아이는 그 과목을 지루하고 힘겹게 공부해야 한다. 어찌 엄마가 아이를 그렇게 둘 수 있겠는가.

아이에게 학교 선생님에 대한 긍정적인 인식을 심어 주는 일은 부모로서 매우 중요하고도 시급한 일이다. 좋아하고 따르는 학생에게, 내가 가르치는 과목을 좋아하고 잘하는 학생에게, 관심이 가는 것은 지극히 자연스러운 일이고 그 효과는 측량할 수 없다. 무한대다. 그러니까 배우려는 사람은 배울 자세부터 갖추어야 하는데 아이가 미숙하다면 부모는 그것부터 도와주어야 한다.

3월과 4월 신학기가 되면 나는 아이가 말하는 부정적인 선생님의 긍정적인 면을 부각시키기 위해 노력했다. 인간은 누구나 장단점을 가지고 있다. 단점을 보게 되면 그것을 답습하게 되고, 장점을 보게 되면 또한 그것을 답습하게 될 것은 명약관화한 일이다. 한 번도 본 적 없는 선생이지만 그 선생이 교단에 서기까지 공부했던 세월, 가르쳤던 세월이 가지고 있는 앎에 대해서 아이에게 들려준다. 2~3주, 혹은 3~4주 지나면 아이는 말한다.

"엄마, 그 선생님 가만히 보니까 이러이러한 면이 참 좋아요, 그 선생님께 칭찬받았어요, 그 선생님이 좋아질 것 같아요."

그제야 나는 비로소 안심이다. 선생님은 우리 아이의 노력을 보았을 것이고, 아이는 선생님으로부터 관심받을 것이며, 그 과목은 틀림없이 잘할 것이기 때문이다.

교학상장

처음 글쓰기 교실을 노크했을 때 그곳에서 나는 아동문학가 신현득 선생님을 만났다. 그분은 나보다 더한 만학도로 70세에 문학박사 학위를 받으셨다. 창작에 대한 열망이 움틀 때 나는 그분 문하생으로 들어가 동시를 쓰고 동화를 쓰기 시작하였다.

아이들과 생활하다 보면 웃을 수밖에 없는 일들이 많다. 그런 에피소드를 체크했다가 동화로 만들거나 동시로 만들기 시작했다. 그런 어느 날 내가 써낸 글을 보시더니 신현득 선생님은 "동화를 쓰기 위해서 태어난 사람"이라고 칭찬해 주셨다.

깜짝 놀랐다. 동화를 쓰기 위해 태어났다니, 글짓기 대회에 나가본 적도 없는데, 글을 쓰기 위해 태어났다는 선생님 말씀을 나는 눈곱만큼의 의심도 없이 믿었다. 무슨 근거로 믿었는지는 나도 모른다. 믿었기에 열심히 썼다. 동화를 쓰고 나면 제일 먼저 우리 아이들에게 읽어보라고 내밀었다. 아이들이 단숨에 읽으면 괜찮구나, 생각했고, 읽다가 딴소리를 하거나 해찰을 피우면 잘못되었다고 판단하였다.

아이들은 대체로 엄마가 쓴 동화를 자랑스러워하고 조언도 해주었다. 내가 쓴 동화에는 우리 아이들의 이야기가 들어있고 우리 아이들이 이름 지어준 주인공들이 살고 있다. 그렇게 아이들의 도움을 받아가며 창작에 임한 지 일 년 되었을 때 신현득 선생님이 모 아동잡지 신인상에 추천해 주시겠다고 동화를 세 편 준비하라고 하셨다. 무척 당황스러웠다. 선생님은 빨리 등단하면 "작가"라는 이름을 책임지기 위해서 더욱 노력한다고 하셨다. 그러니까 어떤 자리에 있느냐가 어떤 사람을 만드느냐로 이어진다는 말씀이었다.

고민스러웠다. 그래도 작가는 대단한 사람인데 나는 어림도 없는 수준이었기 때문이다. 고민 끝에 선생님께 내 생각을 말씀드렸다.

"좀 더 공부하고 혼자서 이곳저곳에 원고를 던져보고 그렇게 10년을 하여도 등단하지 못하면 그때 선생님 말씀드릴 테니 도와주세요."

선생님께서는 흔쾌히 웃으시면서 그러라고 격려하여 주셨다. 나를 모르는 타인에게 내 글에 대한 객관적인 평가를 받고 싶었다. 그러려면 공모전에 투고하는 수밖에 없었다.

그해 겨울 신춘문예에 도전하였다. 내가 투고한 동화가 문화일보 최종심까지 올라간 것을 신문에서 보았다고 문우가 전화를 해줬다. 떨어졌지만 당선된 것 못지않게 기뻤다. 선생님 말씀처럼 나는 정말 동화를 쓰기 위해 태어난 사람이구나, 자신감이 생겼다. 문화일보 최종심에 올랐던 동화를 수정하여 이듬해에 2월에 마감하는 MBC 창작동화 대상 공모전에 투고하였다.

신춘문예는 신인만 응모할 수 있지만, MBC 창작동화 대상 공모는 신인이나 기성작가나 모두가 가능하고 실제로 기성작가들이 응모가 많았다. 상금이 가장 많은 곳이기 때문이다.

나는 MBC에 세 편의 동화를 투고했다. 그 세 편이 모두 최종심에 올랐다는 것은 예심을 맡았던 어느 작가를 통하여 알게 되었고 그 세 편 중에서「동생과 색종이」가 단편 부문 대상을 받았다.「동생과 색종이」는 우리 아이들의 일상에서 소재를 얻어 형상화한 것인데 당선작이라는 통보를 받고 보니 기적은 정말 일어나라고 있는 모양이었다. 꿈같은 일이 현실에서도 일어났으니, 놀라웠다.

수상식장에서 나는 신현득 선생님 말씀을 떠올렸다. 동화를 쓰기 위해 태어났다던 그분 말씀이 만학도인 나에게 용기를 주기 위한 격려의 말씀이었다는 것을 나는 수상식장에서 깨달았다. 작가가 되기 위해 태어났다는 선생님 말씀을 믿지 않았더라면 나는 열심히 노력하지도 않았을 것이고 그날의 그 영광도 없었을 것이다. 그분의 말씀을 한 치 의심 없이 믿었고 노력하였으며 그 결과 대상 수상이라는 영광의 자리에 섰다. 할 수 있다는 자신감이 생기기 시작하였다.

이러한 믿음을 나는 우리 아이들에게 심어주려고 노력했다. 믿어주고 격려하면 아이들은 자신이 그런 사람인가 보다, 라고 믿고 그대로 되려고 노력할 것이라는 확신에서였다. 반대로 너는 왜 그것도 못 하느냐 책선하게 되면 아이는 스스로 그런 그것도 못 하는 사람이구나, 자존감이 낮아질 것이다. 믿어주고 격려해 주는 것은 아이들의 양육 과정에서 잊어서는 안 되는, 절대로 안 되는 진리이다.

막상 작가가 되고 보니 그것 또한 몸에 맞지 않은 비싼 옷을 입은 듯 불편하였다. 그해 여름 MBC 금성 동화문학회의 세미나에 참석하였는데 나는 또다시 깜짝 놀랐다. 세미나에 참석한 사람들은 모두가

MBC 창작동화 수상자들이었는데 발표하는 사람이나 질문하는 사람이나 너무나 똑똑해서 어리둥절할 수밖에 없었다. 작가라는 이름을 감당하려면 문학을 제대로 공부하지 않으면 안 된다는 것을 깨닫는 순간이기도 했다.

그 무렵 부천에서 살다가 남편의 사업차 서산으로 이사를 하게 되었다. 남들은 교육 때문에 일부러 상경도 하고 외국으로도 간다는데 역으로 시골로 내려가려니 속상했다. 뿐만 아니라 서울에 있으면 나에게도 공부할 기회가 있을 것 같은데, 서산으로 가면 오지여서 그런 기회도 없을 터였다.

남편만 보내놓고 이런저런 생각으로 2개월 정도 주말부부로 살면서 머뭇거렸다. 아이들에게 아빠와 떨어져 살게 한다는 것이 미안했다. 남편에게도 미안했다. 일생을 놓고 보면 부모와 함께 하는 시간이 많은 것도 아닌데 같은 나라에서 왜 떨어져 살아야 하나, 무엇을 위해서 그래야 하나, 생각이 그쪽으로 흐르다 보니 주말부부의 삶이 본질적인 것에서 이탈하고 있다는 느낌이 들었다. 가르침은 학교를 통해서만이 아니라 부모님과 함께 하는 밥상머리 교육도 중요하기 때문이다. 생각이 거기에 미치자 나는 백의종군하는 마음으로 남편을 따라서 서산으로 이주했다.

서산에 정착하니 아이들이 더 좋아했다. 교육환경도 이용하기 나름이지 도서관도 널찍하고 자연환경도 좋고 여러모로 여유가 느껴졌다. 우선 집값이 싸서 경제적인 여유가 생겼고, 대학에 진학해야겠다는 생각까지 하게 되었다.

97년 겨울, 수능시험을 보기로 용기를 내기까지 많은 어려움이 있었지만, 아이들과 발맞춰서 나란히 공부하고 싶다는 꿈이 작가가 되는 바람에 특기자 전형이라는 지름길이 주어졌다. 나는 수능시험을 보았고 큰아이가 초등학교 5학년, 작은아이가 1학년에 입학하던 98년에 한서대학교 문예창작학과에 들어갔다. 엄마가 된 지 12년 만의 일이었다.

　입학식 다음 날이 작은 아이 초등학교 입학식이었다. 나는 내 입학식에 따라온 작은아이를 앞세우고 신입생 대열에 섰다. 스무 살 새내기들과 나란히 서 있는데 다리에 여간 힘이 들어가는 것이 아니었다. 모두가 나만 바라보는 것 같아 옆도 뒤도 돌아볼 수가 없었다. 뻣뻣하게 서서 앞만 바라보다가 작은 아이한테 우리 같은 1학년이니까 서로 잘해 보자고 하였다. 그랬더니 아이가 "엄마 걱정하지 마세요" 한다. 다음날 작은아이 입학식이어서 준비하는데 아이가 아빠하고 갈 테니까 엄마는 걱정하지 말고 학교에나 가라고 봐준다. 결석하면 나쁜 학생이라고.

　학부 4년 동안 나는 문학에 대한 갈증을 조금씩 풀어가기 시작하였다. 그런데 하면 할수록 모르는 것이 더 많았다. 할 수 없이 좀 더 공부하기 위하여 한서대학교를 졸업하고 서울에 있는 단국대학교 대학원 문예창작학과에 진학하였다. 그곳에서 아동문학을 전공하며 석사과정을 마치고 박사과정도 마치고 『윤석중 연구』로 문학 박사학위까지 받았다.

　공부하면서 서산 시립도서관과 해미도서관 그리고 서부 평생학습관에서 나처럼 늦게 공부하는 주부들을 대상으로 글쓰기 지도도 하고 독서지도도 한다. 또한 2005년부터 한서대학교와 국립한경대학교 겸임교수가 되어 동화창작법이나 문학의 이해도 강의하고 단국대학교와 서울여자대학교, 우석대학교에서도 아동문학을 강의한다.

　대학 강단에 설 때는 강의실에 앉아 있는 대학생이 된 딸의 모습을 떠올리기도 하고 중고생 논술 지도를 할 때는 또 그 앞에 앉아 있는 아들의 모습을 떠올리며 최선을 다한다. 도서관에서 주부들의 글쓰기를 지도할 때는 배움에 대한 갈증으로 이곳저곳 배울 곳을 찾아다니던 내 모습이 떠올리며 그들의 갈증을 풀어주기 위해 최선을 다한다.

　나는 많은 강의 중에서 특히 주부들을 상대로 하는 강의에 애정이 많다. 그것은 거기 모인 주부들을 통하여 우리나라 아이들의 건상한 미래를 예측하기 때문이다. 열심히 살아온 삶에 대해 성찰하면서 쓰고자 하는, 배우고자 하는 주부들의 모습에서 나는 우리나라에 가득한 모성애를 보고, 모성애가 일궈갈 밝은 미래를 본다. 그런 어머니들이 있는 한 아이들은 건강하게 자랄 것이고 그 아이들이 책임질 우리나라는 건강할 것이라 믿기 때문이다.

나는 주부들과 함께 아이들의 교육 문제나 가정 문제 등에 대해서 상담도 한다. 그러다 보면 그들과 함께 울고 그들과 함께 웃는다. 눈물 없이는 들을 수 없는 이야기, 웃음 없이는 들을 수 없는 이야기가 그들 삶 곳곳에 배어 있다. 내가 하는 이러한 일들은 작지만 여러 곳에서 싹트고 있다고 믿는다. 들에 핀 민들레꽃은 작지만 한번 피기 시작하면 봄의 언덕을 노랗게 물들이듯 주부독서회 어머니들의 노력은 점점 확대되어 갈 것이고 더불어 아이들의 미래는 건강해지리라고 믿는 것이다.

자녀교육은 어머니가 아이를 잉태한 순간부터 시작된다. 젖먹이를 안고 속삭이는 것에서부터 듣기와 말하기도 시작된다. 아동문학 역시 마찬가지이다. 어머니는 엄청난 파괴력과 폭발력을 가지고 있는데 우리나라에 전해지는 두꺼비와 능구렁이의 이야기를 봐도 알 수 있다.

새끼를 가진 두꺼비는 능구렁이를 만나기 위해 능구렁이가 다니는 길목을 지킨다. 그리고 만나게 되면 그 앞에서 약을 올린다. 능구렁이는 두꺼비를 피하려고 애를 쓴다. 그러나 깐족대는 두꺼비를 피하지 못한 능구렁이는 두꺼비를 잡아먹는다. 뱃속으로 들어간 두꺼비는 그 속에서 독을 품는다. 능구렁이는 두꺼비가 뿜어낸 독에 의해 죽게 되고 두꺼비의 뱃속에 든 새끼들이 어미 두꺼비의 살을 먹은 다음에 능구렁이의 살을 먹고 꼬물거리며 살아나온다. 이것이 두꺼비와 능사의 살신성인에 관한 이야기인데, 이렇게 자식을 위해 목숨도 버릴 수 있는 게 모성애이다.

아버지들이 자식을 가르치게 되면 왜 이것도 모르느냐고 책선(責善)을 하게 된다. 그것도 일종의 사랑일 텐데 아들에 대한 욕심이 과하기 때문에 나타나는 현상이다. 마음을 조절하지 못하여 자기 아들도 다른 스승에게 맡겼던 공자가 아들에게 직접 가르친 것이 딱 두 가지 있다고 한다. 하나는 불학시 무이언(不學詩 無以言)이고 또 하나는 불학례 무이립(不學禮 無以立)이다. 시를 공부하지 않으면 말을 할 수 없고 예를 공부하지 않으면 바로 설 수 없다는 의미이다. 불학시 무이언에서 시(詩)는 오늘날 문학 전반을 일컫는다. 책을 읽지 않으면 말을 할 수 없다는 의미로 해석하면 된다. 때와 장소에 맞는 말을 잘하는 사람과 그렇지 못한 사람은 한 눈에도 확연하게 구별된다. 말을 잘할 수 있다는 것은 사회생활을 하는데 수월하다. "말 한마디에 천 냥 빚을 갚는다"라는 속담은 말의 중요성을 강조한 것이다.

　이러한 말의 능력은 하루아침에 이루어지지 않는다. 수많은 경험과 독서를 통해야만 터득되는 것이다. 불학례 무이립 또한 마찬가지이다. 부모로부터 받은 밥상머리 교육은 예를 배우는 데 중요하다. 밥상머리에서 아이들은 부모한테 예의를 배우게 되고, 학교에서도 예의를 배우게 된다. 내가 예의를 갖춰 상대를 대해야만 상대도 나에게 예의를 갖춘다. 예를 갖춰야만 타인 앞에 제대로 설 수 있다.

　이렇듯 중요한 자녀교육은 물질만능, 과학만능인 시대에 돈으로도 안 되고 과학의 힘으로도 안 된다. 오로지 부모의 수공업에 의해서 가능하다. 어머니가 가진 살신성인의 모성애 바탕 위에서 불학시 무이언과 불학례 무이립을 생각하며 무엇을 우선할 것인가, 무엇을 먼저 교육할 것인가, 생각해야 한다. 그런 바탕에서 성장한 아이들은 사회에서 당당히 제 목소리를 낼 수 있고 제 몫을 다할 것이다.

　나는 지금도 아이들을 키우는 과정 중에 있다. 이제 여기쯤 와서 되돌아보니 내가 아이를 키운 것은 일찍이 어떻게 키워야 하는 거라고 공부해서가 아니라 내 어머니의 어머니로부터 본능적으로 부여받은 모성애의 발로였음을 깨닫는다. 물론 시행착오도 있었고, 아이들 처지에서는 스트레스도 받았겠지만, 내가 가진 모성애를 발휘하다 보니 아이들은 건강하게 자랐고, 아이들은 나의 몸과 마음을 건강하게 해 줬다.

유년 시절 남아선호사상이나 유교적인 가부장제 관습에 짓눌려 주눅과 열등으로 똘똘 뭉쳤던 나를 아이들이 자신 있는 엄마가 될 수 있게 해 주었다. 가르치고 배우면서 함께 성장하는 교학상장(敎學相長)은 아이들의 미래는 물론이거니와 어머니의 미래에도, 가정의 미래에도, 우리 사회의 미래에도 발전과 행복을 약속해 준다.

― 2008년 9월

그리운 윤흥길 선생님께

선생님, 평안하시지요?

간밤 꿈에 선생님을 뵈었습니다. 어느 높은 고층빌딩의 30층에 선생님 연구실이 있었습니다. 한국전력 같은 공사의 빌딩이었는데, 빌딩이 어찌나 멋지고 좋던지, 그 멋진 곳에 선생님이 계셨고, 찾아가 뵈었습니다.

잘 지냈느냐고 물으시는 선생님 말씀에 이런저런 이야기를 나누다가 선생님께서 보내주신 책 『문신』을 읽을 때의 느낌을 말씀드렸습니다. 『문신』 세 권을 읽는 나흘 동안 온몸이 달떠서 아무것도 하지 않고 오직 책만 잡고 있었다고 말씀드렸더니, 어떤 이야기가 그러하더냐고 물으셨습니다.

일제 강점기를 살아가는 한 가정의 다양한 사람들의 심리를 속속들이 파고들었는데, 등장인물들이 구사하는 단어들이 어쩌면 그렇게도 그 사람의 사람됨이나 성격을 잘 나타내던지, 잠시도 눈을 뗄 수가 없었다고, 원고 열 장 쓸 분량을 선생님께서는 100장을 할애하셔서 세밀하게 보여주시더라고 말씀드렸지요. 그때 7~8명의 사람이 공부한다고 선생님을 찾아와 둘러서더군요. 선생님께 배우고 있노라는 사람들을 보면서 제가 가야 한다는 걸 느꼈는데요, 선생님께서 제게 그들과 합류하여 공부해 보겠느냐고 하시는데, 얼른 그러겠다고 대답했습니다. 그런데 그들 표정이 달가워하지 않는 것 같아서, 그들에게 "제가 끼어도 괜찮으시다면 연락해 주세요." 하고 물러났습니다.

잠에서 깨어 인터넷으로 선생님을 검색했습니다. 2020년에 박경리 문학상을 받으셨다는 걸 알았습니다. 어찌나 흐뭇하던지요, 감사했습니다. 너무 늦었는데요. 축하드립니다. 선생님.

명절이 다가올 때마다 선생님 생각이 자꾸 나는데, 격려해 주시던 사모님의 환한 미소도 자꾸 떠오르고 보내주셨던 김부각의 모양과 맛도 생생합니다. 이번에도 설이 다가오니 선생님 생각이 더욱 간절했습니다. 주소를 찾다가 못 찾아 속상하던 차였는데, 그만 꿈에서 뵈었네요. 소식 드리지 못하여 송구합니다. 선생님.

시골로 내려가신 삶이 어떠하신지요? 아담한 텃밭에 예쁘게 피어난 꽃이 떠오릅니다. 집 앞 교회를 지나 맛있는 밥을 사주셨던 예쁜 정원의 식당도 생각납니다. 박경리 선생님께서 선생님께 아파트에 살지 말고 시골에서 땅을 밟고 살아가라고 당부하셨다는 이야기를 어디선가 읽은 적이 있는데요, 땅을 밟고 사시니 좋으신지요? 방금 꿈에서 깨어 선생님을 생각하다가, 그 멋진 빌딩의 고층은 선생님이 계신 문학적 위치를 상징하는 게 아닐까, 생각했습니다.

선생님을 뵈러 올라갔다나 내려오는데, 엘리베이터를 마음대로 탈 수 없어 헤매었습니다. 그러다 보니 셔틀버스 같은 리무진 버스가 오기에 타려고 했더니만 그곳에 입주해 있는 사람들만 탈 수 있는 리무진이라고 했습니다. 저처럼 못 타는 사람들이 몇몇 있었는데, 입주해 있는 사람들이 취미활동을 하는 당구장 같기도 한 곳으로 가 간신히 엘리베이터를 얻어 타고 내려왔답니다. 곳곳이 근사했는데, 정말 문학적 위상이 느껴지는, 훌륭한 건물로 훌륭한 사람들만 사는 곳 같았습니다.

저는 고향 공주에 내려온 지 3년 되었습니다. 어머니께서 뇌졸중으로 쓰러지셨는데, 편마비에 언어장애까지 와서 제가 모실 수 있는 게 고작 3개월이었습니다. 자신의 의지를 말로 표현할 수 있는 게 얼마나 큰 축복인지를 엄마를 통해 느낍니다. 자신의 몸을 스스로 움직일 수 있음이 얼마나 큰 축복인지를 또한 엄마를 통해 느낍니다. 너무나 당연하게 생각했던 보고, 말하고, 행동할 수 있음은 당연한 게 아니라 기적 같은 일이었고, 축복이었습니다. 그런 걸 잃어버린 엄마를 지금은 요양원에 모셨는데요, 저희 부부가 엄마 집에서 살면서 농사도 짓고 엄마에게 소식도 전하며 오고 가고 있습니다.

남편이 유산균지렁이분액비를 개발하여 특허를 냈기에 제조 판매하는 농업회사법인을 만들어 돕고 있습니다. 농사를 짓고 액비를 만들어 팔기까지, 다양한 삶에서 느끼는 건 하루하루가 감사를 배워가는 수련의 과정이라는 거랍니다. 선생님. 그래도 가르쳐주셔서, 지혜를 주셔서 늦게나마 은혜 가운데 살아가고 있습니다, 선생님.

선생님, 건강은 어떠하신지요?『문신』4~5권은 가능하신지요? 간절히 기대하면서도 걱정도 됩니다, 선생님. 무엇보다도 건강이 최고니까, 건강부터 챙기시기를 간절히 당부드립니다. 찾아뵙지 못해 송구합니다, 선생님. 그래도 뵐 날 고대하며 이만 인사드립니다.

선생님께 이렇게 글을 드릴 수 있도록, 사제 간으로 배울 기회가 있었던 건, 크나큰 하늘의 축복이었습니다. 선생님과의 인연이 대학으로 물꼬를 터서 지금까지 단국대학교 대학원에서 동화작법을 강의하면서 농사도 짓고 남편도 도우며 살아가고 있습니다, 선생님.

돌아보면 "발자국마다 은총이었네!"라는 이현주 목사님 고백이 저의 고백이 되고 있습니다. 모쪼록 건강하세요, 선생님. 곧 찾아뵙겠습니다.

— 2022년 1월 26일 새벽

기적 같은 날들

천수만 들판의 푸른 빛이 짙어가고 있다. 한차례 몸살을 앓던 어린 모들이 어느새 튼튼하게 뿌리를 내린 모양이다. 상큼한 바람도 어린 모들이 기특한지 쓰다듬고 지나간다. 갯것들을 품던 천수만은 바다가 땅으로 변한 뒤 어린 모들을 품고 풍년을 꿈꾸는 모양이다. 베란다에 서서 어린 모가 벼로 변하여 넘실대는 천수만을 바라보는데 마음에 파문이 인다.

1학년 1학기 종강을 했다. 입학식이 거행되는 학교 운동장에서 빳빳이 힘이 들어간 다리로 총장님의 축사를 듣던 날이 엊그제 같은데 어느새 후딱 한 학기가 지나갔다. 처음 한두 달은 입술이 부르트는 몸살로 끙끙 앓기도 했다. 가르쳐주시는 교수님을 보아서도 그렇고, 주변에서 지켜보는 많은 눈망울을 봐서라도 동화작가의 체면은 유지해야겠는데, 학과 공부는 낯설고 IMF 경제 한파에 맞서느라 시작한 아르바이트는 힘들고, 이리저리 동분서주하다 보니 몸에 탈이 났다. 한 번 누우면 사나흘은 자리를 보전했었는데 고열을 동반한 이번 몸살은 동동거리는 내 몸 어디에도 머물 곳이 없었는지 하루 만에 물러갔다. 아플 새가 없다는 말이 실감이 나는 일상이었다.

그렇게 동동거리는 틈새 중간고사 날짜는 저벅저벅 다가왔다. 엄마 노릇에 아내 노릇 그리고 아르바이트에 중간고사까지 겹치니 안달이

나기 시작했다. 그런 어느 날 몸살도 이겨냈던 내 몸에 갑자기 이상 증세가 나타났다. 원인 모를 복부 통증이 찾아왔고, 급기야 아픈 배를 쥐고 병원문을 열었다.

의사는 스트레스에 의한 장 경련이라고 한다. 기가 막혀 웃음이 나온다. 흔히들 공부 못하는 학생이 걱정만 앞세우다 병이 난다더니 내가 그 꼴이었다. 약 한 봉지를 받아들고 병원 문을 나서는데, 의사는 내 뒤통수에 대고 무념무상으로 임하라며, 산전수전 다 겪은 사람이 시험 스트레스로 병이 나느냐고 웃는다. 그 웃음소리를 뒤로하며 계단을 걸어 내려오는데 내게서도 허허허 웃음소리가 비어져 나온다. 내가 그리도 열등생이었나.

나는 한서대학교 문예창작학과에 입학한 서른아홉 살 새내기다. 초등학교 5학년인 딸과 1학년인 아들이 있는 학부모기도 하고, 조그만 회사를 차린 한 남자의 아내이기도 하다. 종갓집 가난한 농군의 다섯째딸로 태어난 나는 아들 둘만큼은 가르쳐야만 한다는 부모님의 간절한 소망에 여상으로 진학했고 졸업 후 돈을 벌어야 했다.

당시는 왜 그리도 가난한 집이 많았을까. 초등학교 친구 중에는 가난으로 진학하지 못한 수재가 몇몇 있다. 남아선호사상 덕분에 오빠와 남동생들의 뒷바라지를 위해 희생되어야 했던 안타까운 수재 말이다. 그렇다고 내가 수재였던 것은 아니다.

여상을 졸업하고 20대 청년 시절, 직장에서 퇴근하고 돌아오면 대학에 다니는 남동생의 도시락 반찬을 준비하고, 그 애가 쓸 용돈을 챙겨 서랍에 넣고, 그 애가 좋아하는 찌개를 끓여 함께 먹는 것만으로도 나는 무척이나 행복했다.

누나에게 미안해서 열심히 공부하는 동생이 대견스러웠고, 용돈 달라고 한 번도 손 벌리는 적이 없는 동생을 위해 나는 슬그머니 책상 서랍에 용돈을 넣어놓으며, 그것도 잔돈으로 바꿔 넣어놓으며 그럴 수 있는 나의 능력에 흐뭇했다.

당시 나는 남동생 둘이 대학을 졸업하면 우리 집을 가난에서 구제해 줄 것이라 믿었다. 그들은 우리 가정의 희망이었고, 나의 자랑이었다. 공부하는 동생 옆에서 나도 틈틈이 책을 읽었다. 내게 주어진 일에 대하여 모르는 것은 부끄러운 일이라는 생각에 열심히 노력했다. 오늘날에는 능력만 있으면 여자들도 직장에서 진급하고 인정받는 사회지만, 1980년대 초에는 여자 사원들은 아무리 능력이 좋아도 진급할 수 없었고, 결혼하려면 퇴사를 해야 했다.

대졸 남자 사원들에게 뒤지기 싫어서 얼마나 노력했는지, 그런데도 번번이 여성이라는 이유로 그리고 고졸이라는 이유로 유리천장에 부딪혔고, 번번이 쓰라림을 맛봐야 했다. 지금 다시 그 시절로 돌아간다면 아마 그렇게 순종적이진 않을 것 같다. 능력 위주로 대우해 달라고 요구도 할 것 같다.

가난도 싫고 배우지 못한 것도 싫어서 부잣집 외아들에 대학원까지 나온 남자와 결혼을 했다. 그런 남자와 결혼하면 열등감에서 벗어날 줄 알았다. 그런데 막상 결혼하고 보니 내가 지닌 열등감은 더하면 더했지 조금도 줄어들지 않았다.

결혼 3년 만에 위암 진단을 받고 위 절제술을 받았다. 스물아홉 살의 일이었는데 돌아보니 나의 열등감도 발병하는 데 한몫 한 듯하다. 큰아이가 돌을 막 지난 17개월, 그때를 생각하면 지금도 가슴이 먹먹하다.

수술이 잘 되면 5년 정도 살 수 있다고 했다. 5년이라는 시한부 삶, 한참 말을 배우기 시작한, 재롱둥이 딸을 키울 수 없을지도 모른다는 불안은 가슴을 먹먹하게 쥐어짰다. 일찌감치 아내의 자리를 포기하고 가능한 한 아이를 잘 키워줄 여자를 물색했다. 내가 죽으면 남편은 어차피 재혼할 터, 내 아이를 잘 키워줄 여자가 필요했다. 고등학교 동창생 중에서 결혼하지 않은, 남편과 같은 남자를 좋아하는 친구에게 편지를 썼다. 위급한 상황이 도래하면 발송할 요량이었다. 그 친구에게 무척이나 실례되는 일이었지만 나는 친구 처지를 배려할 여유가 없었다.

떠나기 위해 모든 것들을 정리하기 시작했다. 가장 안타까운 것은 내가 미워한 사람들이었다. 조금만 더 시간이 허락한다면 그들을 실컷 사랑하고 떠나고 싶었다. 또한 막상 떠난다고 생각하니 엄마를 찾을 딸이 눈에 밟혔다. 나의 빈자리로 인해 아파할 내 부모와 형제들도 떠올랐다. 그들이 겪어야 할 상실의 아픔을 생각하니 잠을 이룰 수가 없었다. 아마 동화작가로서 나의 상상력은 그때 확장된 듯하다.

나는 절대자인 하나님께 매달리기 시작했다. 사랑할 시간이 필요하다고 애원했다. 위암으로 인한 시한부 삶은 미움을 키운 나의 잘못에서 비롯된 것임을 깨닫게 되었고, 절대자 앞에 무릎을 꿇었다.

시한부 삶에서 바라보는 세상, 모든 것들이 경이로웠고 아름다웠다. 사랑스러웠고 안타까웠다. 이름 모르는 들풀도, 흔하디흔한 햇빛도, 바닥에 뒹구는 돌멩이까지 그것들을 바라보고 만지고 느낄 수 있음이 새로운 의미로 다가왔다. 살아 있는 하루하루가 기적임을 깨닫는 시간이었다.

시한부 삶은 내게 새로운 인생관을 갖게 했다. 완벽을 추구하던 내게 좀 모자라도 된다는 여유로움과 따뜻함까지, 내면에서 일어나는 작은 변화들은 그동안 내가 어떻게 살아왔는지를 돌아보는 계기가 되어주었고, 너그러운 사람의 길로 안내했다.

내게 주어진 짧은 시간, 아이의 양육만큼은 가능한 한 내가 직접 하고 싶었다. 예능 과목은 어쩔 수 없으나 다른 학과목은 내가 먼저 공부하고 아이와 함께했다.

누군가 기적은 일어나라고 있는 것이라고 했다. 투병 3년 차, 내 몸에 이상이 찾아왔고, 나는 병원으로 향했다. 임신이라고 했다. 의사는 낳을 수 없다고 했다. 기적 같은 일이 일어났는데 멈추라니, 말도 안 된다며 나는 출산을 고집했다. 위 80% 절제술로 많이 먹을 수가 없는데, 배 속 아이는 먹을 것을 탐했고, 나는 자꾸 먹었다. 먹고 또 먹었다. 위가 아프며 쉬었다가 먹었다. 그리고 열 달 후 나는 제왕절개로 건강한 아들을 출산했다.

한참 논술 붐이 일어나기 시작했을 때, 아이의 두어 달 학원비면 내가 공부할 수 있다는 계산이 섰다. 여상을 다니며 주산 부기 타자를 제법 잘했는데, 생활에서 아이들 학원비를 아끼는 계산법으로 나타났다. 나는 서슴지 않고 독서지도와 논술 지도를 할 수 있는 곳을 찾았고 독서지도사 과정과 논술 지도 교사 과정에 들어가 공부를 시작했다.

늦바람이 무섭다더니 뒤늦게 하는 공부가 여간 재미있는 게 아니었다. 공부해서 무엇이 되겠다는 목표가 있었던 것은 아니다. 그냥 아이를 가르칠 수 있다는, 아이를 위해 공부하는 엄마가 좋았고, 부끄럽지 않은 엄마가 되고 싶은 소망이 부지런하게 만들었다.

독서지도사 자격증을 따고, 논술지도사 자격증도 땄다. 자격증을 따기 위한 시험공부는 내게 많은 걸 느끼게 했다. 독서교육이야말로 아이를 잘 키울 수 있는 전인교육이라는 확신이었다.

내가 먼저 공부해서 내 아이를 직접 가르치고자 했던 나의 셈법은 나를 경제활동을 할 수 있는 방향으로 안내했다.

아르바이트로 아이들 모둠 학습을 시작했다. 아이들과 함께 동화를 읽고 독서 토론을 하고 이어쓰기를 하면서 행복했다. 내 아이만 가르치기보다는 아이의 친구들을 모아 함께 가르치니까 우리 아이들도 더 열심을 냈다. 엄마이기 때문에 아이들을 이해할 수 있었고, 다른 엄마들의 마음도 이해할 수 있었다.

독서지도를 하려면 우선 정독과 다독이 필수이다. 많은 동화를 읽다 보니 어느 틈에 나도 쓸 수 있을 것 같은 생각이 들었다. 아니 자신감도 생겼다. 아이들의 순수하고 맑은 삶이 곧 동화인데, 그것을 글로 표현한다는 것은 아이들과 함께 하는 엄마로서 그리 어려운 일이 아니었다. 아이들 마음을 들여다보면 내가 맑아지는 것을 느끼는데, 그것을 글로 써서 독자들과 나누고 싶었다. 아이들에게 내가 쓴 동화를 읽히고 싶은 욕심도 생겨났다.

　나는 또다시 신문을 뒤적이며 창작을 공부할 수 있는 곳을 찾았다. 그리고 들어간 한우리 아동문예 아카데미. 창작의 길 또한 그동안 알지 못한 행복의 오솔길이었다. 며칠 밤을 새우며 내가 표현하고 싶은 문장에 알맞은 어휘를 찾느라 국어사전과 씨름했고, 아이들의 순수성을 담을 수 있는 문장을 쓰려고 노력했다. 문장 한 줄 한 줄 다듬는 일은 마음을 다듬는 일이었다. 그렇게 며칠 밤 또는 몇 주씩 씨름하여 하나의 글이 완성되었을 때는 형언할 수 없는 기쁨이 찾아왔고 내면이 성숙해 가는 느낌이었다.

　창작에의 입문은 주변의 사소한 것에서도 의미를 발견하게 했다. 그 발견은 특히 아이들과의 생활에서 많이 찾아왔고 나는 그것들을 표현하려고 애썼다. 툭툭 내뱉는 아이들의 언어는 한 편의 시였고, 철학이었고 동화였다. 내가 아이들을 가르치는 것이 아니라 아이들이 나를 가르치는 시간이라고 해야 옳았다.

　소소한 일상에 감사하며 행복해하고 있을 때, 커다란 행운이 찾아왔다. MBC 창작동화에 응모했는데 덜커덕 대상에 당선된 것이다. 380명의 경쟁자를 물리치고 한 사람에게만 주는 영예가 나를 찾아온 것이다.

　일찍이 나에게 문학적 자질이 있었는지 나는 모른다. 그것을 알아볼 기회가 없었다. 문학에 도전해 본 적이 없기 때문이다. 초등학교 때 글짓기 대회에도 나가 본 적이 없다. 여고 시절에 누구나가 한 번쯤 꿈꾸는 문학소녀가 되어본 것 빼고는 문학에 특별히 관심도 없었던 듯하다. 어려서 읽은 것이라곤 교실에 꽂혀 있던 『어깨동무』와 집에서 아버지가 보시는 『새 농민』, 『새마을신문』이 전부였다. 척박한 환경에도 나는 순응했고, 성실했으며 착한 아이였다. 그런데 MBC 창작동화 대상에 당선되다니, 하루하루가 기적이라더니 삶은 기적의 연속이었다.

그 무렵 남편의 신변에 커다란 변화가 왔다. 남편의 말대로라면 그는 사회에 속았다고 했다. 열심히 공부해서 대학원을 마치고 연구원이 되면 이 사회에서 넉넉히 살아가게 될 줄 알았다는 것이다. 그래서 청년기 숨 가쁘게 달려왔다는데, 그에게 오는 것은 박봉과 불투명한 미래라고 했다.

대학과 대학원에서, 그리고 전공을 살려 들어간 회사에서 그는 18년 동안 반도체만 개발해 왔다. 나름대로 성과는 있었지만, 결혼생활의 궁핍함은 여전했다. 결국 남편은 자기 전공인 반도체를 등졌다. 그리고 이곳 서산에 내려와 손위 동서(내게는 형부)와 함께 작은 회사를 설립했다. 보람을 느낄 수 없는 일터에서는 일할 수 없다는 주장에 나는 남편을 따라 1997년 7월 서산으로 내려왔다.

남편도 그랬겠지만 나도 두려웠다. 새로운 생활에 대한 두려움과 늦게나마 공부할 기회가 사라진다는 것. 서울에서의 삶은 나만 부지런하면 무엇이든 배울 수 있지만, 시골에서의 삶은 그럴 수 없다는 것이 가장 큰 염려였다. 그러나 나는 아르바이트를 해서라도 생계는 유지할 자신이 있었기에 남편을 격려했다. 어떠한 어려움도 두렵지 않았다. 어쩌면 여상을 졸업하면서부터 몸에 밴 홀로서기의 이력 때문이리라.

뜻이 있는 곳에 길이 있다는 말이 있다. 서산에서 나는 또 한 번 기적을 경험했다. 서산에는 한서대학교가 있었고 문예창작학과에 유명한 소설가 윤흥길 선생님이 계시다는 사실이다. 무작정 전화기를 들고 학교 측과 상담했다. 짧은 배움에 동화작가라는 이름은 농부가 명품을 입은 것만큼이나 어색했다. 공부해야 한다는 생각만 뼈저리게 하고 있을 때였다.

문학을 공부하고 싶다는 내 말에 학교 측에서는 특기자를 뽑기로 했으니 응모해 보라고 했다. 다행스럽게도 MBC 창작동화 대상 수상이 특기자 전형에 해당하였다. 문제는 수능시험이었다. 아무리 특기자라 해도 일정한 수준의 수학능력 시험 점수가 나와야만 가능했다. 그런데 나는 수능시험을 볼 자신이 없었다. 고등학교를 졸업한 지 20년이 지났으며 그나마 여상에서 취업을 목적으로 하는 기능 공부만 했던 내가 무슨 실력으로 수능시험을 볼 수 있겠는가. 다음 해를 기약하면서 테스트나 해보기로 하고 나의 모교 대전여상으로 향했다. 원서마감 이틀 전이었다.

예상 외로 1997년의 수능시험은 예년보다 문제가 쉽게 출제되었다. 이번에도 기적은 일어났다. 98학번인 나는 우수한 성적으로 한서대학교 문예창작학과에 입학할 수 있었다. 일흔일곱의 아버지는 아들 둘을 가르치느라 딸에게 희생을 강요해 미안하다며 키우던 송아지 두 마리를 팔아 등록금을 마련해 주셨다. 송아지 값이 내려가지만 않았어도 등록금을 다 해줄 수 있었을 텐데, 그러지 못해 안타까워하셨다. 문창과에 들어가게 되었다는 말에, 당신의 소녀적 꿈을 이루었다고 기뻐하시던 칠순의 어머니는 당신이 합격한 것만큼이나 기뻐하셨다.

스트레스로 인한 장의 경련까지 수반했던 중간고사는 나름대로 열심히 준비하고 나니 통증은 씻은 듯 사라졌고 시간이 지나면서 학교생활에 익숙해졌다. 공부를 할 수 있다면, 문학을 위한 전문대학이라도 가고 싶었는데, 4년제 대학에 들어가고 보니 필수 교양과목을 수강해야 했다. 이해를 필요로 하는 과목은 수월한데, 암기를 필요로 하는 과목은 어려웠다. 영어 단어를 수십 번 외워도 돌아서면 잊어버리는데 절망스러웠다. 냉장고 문짝에도 싱크대에도 식탁에도 영어 단어를 붙여놓고 외워보기만 쉽지 않았다. 외국어를 제외한, 이해를 요구하는 다른 과목은 할 만했다. 어렴풋이 알던 것들을 교수님들의 강의를 통해 선명하게 알고 나면 가벼운 흥분마저 일었다. 그런데 오후가 되면 식곤증이 찾아왔다. 중년의 나이에 강의실에서 졸다니, 도저히 용납할 수 없는 일이 나의 의지와 상관없이 일어나기 시작했다. 할 수 없이 점심을 굶기로 했다. 허기진 몸에는 식곤증도 발을 붙이지 못했다.

1학기 동안 9과목에 20학점을 신청했다. 모두 신기한 과목이었다. 배우고 익힌다는 것은 설렘이고 기쁨이었다. 어린아이들이 질문에 이분법적인 단답형으로 대답하던 나는 이제 보충 설명까지 구체적으로 해줄 수 있는 엄마로 변해갔다. 어렴풋이 알던 사실들을 구체적으로 이해하고 설명할 수 있다는 것은 놀라운 기쁨이었다.

과목마다 강의 시간이 기다려졌다. 수업 분위기가 만학도 때문에 좋아진다는 교수님들 위로의 말씀이 고맙기도 했다. 같은 과 여자아이들은 내게 언니라고 불렀고 남자아이들은 누나라고 불렀다. 아줌마라는 호칭에 익숙해 있던 내가 언니, 누나라는 소리를 들으며 대학 캠퍼스를 누비다니, 처음에는 어색했지만, 한 학기를 보내면서 친숙해졌다.

교양과목을 같이 듣는 다른 과 학생 중에는 내가 교수인 줄 알고 꾸벅 인사를 하기도 한다. 그런 학생은 강의실에 들어와 자기 옆자리에 앉는 나를 보고 놀란 토끼 눈을 한다. 나도 계면쩍음에 웃는다. 출석을 부를 때, 처음에는 무심코 이름을 부르고 눈을 맞추던 교수님 중에는 시간이 흐르면서 이름은 부르지 않고 눈만 맞추고 그냥 넘어가는 분도 계시다. 대답할 준비를 하고 있던 나도 슬며시 웃고 넘어간다.

수업 중에 교수님이 무엇인가를 질문했을 때, 아무도 대답을 하지 못할 때는 그 시간이 왜 그리도 길게 느껴지는지, 나이 많은 학생으로서 부담스럽다. 그래서 철저히 준비하고 수업에 임해도 학문이라는 세계는 깊고도 넓어 모르는 것투성이였다.

아침 일찍 일어나 남편을 출근시키고 아이들 학교에 보내고 나면 8

시다. 세탁기를 돌리고 청소기를 돌리고 아이들 간식거리를 준비해 놓고 9시에 책가방을 들고 집을 나선다. 매일 드나드는 인문관의 돌층계를 숨을 헐떡이며 하나씩 하나씩 올라가다가 아래를 내려다본다. 이렇게 오르막은 힘이 들지만, 내리막은 아주 쉽다는 진리를 가슴속에 새기면서 한 계단 한 계단 천천히 올라간다.

오후 5시경이면 강의를 마치고 아르바이트를 하기 위해 아이들이 사는 아파트로 들어선다. 아이들과 한 달에 여섯 권의 동화책을 읽고 토론한다. 가르치는 아이들로 인해 나는 돈을 벌지만 사실 나 역시도 아이들로부터 많은 걸 배운다. 때로는 학비 받기가 미안하리만큼 많은 것을 배우는데 집에 돌아오면 8시, 서둘러 아이들과 늦은 저녁을 먹는다.

고맙게도 아이들이 자기 역할을 잘한다. 자기의 일은 스스로 할 줄 아는 아이들로 자라 고맙고 때로는 미안하기도 하다. 뒤늦게 공부하겠다는 아내 때문에 변변한 대접을 못 받는 가장도 투정 부리기를 그만두었다. 모두가 감사의 조건이다.

금요일 하루는 아이들 공부도 봐주고 나도 공부하고 책도 읽는다. 그리고 토요일부터 일요일까지는 주부로서 엄마로서 역할에 충실한다. 학과 공부와 리포트는 학교에서 공강 시간을 이용한다. 그래서 공강 시간은 황금과 같은 시간이다.

공부는 모두 때가 있다는 말을 많이 한다. 대학은 분명 때가 있는 것 같다. 무조건 어릴 때가 아니라, 학문을 정말로 필요로 하는 때 말이다. 지금 내가 대학에 다니는 것은 내 인생에서 가장 알맞을 때라고 생각한다.

들판에 심겨 몸살을 앓던 모가 튼튼하게 뿌리를 내리고 벼로 짙어 가는 것처럼 한차례 몸살을 앓고 난 나도 대학 생활에 튼튼하게 적응하고 있다. 공부하다 보니 덤으로 얻는 게 많은데, 그중에 하나가 공부하는 습관이다. 내가 공부하는 모습은 아이들에게 공부하라는 열 마디의 말보다 더 효과 있고, 내가 책을 읽고, 무엇인가를 쓰는 모습 또한 아이들에게 책을 읽으라는 열 마디의 말보다 효과 있다.

아이들은 공부하는 엄마를 자랑스러워한다. 그리고 바쁜 엄마를 이해하고 도와주려고 애쓴다. 아이들이 엄마를 키우는 것이다. 이렇게 생활하다 보면 통통 여문 낟알들을 추수할 황금들녘의 가을이 우리 앞에도 다가오겠지, 나는 오늘도 아이들과 함께 책장을 펼친다.

— 1998년 6월

상선약수

삶은 자유의지일까 운명일까. 삶은 마음먹기에 따라 달라지는 거고, 하면 된다는 말을 수없이 들으며 자랐다. 꿈은 이루어진다는 말을 가슴에 새기며 살아왔고 대학 강단에서 학생들에게 그렇게 말해왔다. 내가 읽어 본 자기계발서들 중에서 괜찮은 것들은 추천도 했다.

그런데 정말 삶은 자유의지일까, 운명일까. 얼마 전부터 의문이 들기 시작하더니만 이제는 운명 쪽으로 기운다.

상선약수上善若水, 최상의 삶은 물과 같다는 노자의 사상이 아니더라도 나이 탓인지 환경 탓인지 요즈음 자연의 섭리 혹은 운명이라는 단어가 자주 떠오르며 둥글둥글 친숙해진다.

물의 속성은 아래로 흐른다. 흐르다가 웅덩이를 만나면 채워주고, 바윗돌을 만나면 에돌아서 흐른다. 그렇게 흐르면서 수많은 생명을 실어나르고 주변의 생명들을 살아가게 한다.

우리네 삶이 그래야 한다고 노자는 말했다. 그런데 언제부터인가 서구사상이 유입되면서 우리는 "하면 된다"는 신념을 가지고 살게 했고 지금도 살아간다. 아래로 흐르는 물처럼 살아가라던 상선약수 대신에 불가능이란 없다고 속삭이며 꿈을 가지고 도전하라고 속삭인다. 그런 속삭임은 과학을 발달시켰고 삶을 편리하고 윤택하게 했으니 진리가 되었다. 아래로 흐르는 물의 속성을 거슬러 거꾸로 흐르게 하여 분수도 만들었고 형형색색의 불빛까지 더하여 멋진 광경을 연출하면서 환호했다.

분수를 만들려면 다른 것들의 도움을 받아야 한다. 우선 분수대도 만들어야 하고 물을 끌어올릴 물길도 만들어야 한다. 그리고 물을 끌어올리기 위해 전기도 써야 한다. 분수대와 물길, 전기는 또 다른 것들을 에너지로 삼는다. 결국 분수는 스스로는 1센티미터도 솟아오르지 못하고 다른 것들의 힘에 의지해서, 다른 것들의 힘을 발판으로 솟구친다.

그렇게 해서 뿜어 올린 물은 금세 아래로 떨어진다. 그게 자연의 이치니까. 결국 우리가 창의적 사고로 만들어낸 분수는 잠깐 치솟기 위해서 수많은 에너지를 쓴 뒤에 자연의 이치에 의해 낙하한다. 순리에서 잠깐 벗어났다가 다시 순리에 합류하는 것이다.

살다 보면 분수처럼 타인의 이목을 집중시키면서 화려하게 치솟고 싶어서 안달일 때가 있다. 내 이름 석자를 내세우기 위해서 갈등하고 싸움도 마다하지 않았다. 창의적 사고의 대명사처럼 회자되는 콜럼버스의 달걀 세우기만 해도 자존심의 대결이다. 달걀은 세울 수 없는 타원형인데 그것을 "너는 세울 수 없지? 나는 세울 수 있어." 고집을 부리더니 결국 달걀을 깨트려 세웠다. 달걀이 가진 생명을 파괴한 것이다. 그걸 창의적 사고라고 할 수 있을까?

우리는 꿈이라는 이름으로 혹은 창의적 사고라는 이름으로 욕심에 도전한다. 그 도전이 물의 흐름처럼 자연스러울 때는 아래로 흐르며 주변을 살리지만 그렇지 못할 때 주변의 많은 것들을 말라 비틀어지게 한다.

분수처럼 섭리에 역행하는 것일 때 다시 생각해 보아야 할 일이다. 자신의 욕망을 이루기 위해서 수단과 방법을 가리지 않고, 다른 사람의 생명까지 짓밟고 달려가는 사람이 있다. 잠깐 솟아올랐다가 떨어질 분수를 만들기 위해 달리는 사람이다. 권불십년權不十年 혹은 화무십일홍花無十日紅이라는 말이 있지 않은가.

오늘은 무엇을 하며 보냈는가, 하루를 어떻게 사용했는가, 지나온 시간을 되짚어 보는 조용한 밤, 이현주 목사님의 고백처럼 "발자국마다 은총이었다"는 고백을 나도 하고 싶어지는 시간이다. 한계를 넘어서는 무리를 감행하여 힘들고 지치지는 않았는지, 나에게 쉼을 줌으로 행복을 느꼈는지, 나를 돌아보는 밤 시간이 감사하다. 나의 에너지가 충분해야 주변을 챙길 수 있다. 내 안의 에너지가 고갈되지 않게 나에게 쉼을 주며 천천히 걸을 일이다. 달리다 보면 넘어지기 십상이다.

― 2014년 3월

자유의지와 운명

 삼면이 산으로 둘러싸인 고향 마을. 홍수로 산이 무너지고, 윗동네 저수지 둑까지 터져 벌건 흙탕물이 밀려온다. 마을 사람들 모두 대피하라는 방송이 흘러나온다. 임신 8개월인 나도 대피하기 위해 남편과 함께 집을 나섰다.
 신작로까지 갔을 때 집에 무엇인가 중요한 것을 두고 온 게 생각났다. 남편에게 말했더니 얼굴빛이 싸늘하게 변한다. 그리고 돌아서 혼자 가버린다. 아내인 나밖에 모르던 남편이 임신으로 몸이 무거운 나를 두고 혼자 가버리다니, 죽을 때가 되면 인간은 혼자라더니 정말 그럴까, 떠나는 남편 뒷모습을 보며 나는 소돔과 고모라를 떠나던 롯을 생각했다. 다행스럽게도 나는 롯처럼 소금기둥이 되진 않아 흙탕물에 발목을 적시며 집을 향해 걸었다. 흙탕물은 점점 무릎으로 차올랐다.
 마을 안까지 갔을 때 개울만 건너면 우리 집인데 흙탕물은 허리까지 차올랐다. 어떡하나, 망설이다가 개울가에 서 있는 느티나무로 올라갔다. 어릴 때 다람쥐처럼 올라가던 느티나무를 만삭인 몸으로 올라갔다. 그리고 가지를 타고 개울 건너에 내렸다. 이제 살기 위해선 산으로 올라가야 한다. 중요한 무엇을 집에 두고 왔는지도 모르는 나는 살기 위해 집 뒤에 있는 산으로 올라갔다. 발에 진흙이 달라붙어 무거웠다.
 산 중턱쯤 올랐을 때 뒤를 돌아 마을을 보았다. 범람하는 흙탕물이 모든 걸 싹 쓸어가고 있었다. 가재도구도 동물들도…. 죽을 뻔했구나, 안도하며 계속 산으로 올랐다. 황토에 젖은 발은 무겁고, 흙탕물에 젖은 옷은 얼룩투성이고 몸은 무거웠다. 나보다 앞서 산을 오르는 사람들이 있어 살펴보니 아는 얼굴은 하나도 없다. 낯선 사람들이 나처럼 고통을 참아가며 한 발짝 한 발짝 산 정상을 향해 올랐다.

2/3쯤 올랐을 때 이제부터는 화생방전이라는 소식이 들려온다. 최루탄 가스처럼 눈이 쓰리고 콧물이 흘렀다. 앞에 간 사람들의 눈과 코, 귀에서는 핏물이 흘렀다. 놀란 내가 침을 뱉어보니 내 침에도 피가 섞여 있다. 발도 몸도 무겁고, 눈은 쓰리고 따갑고….

간신히 아주 간신히 죽을힘을 다해 산 정상에 도착하고 보니 산 이쪽은 아수라장인데, 저쪽은 별천지다. 찬란한 햇빛 아래 고즈넉한 마을의 천수답이 층층이 평화롭게 펼쳐 있다. 층층의 논에는 이제 막 꽃을 피운 벼들이 바람에 한들거린다. 화려하지는 않지만, 가득한 햇살은 평화로 출렁였다. 조용한 마을, 벼꽃이 한들거리는 천수답의 좁은 논두렁을 앞서 고생하며 올라온 사람들이 일렬종대로 걷고 있다. 그런데 그들 옷차림이 변해 있다. 흙탕물과 핏물에 젖어 남루하던 모습은 간데없고, 대학 졸업식 날 입는 검은 가운에 사각모를 쓰고 옆구리에 책을 낀 채 걷고 있다. 학처럼 고고하고 품위 있는 모습에 내 눈은 송아지 눈망울이 된다. 쓰나미를 피해 핏물 콧물 흘리며 올라온 사람들이 언제 저렇게 변했을까, 고개 숙여 나를 살펴보았다. 임산부인 내가 그들과 똑같은 차림으로 그들 행렬의 맨 끝에서 걷고 있다. 세상에, 옷을 바꿔입은 적이 없는데….

둘째아이 임신 8개월 때 꾼 꿈이다. 아직도 영화의 한 장면처럼 생생한 그 꿈을 당시에는 태몽이라고 생각했다. 꿈에서 벼는 사람을 상징한다. 누렇게 뜬 어린 모에서 모내기로 논배미에 뿌리내리고, 꽃을 피우고 낟알을 익히며 황금물결을 이룰 때까지의 모습이 태어나고 자라고 늙어가는 인간의 한살이와 비슷하기 때문이다. 논배미의 논두렁을 걷는 사람은 농부일진대, 벼꽃이 핀 논두렁을 사각모에 박사 가운을 입고 걸었으니 청년들을 가르치는 교수를 상징한다고 보아도 무방할 것이다.

뱃속 아이가 고생고생해서 학자가 되려나, 생각했다. 그리 해석하고 보니 죽을 것 같은 고생이 떠오르고 아이가 성장하면서 겪을 고생일 것 같아 안타까웠다. 나를 버리고 간 남편도 마음에 걸렸다. 대기업 반도체연구실에 개발팀장인 남편은 꼬박꼬박 월급을 받아오고, 시댁에서 새 아파트도 사주셔서 잘 살고 있는데, 남편은 나를 위해 승용차도 샀다. 그런 남편이 왜 그랬을까.

꿈을 꾼 때로부터 7년이 지났을 때, 남편은 사업을 하겠다며 다니던 회사에 사표를 냈다. 5년 동안 동종업계로 가지 않는다는 각서를 쓴 후였다. 그리고 서산으로 이사했다. 형부와 동업으로 차린 회사였는데, 처음엔 돕겠다고 나도 출근했다. 출근하고 보니 남편의 일자리를 내가 차지한 꼴이 됐다. 남편이 할 일이 없는 것이다. 이건 아니다 싶어서 회사 일은 남편에게 맡기고 집으로 돌아가 아이들 양육에 집중하기로 했다. 아르바이트로 생활비를 벌어 충당할 테니 집 걱정은 하지 말고 사업에 전념하라고 남편에게 말했다.

아파트에서 아이들을 모집하여 독서지도, 글쓰기 지도를 하였다. 하다 보니 공부를 더 해야 할 필요성이 느껴졌고, 여기저기 공부할 곳을 알아보았다. 러시아의 물리학자 바딤젤란드는 『리얼리티 트랜서핑』에서 삶이 잘 풀리지 않을 때는 파도를 갈아타야 한다고 했다. 당시 회사에 나가지 않고 아르바이트와 공부하는 것을 선택한 리얼리티 트랜서핑은 내 삶을 다른 물결로 실어갔다. 98학번의 새내기 대학생이 된 것이다.

야심 차게 시작한 남편의 사업은 3~4년을 버티지 못하고 실패로 돌아갔다. 이후 서울로 올라가 다른 일에 손을 대기 시작했으나 손대는 일마다 실패로 이어졌다. 안 해본 일이 없을 정도로 이것저것에 시도했으나 모두 실패했다. 그 과정에서 시부모님께서 물려주신 모든 재산을 잃었다. 물려주시지 않은 것도 없앴다. 월세 보증금도 없어 네 식구가 흩어져야 하는 상황이 도래했을 때는 아이들에게 돌아갈 학교 기숙사가 있어 얼마나 감사했는지 모른다. 남편은 서울로 올라갔고, 나는 월세방을 얻어 네 식구는 뿔뿔이 흩어졌다.

대학교를 졸업하고 대학원에 진학해 석사과정을 거치고 박사학위를 받게 되었을 때 태몽이라고 생각했던 꿈이 떠올랐다. 그 꿈은 태몽이 아니라 나의 미래를 보여준 거였다. 남편이 실패하는 데 10년, 재기하는 데 10년, 그 20년 동안 남편은 가정을 버렸고, 나는 가장이 되어 공부와 강의를 병행하면서 두 아이를 키웠다. 대학원 진학은 가장의 역할을 감당할 수 있는 지름길이 되어주었는데, 그러는 사이 두 아이도 자라 국비장학생으로 대학을 졸업하고 국가의 녹을 먹는 사람으로 성장했다.

무엇인가 버리고 취해야 할 때마다 나는 주체적이고 능동적인 의지로 마주했다. 선택의 기준은 옳음이었다. 아이들에게 부끄럽지 않은 엄마가 되고 싶다는 소망이 의(義)를 선택하게 한 것이다. 남편의 빚쟁이들을 상대했고, 두 번이나 붙었던 빨간딱지를 해결했고, 사기당한 남편이 사기꾼으로 몰리는 상황까지 겪으며 나와 두 아이는 돈에 대해 새로운 개념을 갖게 됐다. 내 집에 날아와 잠시 앉았다 날아가는 새처럼 돈은 잠시 우리에게 머물다 사라지는 것임을 실감한 것이다. 내 것일 수 있는 건 오직 실력뿐이라는데 동의한 우리는 열심히 공부했다.

남편이 헤매는 동안 나는 두 아이를 키우며 젊은이들을 가르치는 대학 강단에 섰으니 사각모를 쓰고 논두렁길을 걷던 꿈의 상징과 겹쳐진다. 더 놀라운 것은 당시 임신 8개월로 뱃속에 있던, 나와 함께 고생하며 산을 오른, 나와 함께 천수답 논두렁을 사각모를 쓰고, 박사 가운을 입고 걷던 아이가, 얼마 전 교수 시험에 합격했다는 소식이 날아들었다. 순간 기쁘면서도 그때의 꿈이 떠올라 소스라치게 놀랐다. 나는 모든 걸 자유의지로 주체적으로 선택하며 살아왔는데, 운명이었단 말인가.

고난의 의미를 다시금 알게 된 지금, 나는 남편의 일을 돕고 있다. 그가 미워 별거도 하고 이혼도 생각했었지만, 지금 그를 돕는 건 선택이 아닌 필수라는 생각에서다. 그렇다면 30여 년 전 꿈은 무엇을 의미하는 것일까. 삶이 자유의지가 아닌 운명이라는 것일까. 아니면 나의 자유의지로 살아왔지만 그것이 운명의 쳇바퀴 안이었던 것일까. 자유의지와 운명, 물음표는 자꾸만 물음표를 불러온다.

제4부

내가 지닌 향기는

모퉁이에서 마시는 아메리카노

빈궁마마와 6월의 넝쿨장미

암병동에서

무지외반증

나는 프락치였다

짝사랑 — 문학 노트

압록강가에 서다

연꽃무늬 스카프

청이

투박한 멋

미래를 예측하는 일

길을 묻는다

텃밭과 글밭

산딸기

내가 지닌 향기는

만학도가 되어 대학에 들어갔으나 늦게 공부한다는 것이 퍽이나 힘들게 생각되던 어느 날이었다. 8교시까지 있는 강의를 마치고 아르바이트 삼아 하는 학생들의 독서지도까지 끝내고 나니 저녁 여덟 시, 종종걸음으로 집으로 돌아가 아이들과 대충 저녁을 해결하니 밤 열 시다. 아침 일찍부터 시간에 쫓기며 허둥댔던 몸뚱어리는 채 돌아오지 않은 가장을 기다리지 못하고 침대 위에 짐짝 부리듯 던져지기를 희망한다.

불 꺼진 방의 침대 위에서 빙빙 도는 느낌으로 한없이 추락하고 있을 때 코끝을 자극하는 향기가 있었다. 그것은 활동량을 견디지 못해 소용돌이치면서 깊은 수렁으로 침몰하는 내 몸뚱어리를 거뜬히 건져 올리고도 남는 마력을 가지고 있었다.

이게 무슨 향기일까. 라일락 향 같기도 한 이 냄새의 근원은 어디일까. 라일락은 두 주일 전쯤 꽃이 졌는데, 아니, 만개했을 때에도 아파트 입구에 서 있던 라일락 향기는 내가 사는 14층까지 올라오지는 않았다.

그렇다면 이렇게 나를 황홀하게 만드는 이 향기의 정체는 무엇일까. 바쁘다는 핑계로 청소도 제대로 하지 못하고 사는데, 도대체 이런 향긋함은 우리 집 어디에서 비롯된 것일까. 혹시 아이들이 놀다가 내가 아끼던 살바도르 달리 향수를 엎지른 것은 아닐까, 향기가 조금 다른 게 달리는 아닌 것 같은데, 도대체 무슨 향일까. 도무지 잡히는 데가 없었다.

누웠던 몸을 일으켜 향기의 근원을 찾아 나섰다. 베란다로 나가니 온통 향으로 가득해 발원지를 쉽게 찾을 수 없을 정도다. 깊고 맑은 소리로 나를 유혹했던 풍경이 인사동 거리에서 이사 와 창틀에 매달려 있는 것 빼고는 특별하게 달라진 게 없는 모습이다. 고단함에 지쳐 쓰러질 것 같았던 몸뚱어리는 진한 향으로 마취된 듯 사뿐사뿐 화분 사이를 오가며 향기의 원인을 찾아내려 분주했다.

행운목이었다. 13년 동안 키웠는데 볼품없이 키만 웃자라 중간을 잘라 작달막했다. 그 행운목이 세월이 지나도 꽃 한 번 피우지 않기에 홀대했는데 얼마 전부터 맨 밑의 이파리가 누렇게 뜨기 시작하더니 꽃대가 올라왔었다. 그런데 처음으로 꽃을 피우는 것치고는 봉오리가 실망스러웠다. 넓적한 이파리나 길쭉한 나무의 생김에 비해 봉오리는 좁쌀처럼 작았다. 좁쌀처럼 작은 것 중에서도 은은하고 예쁜 산수유도 있는데, 행운목의 꽃봉오리는 몸통과는 전혀 어울리지 않는 허연 왕소금 빛이었다.

자세히 보니 왕소금만 한 크기와 색깔의 봉오리가 하나하나 열리며 그 속에서 1센티쯤 되는 꽃술 일곱 개가 나와 조그만 꽃 하나를 이루었고, 그 꽃 스물대여섯 개가 모여 하나의 큰 송이를 이루고 있었다. 불두화보다는 작은, 탁구공 크기였고 같은 빛깔이었으며 향기는 우리 식구가 사는 넓은 집 안을 채우고도 넘쳤다.

처음 꽃봉오리 맺는 모습을 보고 실망했던 내가 어처구니없었다. 끝까지 지켜보지도 않고 다른 꽃들과 비교하면서 밉다거니 작다거니 경망을 떨고 말았으니 말이다. 봉오리를 가졌을 때 약간의 향기라도 풍겨 복선이라도 깔아 주었더라면 이런 경망스런 모습을 들키지는 않았을 텐데 얄팍한 마음을 들키고 나니 어째 자꾸만 미안해진다.

행운목이 꽃을 피우면 집안에 행운이 온다는 말 때문인지, 13년 만에 처음 피는 꽃이라서인지, 아니면 홀대했던 화초가 꽃을 피워서인지 자꾸만 설레고 두근거렸다.

꽃나무는 좋은 환경에서도 꽃을 피우지만 열악한 환경에서도 꽃을 피운다고 한다. 열악한 환경에서 종족 보존을 위해 마지막 남아 있는 힘을 다한다는 것이다. 그리고 보면 저 꽃은 나 사느라고 바빠서 관심 한번 주지 않고 물도 제대로 주지 않은 탓에 피운 건지도 모른다. 그동안 잎이 누렇게 떴던 것이 꽃을 피우기 위해 사력을 다하는 몸부림이었음을 생각하니 미안하고 대견했다.

자연의 오묘한 이치였다. 계절에 따라 여기저기 아름답게 피는 꽃들은 그것을 즐기는 사람들을 위해서 피었던 것이 아니라 최선을 다해 열심히 살아가는 스스로의 모습이었던 것이다.

며칠 전 문예창작학과 학생들과 함께 학교 뒷산인 가야산에 올랐었다. 정상을 향해 앞서 간 해맑은 웃음소리의 여운을 잡고 나는 정상에 오르지 못함을 만회하려고 이리저리 숲을 기웃거렸다. 고사리도 꺾고 풋풋한 찔레순과 떨떠름한 칡 순도 꺾어 맛보며 군락을 이루고 있는 느릅나무 꽃과 보랏빛 하늘매발톱, 산부추, 부처꽃, 자란, 따위 자생하고 있는 야생화들을 보았다. 생김생김이 하나같이 다르고 꽃의 빛깔도 향기도 모두 달랐다. 모두 다 열심히 살아가는 모습이었다. 나무는 나무대로 야생화는 야생화대로 자기답게 살아가는 생물들이 모여 숲을 이루고 산을 이루고 있었다.

내가 홀대했던 행운목은 제 스스로 홀대받는 처지를 알았나 보다. 그러기에 남은 에너지를 모아 보란 듯이 저렇게 진한 향을 뿜어냈을 것이다. 잎이 누렇게 떠 가면서도 사력을 다해 꽃을 피워 올린 행운목의 향기는 최선을 다하는 삶의 모습이었을 것이다. 자식들을 위해 고생만 하다가 누렇게 떠 버린 내 어머니의 모습이 겹쳐지면서 갑자기 외경심이 솟아났다.

한동안은 힘듦을 잊고 살 수 있을 것 같다. 하루를 열심히 채우고서

집에 들어설 때, 행운목의 향기는 나의 피곤함을 말끔히 씻어줄 테니까. 향기에 취해 나는 늦은 시간에도 불구하고 두 팔을 걷어붙이고 아이들이 좋아하는 반찬도 만들고, 남편의 구두도 닦아 놓고, 세탁기도 돌려 이불 빨래도 하고, 커튼도 빨아 새로 달았다. 주부로서 엄마로서 나태해진 마음에 생기가 돌고, 청결해진 집 안은 구석구석 행복으로 채워진다.

집 안에 가득 찬 행운목 향기 속에서 내 살아가는 모습을 돌아본다. 나는 어떤 모습일까. 보잘것없다고 생각했던 행운목은 사력을 다해 이토록 진하고 아름다운 향을 뿜어 올렸는데, 그 향기만큼은 아닐지라도 내게도 분명 숨어 있는 어떤 향이 있으리라. 행운목처럼 봉오리가 예쁘지 않더라도 나 역시 나의 향을 뿜을 수 있을 때까지 잎이 누렇게 뜨는 목마름을 기꺼이 감내하리라.

― 2000년 6월

모퉁이에서 마시는 아메리카노

　새벽 5시, 말소리에 눈을 뜨니 간호사가 찾아와 침상 위 남편을 챙긴다. 온몸이 찌뿌드드하다. 간호사가 남편의 소변 주머니를 비우려 하기에 "제가 할게요"라고 했더니 고맙다고 한다. 고맙긴, 마땅한 일인데, 상냥한 어린 간호사가 이쁘다. 소변량을 체크하고, 환자 양치를 시키려는데 대충하는 걸 보니 영락없는 어린아이다. 수술하는 날 아침에도 머리를 감지 않기에 엉겨 붙었다고, 빨리 감으라고 재촉했다. 남편은 "수술하느라 누워 있으면 어차피 엉겨 붙을 거"라며 거부한다. 그런 남편을 닦달하여 머리를 감기고 몸을 씻겼다.

　씻기 싫어하는 남편을 시어머님은 "털 가진 동물이라서 그러는 거"라며 웃으셨다. 남편이 58년 개띠인 것을 일컫는 말이다. 아들에 대한 너그러움이 한량없는 시어머님에게 "십이지간 열두 동물 중에 용과 뱀을 빼고는 모두 털 가진 동물"이라고 했더니 "그중에 개가 유별나게 씻는 걸 싫어하는 동물이지 않느냐"라고 하며 아들을 옹호하신다.

　절대안정을 취해야 하는 남편을 물티슈로 씻기고 따끈한 커피가 그리워 지하 1층 편의점으로 향했다. 1년 전 유방암 수술하고 암 병동에 머물 때 나를 행복하게 해주던 따끈한 커피 한 잔, 그때 나는 커피 한 잔 마실 수 있음에 감동했고, 소나무 숲 황톳길을 스스로 걸을 수 있음에 감사했으며, 벤치에 앉아 사색에 잠겨 기적이라는 단어를 떠올렸다. 모든 게 감사로 다가온 시간이었다.

　1년 전만 해도 항암으로 병원에 머물던 내가 1년 후 남편의 보호자로 다시 병실에 머문다. 침대 위가 아닌 간이침대 위다. 큰 병치레를 하고 난 탓일까, 간이침대에서 쪽잠을 자면서도 나는 편안한 마음 달콤한 잠에 빠진다. 꿈에서 돌아가신 외할머니를 만나고 엄마를 만나고, 몸에 맞는 예쁜 옷도 잔뜩 가진다. 돌아가신 엄마는 다시 와서 땅을 사고 집을 샀다고 하신다. 엄마가 남기고 간 통장의 돈은 내가 다 가졌는데, 어디서 돈이 나서 땅을 샀느냐고 물었더니, 연초에 돈이 생겼단다. 엄마는 내가 키운 논배미 벼를 보면서 "잘 컸구나" 두 팔 벌려 안아준다. 엄마 품에서 나온 벼포기 끝에서 꽃이 피어난다. 벼꽃이 억새꽃을 닮았다. 흐뭇한 표정의 엄마가 미소짓는다. 둘째언니는 "그동안 엄마가 내게 해준 게 많아 돈을 조금 드렸다고, 엄마와 함께 부여에 있는 이층집을 샀다고, 한 층은 자기 몫이고 한 층은 엄마 몫"이라고 한다. 남매 중에 제일 소가지 부리던 언니가 엄마의 고마움을 알다니 철이 들었구나, 기쁨이 스민다.

　외출에서 돌아오니 우리 집 주변에 낯선 남자들이 몇몇 얼쩡거린다. 그들은 우리 집 창문이나 문틀 여기저기를 옷가지로 디스플레이한다. 남의 집에서 뭐 하는 것이냐고 물었더니, 내가 판 헌 옷을 쓸 수 없어 다시 가져왔다고, 이런 옷을 내주고 얼마를 받았느냐고 불만스럽게 묻는다. 경기도 광주에서 공주로 이사하면서 몸에 맞지 않는 옷가지를 재활용센터로 보냈는데 글쎄, 무게로 달아 건네서 잘 모르겠다고, 깨끗한 옷이었다고, 빨아서 장롱 서랍에 두었던 옷이라고 했다. 그런데 저들이 이사한 공주 집을 어떻게 알고 찾아왔을까, 생각하며 옷가지를 살펴보니 내가 준 옷이 아니다. 체중이 불어난 지금 내게 알맞은, 맞춤옷 사이즈다. 깨끗하고 멋지다. 이것을 내가 내줬다고? 이렇게 예쁘고 편안한 옷을 버렸다니, 말도 안 된다며 나는 다시 예쁜 옷들을 하나하나 챙겼다. 원피스도 있고 투피스도 있고 스리피스도 있다. 아름답고 예쁘고 편안한 옷들을 원 없이 가졌다. 웬 꿈이 이리도 다양할까. 하룻밤 사이 몇십 년 치의 일을 경험하다가 간호사 말소리에 깨어났다.

편의점에서 따끈한 아메리카노 한 잔 사들고 1층 로비에 앉는다. 자릿값을 덜어낸 편의점 커피는 카페에서 마시는 커피보다 만족스럽다. 커피를 즐기면서도 향까지 가리는 까다로운 입맛은 아니고 보니 가성비 좋은 편의점 아메리카노도 좋다. 병원 로비의 고급스러운 소파도 저렴한 커피 향을 즐기게 한다. 천천히 아주 천천히 따스함에 젖어든다. 술을 좋아할 때는 공복에 마시는 소주 한 잔이 좋았는데, 운동하고 난 후에 마시는 차디찬 맥주 한 캔도 좋았는데, 이른 아침 공복에 마시는 따끈한 아메리카노 한 잔도 나를 편안함으로 이끈다.

이틀 전 낮 12시 20분, 수술실로 들어간 남편을 기다리는데 수술실 앞에서의 시간은 지루했다. 몇몇 보호자들은 초조한 듯 수술 경과를 알리는 전광판만 하염없이 쳐다본다. 성경을 읽다가 핸드폰을 보다가 기도를 하다가…. 저녁 8시가 되니 전광판에는 수술 종료가 뜨면서 그 많던 수술실의 환자도 나가고 대기실의 보호자들도 빠져나갔다. 남은 사람은 나와 다른 한 명의 보호자뿐이다. 수술이 어찌 되어 가기에 "수술중"이라는 전광판 글씨가 사라지지 않는지, 남은 한 명의 보호자는 불안한 마음을 내게 토한다. 병치레를 많이 한 탓인지, 나는 더디 끝나는 남편의 수술에도 불안함보다는 지루함이 더 크다. 어쩌면 복원수술 때문일 수도 있고, 주치의에 대한 믿음 때문일 수도 있으며 그동안 나를 이끄신 하나님에 대한 믿음 때문일 수도 있다.
그 시각 딸이 남자친구와 함께 수술실 앞으로 들어온다. 눈 깜짝할 사이 피로가 풀리고 지루함이 사라진다. 딸의 남자친구는 나가서 따뜻한 차를 사 오겠다더니, 네 잔을 들고 온다. 함께 기다리던 다른 보호자 몫까지 챙겨온 그의 마음 씀에 예비 사위로서 가산점을 더한다.

9시가 넘어 수술실을 나온 남편은 중환자실로 들어갔다. 그를 만나러 가는 길, 집도한 주치의 모습이 초췌하다. 감사하다고 허리를 숙이는데, "수술 잘 되었다고, 중환자실에서 잘 보호할 테니 걱정 말고 집으로 돌아가 쉬라"고 한다. 볼수록 친절한 그는 어쩌면 하나님이 보내준 천사일지도 모른다고 생각한다.

잠시 본 남편의 모습, 구강암 수술 후유증으로 움푹 팼던 볼이 혹부리영감처럼 내밀었다. 볼을 만드느라 떼어낸 가슴은 꽁꽁 싸매 있다. 의사는 수술은 잘 되었다는데 가슴살이 부족해서 패인 얼굴을 다 채우지 못했다고 아쉬워한다. 푸짐한 내 살을 나눌 수 있다면 얼마나 좋을까, 잘 먹는 나에 비해 음식물을 제대로 씹지 못하던 남편은 떼어낼 살이 없는 마른 체형을 가지고 있다.

아홉 시간을 수술실에서 머물고, 열여덟 시간을 중환자실에서 머문 남편을 병실에서 만나는 시간 동그라미가 생각난다. 360도 동그라미, 180:180이든 90:270이든 한 가정을 이룬 부부는 360도 동그라미가 되어 굴러가면 된다고 한다. 360도 중에 남편이 270도를 감당할 때는 당연한 줄 알았다. 그가 가장이었으니까.

그러나 살다 보니 내가 270도를 감당해야 할 때가 찾아왔다. 아니 350도를 감당해야 할 때도 찾아왔다. 사업 실패로 가장의 무게를 고스란히 내게 넘기고 아버지라는 이름만으로 아이들에게 대접받는 그가 미웠다. 억울했다. 그래서 악다구니도 했다. 그러나 돌아보니 나 또한 투병하면서 그에게 모든 역할을 떠넘긴 세월이 작지 않음을 깨닫는다.

며칠 전 아웅다웅 남편에게 서운했던 일을 딸에게 일러바치는데 딸아이가 "엄마 아빠는 찰떡궁합이네"라고 한다. 듣고 보니 그런가 싶기도 한데, 긍정하기는 아직도 내키지 않는다. 틈새로 이 또한 나의 아집이라는 생각도 끼어든다.

인생이라는 순례의 길에서 골목골목 깨닫는 것이 쏠쏠하다. 학이시습지불역열호(學而時習之不亦說乎)라고 했다. 배우고 때때로 익히면 또한 기쁘지 아니하냐는 공자의 질문은 책 한 권, 문장 하나하나만이 아니다. 인생길 골목골목마다 널려 있다. 하나하나 겪으며 배우며 깨달음으로 가는 순례의 길, 남편과 동그라미 만들어 함께 굴러가면서 내가 감당하는 분량이 많아 등허리가 아프다고 아우성치지 말 일이다. 힘에 겨워 탈이 나면 모퉁이에서 잠시 쉬어가면 될 일이다. 상처 난 곳 소독하고 꿰매고 파스를 붙이면 될 일이다. 그러는 사이 따끈한 아메리카노 한 잔도 음미하면서 말이다. 예전엔 억울하다며 많이 아팠는데, 나이 탓일까, 고난도 아픔도 품앗이라는 생각을 한다.

나이 들며 삶에서 깨닫는 묘미가 쏠쏠하여 젊음 부럽지 않다. 뾰족뾰족 아프니까 청춘이라면 둥글둥글 편안하니까 노년이다. 따끈한 커피 한 잔으로 너그러워지는 요즘, 마음도 몸도 가벼워진다. 어느새 커피잔이 비어 있다.

─ 2024년 12월 16일

빈궁마마와 6월의 넝쿨장미

 가끔은 아픈 것도 괜찮은 듯하다. 일주일 동안 병원 생활을 하면서 처음 며칠은 살점을 도려낸 아픔에 힘들었지만 2~3일이 지나고 나니 조용히 내 발자취를 돌아보며 흐트러진 마음을 추스른다.
 지난해 이맘때 교통사고로 병원에 입원한 적이 있었다. 동동거리며 살다가 누워 있게 된 시간, 뒷목의 통증쯤이야 차라리 고마운 거였다. 이렇듯 병원을 자주 들락거리는 내게는 세상살이를 점검하고 수정할 것은 수정하며 포용할 것은 포용하며 쉼을 얻는 곳이 병원이 되어버렸다.
 위암 수술 이후 찾아오는 빈혈에 15년이 넘게 고생하였다. 헤모글로빈이 정상인의 절반밖에 안 되는 수치로 정상인보다 많은 활동을 하고 살아온 듯싶다. 그러다 보니 자주 눕게 되는데 먹는 약으로는 치료되지 않았다. 급기야 병원을 옮겨 한 달에 두 번씩 조혈제를 포도당에 섞어 혈관에 맞는데 그것도 임시방편일 뿐 의사는 근본적인 치료를 위해 자궁 적출술을 권한다. 자기 아내가 나와 같은 상황이면 당장 수술을 받도록 하겠다는 것이다.
 여성의 몸은 참으로 신기하다. 교통사고로 출혈이 많아도 큰 수술을 하거나 이런저런 병으로 몸이 부실하여도 생명을 키워 낼 준비를 먼저 하니 말이다. 제 몸의 건강은 어떠하든 관계치 않고 여성으로서 모성으로서 생명을 키워 낼 준비로 꼬박꼬박 생리를 하는 것이다. 나처럼 악성 빈혈로 일상생활을 할 수 없을 지경에 이르러도 내 의지와는 상관없이 매달 꼬박꼬박 생명을 잉태할 준비인 월경이 있었다. 그것도 아주 왕성하게 말이다.

　결국 빈혈 치료 방법이 자궁 적출을 함으로써 인위적으로 출혈을 막는 것이라고 한다. 진즉에 알았더라면 일찍 수술을 할 것을 약물에 의지하는 오랜 시간 동안 많은 고생을 했다. 그래서 돌아오는 여름 방학에는 수술을 해야겠구나, 작정하고 있었는데 뜻하지 않게 하혈하는 바람에 응급실을 통해 입원을 하였고 조금 일찍 수술을 받게 되었다.

　수술 후 하루 이틀은 혼수상태로 정신이 혼미하였지만 그 후로는 동면하는 동물처럼 깊은 휴식에 들어갔다. 일곱 명이 함께 쓰는 산부인과 병실에는 임신 중인 임부거나 제왕절개로 출산한 산모들이 대부분이었다. 그들은 아이들 양육이 어떻고 임신 중의 반응이 어떻고 모유는 언제까지 먹여야 좋다는 등의 이야기를 나눈다. 아빠가 된 남편들은 아내 곁에서 극진한 간호에 열과 성을 다한다. 그런 남편들을 보면서 혼자서 진땀을 흘려 가며 간신히 밥 한술을 뜨려니 심사가 뒤틀린다.

　밥이 식도를 타고 넘어가기가 무섭게 장이 반란을 일으키는 것은 어떤 연유 때문일까. 내 상식으로는 식도를 타고 넘어간 음식물은 위로 모일 것이고 위에서 적당히 부서진 다음에 소장을 거쳐 대장으로 가는데 내 경우에는 어째서 밥이 넘어가자마자 장이 뒤틀리는 것일까. 음식물을 먹고자 하는 내 의지와 거부하는 몸과의 싸움은 급기야 남편에 대한 원망으로 이어진다.

　아이를 낳았을 때는 지극 정성이더니 이제는 관심도 없다고 뒤틀린 심사를 가시 돋친 단어들에 담아 소복하게 한상 차려 내니 식사하던 환자들도 옆에서 간호하던 남편들도 웃음바다를 이룬다. 서글서글한 인상의 한 보호자는 자기 아내의 시중을 들다가도 침대를 올려 드릴까요, 물을 드릴까요, 여성으로서 퇴임하는 나에게 선정을 베푼다. 그럴수록 새댁의 얼굴에는 행복한 미소가 넘쳐난다.

내게도 새댁 같은 시절이 있었다. 큰아이 때는 남편이 멀리 있어 혼자 견뎠지만 작은아이 때는 엄살도 떨고 투정도 부리면 다 받아주고 대접해 주었다. 그런데 지금은 주변을 둘러보니 새댁들의 표정이 내게 조용히 있으라는 것 같다. 자기들의 자상한 남편과 비교하여 꼬투리 잡지 말고 조용히 있으라고 말이다.

그래도 모르는 척 태연하게 책을 보는데 글자는 읽었으되 무엇을 읽었는지 아는 게 없다. 눈을 감는다. 옆구리에 차고 있던 무통 주사는 나를 환각 상태로 몰아가는 듯 몽롱하다.

장이 음식물을 거부할 때는 위도 거부한다고 한다. 그러니까 위는 위고 장은 장이고가 아니라 서로 영향을 주고받는 것이다. 한 숟가락의 음식을 소화함에도 이렇듯 상호 작용을 하는 거였다. 하긴 마이크로는 메크로와 통한다고 작은 종기 하나가 온몸에 몸살을 가져오기도 하니 뒤틀린 심사가 위에게도 장에게도 제 역할을 못하게 한 게 뻔하다.

옆에서 간호를 하던 남편이 어느 날 내 핸드폰으로 문자를 주고받으며 킥킥거린다. 후배가 보낸 안부 문자에 나 대신 답을 하고 있는 중이란다. 무엇이 그리 우스울까, 나중에 핸드폰을 열어 보았더니 내 엄살이 심하다는 남편의 말에 후배는 "빈궁마마께 잘 해주세요"라고 했다. 빈궁마마라니, 무슨 뜻인가 물었더니 몸속에 있던 궁을 없앴으니 빈궁이 아니냐며 놀린다. 빈궁마마, 피식 웃음이 나온다.

며칠 전 스승께서 메일을 보내셨는데 삶은 사무치게 마주할 것이 못 된다고 하염없이 먼 산을 보듯 살아야 한다고, 날마다 들녘에 나가 솟아나는 목숨들을 반기면서 건강을 다져 두라고 당부하셨다. 공부하면서 자주 아픈 내가 안타까우셨던 것인데 말씀을 받고 보니 새삼스럽게 내 모습이 궁금해진다.

삶을 사무치게 마주하며 살아가는 것과 열심히 사는 것은 어떻게 다를까. 나는 열심히 산다고 생각하였는데 그것이 사무치게 마주하는 것과 같은 의미일까. 스승께서는 자주 아픈 제자에게 가슴에 화인처럼 쏙쏙 들어와 박히는 문장 몇 구절 보내셨는데 혹시 스승께서도 과거에 나처럼 살아오신 건 아니었을까. 그러기에 그렇게 말씀하실 수 있는 건 아닐까, 이런저런 무례한 상상까지 하면서 젊은 교수들보다 더 열심히, 더 열정적으로 강의하시던 그분의 모습을 떠올려본다.

입원 일주일 만에 아픈 배를 끌어안고 허리도 펴지 못하는 채로 퇴원을 했다. 병원을 나오는데 뒤에서 남편이 '빈궁마마 걸음걸이가 품위 없다'고 놀린다. 빈궁마마, 참 재미있는 호칭이라고 뒤돌아보는데 사방에서 넝쿨장미가 나를 바라본다. 옹기종기 어울려 도란도란 수다를 떨고 있는 새빨간 6월의 넝쿨장미, 어떡하면 저토록 붉을 수 있을까. 어떡하면 저토록 아름다울 수 있을까. 빤히 바라보노라니 몸은 비틀거리는데 가슴에서는 넝쿨장미만큼이나 붉은, 새빨간 열정이 꿈틀거린다.

저렇게 울타리를 넘어 갓길까지 뻗어나는 6월의 넝쿨장미는 제 삶에 최선을 다하며 피워 낸 것일까, 먼 산 보듯 그냥 피워 낸 것일까. 만일 먼 산 보듯 그냥 피워 낸 것이라면, 그래서 최선을 다해 피워 낸다면 몇 송이 더 보탤 수 있을까. 아니 내 보기에 넝쿨장미가 최선을 다한다 하여도 몇 송이 더 피워 낼 공간은 없을 것 같은데 말이다. 저렇게 많은 넝쿨장미가 있는 그대로의 모습이라면 이렇게 비실거리며 살아가기는 내 모습도 있는 그대로의 모습이지 않을까.

세상에 모든 것들은 저마다 능력만큼씩 해내고 살아간다고 했다. 나보다 더 강한 사람은 그만큼이 그의 능력일 것이고, 나보다 약한 사람은 그만큼이 또 그의 능력일 것이니 이렇게 잦은 병치레를 하며 살아가는 나도 이만큼이 나다움이 아닐까. 넝쿨장미가 6월이 되어 꽃을 피울 수 있을 만큼 피우듯이 말이다.

그래, 그래도 스승의 말씀처럼 한 템포 늦춰보자. 어차피 늦는 인생인데 뭐, 쉬엄쉬엄 가지. 튀는 개구리도 보고 자줏빛 땅싸리 꽃도 살펴보고 애기똥풀도 꺾어 노랑물을 확인도 하면서 내 하늘에 반짝이는 별들과 대화도 하면서 말이다.

이제는 길든 것일까. 언제부터인지 나도 모르게 매사에 담대해진 것도 같다. 시한부 삶에서 빗어나 이만큼 살아가는 건 분명 행운일 터, 버티는 걸 버틴다고 생각하지 않으니 그냥 누리며 살아가는 거라고 하자.

사랑을 전하는 사람들은 대부분이 장미를 선택하던데, 저토록 붉은 장미의 궁을 내주고 물러나는 빈궁마마에게 눈치 없는 남편은 장미 한 송이 건네주지 않는다. 그래, 그것도 그다운 것일 터, 이렇게 살아가는 거지, 6월 넝쿨장미가 눈 앞에 펼쳐져 이렇게 설레게 해주는데….

뱃속에서는 빈 궁을 감당하지 못하는지 신장은 물론 장도 불규칙하고 덩달아 위도 불규칙하다. 허리까지 맥을 못 춰 뒤에서는 품위 없다고 놀린다. 그럼에도 넝쿨장미보다도 더 붉게 피어날 꽃송이가 내면에서 꿈틀거린다.

6월에는 넝쿨장미가 있어 행복하다.

— 2006년 6월

암병동에서

 토요일 오후, SRC재활병원 카페 '너울'에 환우를 면회 온 사람들이 가득하다. 오늘은 꼭 한 잔 마셔보리라, 며칠째 벼르고 벼르던 커피를 마시기로 하고 카페 '너울'로 들어가 창가에 앉았다.
 병원 산책길, 맨발로 걷는 황톳길을 오고 가는 길목에서 날마다 카페에서 흘러나오는 커피 향만 음미하다가 다음엔 기필코 마셔야지, 생각했는데, 오늘은 호기롭게 들어가 카푸치노 한 잔 주문했다. 얼마만에 마셔보는 커피인가.
 커피 한 잔 받아들고 보니 세상에 부러울 것 하나 없는 여왕이 된 듯 꼿꼿하게 어깨도 펴지고 당당하고 품위 있는 걸음걸이로 정원 소나무 숲을 향한다. 발걸음이 가볍다.
 어깨를 내주어야만 기대어 겨우 한 발짝 걷는 사람, 양손에 지팡이를 짚어야 걸을 수 있는 사람들이 소나무 숲 황톳길을 맨발로 걷고 있다. 휠체어를 밀어주어야만 움직일 수 있는 사람은 그 길에 들어서지 못하고 주변을 기웃거린다.
 "아빠, 발뒤꿈치 먼저 떼어 봐요! 그래야만 몸의 중심이 앞으로 옮겨져 걸을 수 있어!"
 걷는 걸 잃어버린 아빠에게 걸음마를 가르치는 20대 딸의 안타까운 목소리가 들려온다. 그 딸 어려서는 하나 둘, 하나 둘, 아빠가 손을 잡고 걸음마를 가르쳤을 것이다. 타인의 도움 없이 스스로 걸을 수 있음이 기적이란 걸 깨닫는 공간, 카푸치노 한 잔에 여왕이 된 나는 맨발로 걷는 숲속 벤치에 홀로 앉아 생각에 잠긴다.

돌아보면 내가 누려온 일상은 기적의 연속이었다. 그것도 갈피갈피 은혜로 점철된 아주 놀라운 기적의 연속이었다. 이런 깨달음이 처음 아닌데, 30여 년 전 위암을 앓았을 때도 죽음의 문턱에서 깨달았던 것인데, 그 소중한 깨달음은 어느 사이 잃어버리고 나는 다시 암병동에 와 있는 것일까.

현실을 너무 열심히 살아온 탓일까. 삶에 함몰되지 말고 무심히 숲도 바라보고 숲 속에 깃든 생명들이 어우러져 살아가는 것도 바라보라고 하시던 스승님이 떠오른다. 이곳 암병동에서 생활하는 환우들과 이야기를 나누다 보면 그들은 한 사람도 빠짐없이 열심히 살아왔다는 공통점을 가지고 있다. 나보다 더 처절하면 처절했지, 결코 덜하지 않는, 치열한 삶을 살아온 사람들이다.

환우들은 서로를 위로하고 맛있는 것도 나누며 함께 독한 항암을 견뎌낸다. 정말로 항암주사는 말로 형언할 수 없는 고통을 동반한다.

처음 유방암이라는 진단은 믿을 수 없었다. 내가 왜, 이렇게 열심히 성실하게 살고 있는 내게 왜, 라는 질문이 떠나질 않았다. 그러거나 말거나 3개월 후 수술은 진행되었고, 이후 화학적 치료인 항암과 방사전치료, 표적항암과 항홀몬제 복용까지 해야 한다는 결과가 내려졌다.

1차 항암주사는 방학이라서 딸이 간병해 준다기에 집에서 머물면서 맞았다. 그런데 119 구급차를 두 번이나 타고 응급실로 실려가는 일이 발생했다. 허리가 왜 그리도 아픈지, 열은 왜 그리도 높은지, 앉을 수도 누울 수도, 설 수도 없었다.

암세포를 없앤다고 일반 세포들까지 없애는 화학 치료방법은 체력을 고갈시켰다. 죽었다가 살아나는 느낌이라고 해야 할까. 어떤 사람은 멍석말이를 당하는 고통이라고 했는데, 그 표현에 고개가 끄덕였다. 암세포와 함께 살다가 때가 되면 죽는 게 낫지, 괜히 항암 주사를 맞았다고 후회도 했다. 암세포를 죽인다고 정상세포까지 공격하니 여기저기 부실했던 곳이 아우성을 쳤다. 체력이 없으니 누워도 쉼이 안 되었다. 군데군데 근육이 말할 수 없는 통증을 수반했고, 멀쩡했던 곳까지 아파오는데, 암 환자들이 얼마나 고통스러운 시간을 보내는지 이해하는 시간이었다.

주사를 맞은 이삼일부터 일주일쯤 그렇게 앓다 보면 머리카락이 몽땅 빠져버린다. 샴푸를 하다가 수돗물을 틀기 위해 손을 내렸더니, 거품 범벅이던 머리카락도 손을 따라 내려온다. 깜짝 놀라 아악, 나도 모르게 소리쳤다. 한 올 한 올 빠지는 게 아니라 한꺼번에 왕창 빠져 머리는 겨울 산처럼 휑해졌다. 열흘쯤 지나면 통증이 조금씩 나아지는데, 2주가 지나면 살 만한데, 3주가 되면 다시 2차 항암 주사를 맞고, 통증은 반복된다. 나는 그래도 가장 적은 횟수인 4회인데, 무제한으로 맞는 환자도 있으니 그들의 고통을 어찌 짐작할 수 있으랴.

두 번째 항암부터는 암병동으로 왔다. 나로 인해 온 가족이 힘든 것도 미안했고, 나의 고통을 바라보는 딸의 마음도 헤아려야 했다. 암병동에는 의사와 간호사가 상시 대기하고 있으며 암환자를 위한 다양한 프로그램도 있고 산책길도 있고 식사도 맞춤식으로 잘 나온다.

암병동에서 생활하며 삶의 뒤안길을 돌아본다. 울고 웃으며 열심히 살아온 뒤안길, 엄마로 아내로 학생으로 선생으로 그리고 사업에 실패한 남편을 대신하여 가장으로 참으로 열심히 살아왔다. 가슴 저미게 아픈 날도 있었고, 배신감에 잠을 이루지 못하는 날도 있었고 눈물 나도록 감사한 날도 있었다. 다시 과거로 돌아간다면 어느 시점이든 그만큼 열심히 살아내진 못할 것 같은데….

그런데 돌아보니 내가 낸 열심 속에는 세상을 향한 열심만 가득했을 뿐 나의 영혼을 살피는 안목은 없었던 듯하다. 안목이 없으니 영혼을 돌볼 열정도 없을 터였다. 스승님 말씀처럼 삶에 함몰되지 않고 밖에 나가 무심히 숲도 보고, 숲속에 어우러져 살아가는 다양한 생명들도 보는 여유를 가졌더라면 어땠을까. 기쁜 날은 기쁨에 빠져 자만했고, 슬픈 날에는 슬픔에 빠져 암울했으며 억울한 날에는 억울함에 빠져 잠을 이루지 못했다. 감정의 소용돌이, 탐진치의 구렁텅이에서 헤어나지 못하고 허우적거리다 보니 암세포에게 안식처를 제공한 것이다. 다행스럽게도 일찍 발견하였고 감사하게도 이곳 요양병원으로 와서 소나무 숲 황톳길을 맨발로 걷는 순례자가 되었다.

예쁜 황톳길, 비 온 뒤 발바닥에 닿는 말랑말랑한 흙의 감촉이 감미롭다. 문어 대가리처럼 머리카락이 없는 사람들이 왜 이렇게 걷고 있나. 구경나온 양지꽃도 만나고 지렁이도 만난다. 밟지 않으려고 이리저리 피해 걷다가 밤길을 조심하라던 스승의 말씀을 떠올린다. 넘어지지 않기 위해 조심하기보다는 어둠으로 보이지 않아 밟혀 죽을 수 있는 약한 생명을 조심해야 한다고 말이다. 나만 생각하며 살아서 그런지 그 말씀이 때때로 떠오른다.

맨발로 걷다가 찔리기라도 할까, 소나무 숲길에 떨어진 다북솔잎에 빗자루질을 하는 손길에도 깨달음이 머문다. 같은 환자인데 나는 벤치에 앉아 사색에 잠겨 있고 그는 빗자루질을 한다. 그가 나보다 먼저 암을 이겨낼 것이다.

일어나 산책하다가 길가에 핀 이름 모르는 꽃들도 검색해 본다. 서양등골나물, 미국쑥부쟁이, 프렌치메리골드…. 서양등골나물은 행운목꽃을 닮았고, 미국쑥부쟁이는 개망초를 닮았고, 프렌치메리골드는 서광을 닮았다. 이름을 알고 다시 들여다보니 예쁘다. 참 예쁘다. 길을 지날 때마다 흔하게 본 꽃인데, 스타카토의 내 걸음은 그들에 관심 둘 여유가 없었는데 암병동에 와보니 들꽃과 소통할 여유도 생긴다.

아껴 마신 커피를 들고 다시 벤치에 앉는다. 카푸치노 한 잔 마시는 이 시간, 살아있음으로 감사와 평화를 느끼는 이 시간, 독한 항암으로 민머리가 된 나는 반짝이는 왕관을 쓴 여왕이 된다.

오늘도 기적 속에 머물고 있다.

— 2023년 11월

무지외반증

하이힐을 많이 신었기 때문일까, 오른발 앞 볼의 엄지발가락과 새끼발가락에 무지외반증이 생겼다. 사람마다 양쪽 발 크기가 다르고, 오른발이 왼발보다 크다더니, 나도 그렇다. 같은 크기의 신발을 신으면 왼발은 편한데 오른발은 약간 끼는 듯한 느낌이다. 조금 큰 걸 신으면 왼발이 헐떡거린다. 그렇다고 오른발과 왼발의 차이가 신발 크기를 달리할 정도는 아닌데, 불편한 신발 때문에 오른발에만 무지외반증이 생긴 것일까. 커서 그런지 오른발은 무엇을 해도 왼발보다 강하다. 한발 서기도 오른발은 오래 할 수 있고 몸의 균형을 잡는데도 오른발이다.

무지외반증으로 오른쪽 앞발바닥 양쪽이 유난히 튀어나온 걸 보는데 나의 20대를 떠오른다. 1980년대, 20대였던 나는 서울 명동에서 회사생활을 했다. 당시 명동은 패션 1번지였고, 여상을 졸업한 나는 의류회사에 다니며 하우스 모델을 겸했다. 디자이너들이 새 옷을 만들면 내게 먼저 입혀보고 점검하는 일이다.

당시 명동은 젊음의 거리였다. 연고전이라도 열리는 날이면 대학생들이 명동으로 나와 골목골목 바닥에 퍼져 앉아 응원가를 부르며 맥주를 마셨다. 제일빌딩 13층에서 일하다 창문으로 바라본 명동 골목은, 바닥에 퍼져 앉아 응원가를 부르던 대학생들이 차지했다. 당시 내게 그들은 자유와 낭만과 사랑의 상징이었다.

그들 대열에 합류할 수 없었던, 회사원이었던 나는 당시 유행하던 살롱화를 신었다. 명동에는 '발마인'을 비롯하여 살롱화를 만들어 파는 집이 많았으며, 살롱화는 기성화와 달라서 하이힐도 통굽도 킬힐도 편안하게 신을 수 있었다.

하이힐이나 통굽을 신으면 굽의 높이만큼 우쭐해지는 느낌이랄까, 가라앉았던 기분이 상큼해진다. 그 맛에 167.5cm의 키에도 5~6cm 혹은 7~8cm의 힐이나 킬힐을 신고 다녔고 사무실에서도 10cm 높이의 통굽을 신었다.

하이힐을 신으면 출퇴근 길 대중교통을 이용할 때 빼곡한 사람들 틈에서 머리를 내밀 수 있어 좋다. 안 그러면 이 사람 저 사람 등짝에 코를 박고 서 있어야 한다. 더운 여름 땀에 젖은 사람들 등짝에 코를 박고 서 있는 게 얼마나 불편하고 기분 나쁜지, 키가 작은 사람들은 잘 알 것이다.

하이힐이나 통굽을 신으면 걸음걸이도 몸 매무새도 단정해진다. 또 각또각 스타카토의 구두 굽 소리는 열등감이나 가라앉은 자존심을 높여준다. 특별한 날에는 킬힐을 신었는데, 하이힐을 신었을 때보다 더 높아지는 자존심, 더 또각또각, 더 단정한 걸음걸이, 더 세련된 맵시에 스스로 만족한다.

1980년대 명동의 살롱화는 20대 회사원이었던 나에게 하이힐이나 통굽, 킬힐을 권하면서 낮은 자존심을 한껏 높여주었다. 사무실에서 유니폼을 입고서도 높은 통굽을 신고 일했으니, 그때의 하이힐이나 통굽은 나의 20대 낮을 대로 낮아진 자존심을 지탱해 주는 무엇이었는지도 모른다.

회사 야유회나 체육대회 때 어쩌다 운동화라도 신는 날이면 몸이 뒤로 넘어질 듯 불편했고, 걸음걸이도 흐트러져 끝나자마자 금세 하이힐로 갈아신었다. 주말에 구경삼아 명동에 나온 친구들이라도 만나면 친구들은 하이힐이나 통굽을 신고 명동 거리를 휘젓는 나를 부러운 듯 바라보았다. 시골 집에 가면 아버지 역시 우리 딸은 모델 같다면서 흐뭇한 눈으로 바라보셨다. 익숙해지면 편한 법, 하이힐을 신을 때도 통굽을 신을 때도 킬힐을 신을 때도 나는 한 번도 넘어진 적이 없다. 그렇게 나의 청년기는 하이힐과 통굽, 킬힐과 함께 했다.

결혼하여 아이를 낳아 키우면서 만학도로 수능시험을 보고 대학에 들어가 공부를 시작했을 때는 운동화를 신고 다녔다. 늘 시간에 쫓겨 뛰어다녀야 했기 때문이다. 공부를 마치고 강의하러 나갈 때는 적당한 높이의 구두를 신었다. 오래 서 있어야 하기 때문이기도 했지만 학생들에게 흐트러진 모습은 보이기 싫었다. 이제 돌아보면 운동화나 단화를 신던 시기는 늦깎이로 학교로 들어가 박사과정까지 마친 후의 일이다. 더 이상 주눅과 열등감을 상쇄시킬 무엇이 필요하지 않았기 때문이었을까.

그런데 지금도 학생들 앞에 설 때면 흐트러진 자세가 싫어서 적당한 높이의 힐을 신는다. 집으로 돌아와서 아픈 발을 씻으며 큰대자로 뻗을지라도 힐을 고집했고 갱년기를 지나면서도 어쩌다 한 번씩 힐을 신었다. 그리고 60대 중반이 된 나는 무지 외반증을 앓는다.

무지외반증은 평소 조용히 있다가도 가끔씩 통증을 수반한다. 하이힐이나 킬힐을 신을 때 앞 발바닥으로 쏠린 몸의 무게를 감당하느라 생긴 듯한데, 양쪽으로 삐죽이 튀어나온 오른쪽 앞발을 볼 때마다 하이힐이나 통굽, 킬힐을 고집하던 명동 거리의 20대 내 모습이 떠오른다.

하이힐로, 통굽으로, 킬힐로 오른발을 혹사시키며 지켜야만 했던 20대 나의 자존심은 무엇이었을까. 대학에 진학하지 못한 설움이었을까, 고졸자와 대졸자의 임금 격차였을까, 아니면 열심히 노력해도 벗어날 수 없었던 여상 졸업이라는 신분이었을까. 쓸데없는 자존심으로, 결국 발만 혹사시켰다.

무지외반증을 앓는 오른발을 쓰다듬는다. 그래도 네가 오른발이다.

힘들어도 '오른' 길만 걸었기 때문에 주어진 이름일 거라며 쓰담쓰담 다독인다. 오른발이 주인을 잘못 만나 고생만 실컷 했다고, 양 볼 삐쭉이 내밀고 있다.

나는 프락치였다

　20대, 나는 여대생들이 좋아하는 중저가 캐주얼웨어를 제조 판매하는 회사의 신용사업부에서 근무하였다. 우리 부서엔 나를 포함한 여직원이 넷, 영업사원이 20여 명이었는데, 우리 회사의 옷을 좋아하는 여대생들 덕분에 제법 많은 매출을 올리고 있을 때였다.
　갑자기 서울 시내 여대생들 사이에서 우리 회사 제품 불매운동이 일어나기 시작했다. 이유인즉슨 모기업인 섬유회사에서 직물을 짜는 어린 노동자들의 노동력을 착취하였다는 것이다. 이는 위장 취업을 한 여대생을 통해 밝혀졌는데, 여대생들 집단에서 섬유회사에 제재를 가할 수 있는 방법이 없고 보니 자회사인 캐주얼웨어 불매운동으로 번진 것이다. 당시에는 서울 시내 많은 대학생들이 위장 취업을 하고 노동 현장에서 일어나는 불법과 착취를 고발하던 시절이었다.

　아침에 출근을 하니 우리 부서장인 총무이사님이 나를 불렀다. 무슨 일인가 가보니 총무과의 미스 박 언니도 와 있었다. 이사님은 "오늘 종로5가 기독교회관에서 불매운동을 하는 서울 시내 여대생들이 모인다는데, 두 사람이 거기에 참석해서 앞으로 진행될 시위 일정을 알아내어 보고해라, 그래야 회사도 준비할 수 있으니까!"라고 했다. 나는 깜짝 놀라서 대학생도 아닌데 거기에 어떻게 가느냐고 물었다. 이사님이 어이없다는 듯 나를 보고 말씀하셨다.

"미스 노야, 대학생들은 이마에 대학생이라고 써 있냐? 등짝에 대학생이라고 적고 다녀?"

함께 서 있던 미스 박 언니가 피식 웃었다. 대학교를 졸업한 그녀와 함께 간다는 것에 다소 안심은 되었지만 프락치가 되라는 명령은 순응하기 어려웠다. 그러나 상부의 지시를 거부할 수 있는 처지는 아니었다.

여상을 졸업하고 회사원이 되었지만 대학생인 남동생과 함께 자취를 하면서 도시락을 싸주고 용돈을 챙겨주는 것으로 스스로를 위안하던 때였다. 청바지에 티셔츠 하나만 입고도 명동 거리는 물론 서울 시내를 활보하며 당차게 일하던 시절이었는데, 유독 대학생들을 보면 주눅부터 들었고 출퇴근 길 나의 패션은 한두 권의 책을 들어야 완성되었다. 이사님 말씀처럼 내 이마에 "나는 대학생이 아니오"라고 쓰여 있는 것도 아니고 등짝에 "나는 회사원입니다"라고 쓰여 있는 것도 아닌데, 누가 뭐라고 하는 것도 아닌데, 대학생을 보면 열등감부터 가질 때였다. 그런 나에게 회사는 가짜 대학생이 되어 프락치 노릇을 하라니, 참으로 야속한 운명이었다.

거부할 수 없는 처지로 나는 미스 박 언니와 함께 전철을 타고 종로 5가로 갔다. 기독교회관에 들어서자 안에는 이미 서울 시내 여대생들이 빼곡하게 모여 있었다. 미스 박 언니는 태연해 보였지만 나의 가슴은 방망이질을 하면서 마구 떨려왔다. 내 얼굴 어디에, 내 몸 어디에 대학생이 아니라는 표시가 있을 것만 같았다. 80년대, 당시는 대학생들의 위장 취업도 많고, 가짜 대학생도 많을 때였지만 막상 프락치가 되고 보니 들키면 어떡하나, 나의 신분이 노출되면 어떡하나, 여간 떨리는 게 아니었다.

여대생들과 마찬가지로 입구에서 붉은 띠를 받아 머리를 질끈 동여매고 2층으로 올라갔다. 서울대학교 여학생회장이라고 기억되는 한 여학생이 마이크를 잡았다. 여대생들과 함께 머리에 띠를 맨 나는 바닥에 앉아서 누군지도 모르는 옆 사람과 스크럼을 만들고 으쌰 으쌰 구호를 외치며 여학생회장의 연설을 듣게 되었다.

현장에서 듣는 연설은 그때가 처음이었다. 그녀가 말하는 내용은 기억나지 않지만 나는 당시 세상에서 가장 똑똑한 사람이 그녀라고 확신했다. 나와 비슷한 또래인데, 어찌나 똑똑하던지 그날 나는 내 신분도 잊고 그녀의 연설에 푹 빠져들었다. 그날 내가 받은 지적 자극은 우물 안에서 잠자던 나를 깨우기에 충분할 만큼 충격이었다.

군중들의 환호 속에 여학생회장의 연설이 끝나자 다른 여학생 몇몇이 소품(크림빵도 있었다)을 가지고 나와 연극을 시작했다. 시골에서 초등학교만 졸업하고 서울로 올라와 공장 생활을 하는 어린 여자아이들의 삶을 보여주는 연극이었다. 아이들은 가난한 부모님을 돕고 공부하는 오빠 학자금을 보태느라 졸린 눈을 비비며 야근을 했다. 배고픔을 참아가며 밤을 새워 일하는 아이들에게 공장장은 빨리 일하라며 다그쳤고 배고프다고 하면 빵 하나씩 던져주며 생색을 냈다. 졸음과 배고픔 속에 공장장의 언어폭력에 시달리며 일하는 아이들의 삶을 다룬 연극은 내 생애 처음 본 연극으로, 눈물 없이는 볼 수 없었다.

연극을 마친 시위대는 구로1공단으로 갈 거라고 했다. 그 시위대를 막기 위해 회사에서는 바리게이트를 치고 각목을 준비할 터였다. 나는 기독교회관 1층 벽에 붙어 있는 공중전화에서 이사님께 전화를 했다. 보고는 나의 임무였으니까.

"이사님, 진짜 그랬어요? 섬유회사에서 일하는 아이들 노동력을 착취했냐고요? 어린 애들을 잠도 안 재우고 일을 시키고, 배고프다고 하면 빵 하나 던져주고 생색내고, 빨리 일하라고 욕하고 닦달했다면서요? 어떻게 그럴 수 있어요? 그러면 안 되잖아요?"

나는 왜 왔는지, 무엇하러 왔는지, 신분도 잊고 마구 항의했다. 회사가 그럴 수는 없는 거라고, 아이들이 불쌍하지도 않느냐고 따지는 나에게 이사님은 "야, 미스 노, 너 빨리 들어와. 거기 있지 말고 어서 들어오라고!" 하셨다.

  당시 나는 공장 노동자들이 불쌍하여 울었으나 돌이켜보면 그런 노동자들이 많았고 사무직에서 일했던 나 역시도 그들 못지않게 불평등을 겪어야 했다. 업무량이나 중요도에 관계 없이 대졸 사원과 고졸 사원의 임금 격차는 심각했고, 여상은 나왔으나 어린 노동자들과 마찬가지로 가난한 아버지를 도와서 남동생을 대학에 보내는 것이 유일한 희망이었으니까. 일이 많아 늦게까지 남아 일해도 수당 한 푼도 없던 때, 나 개인에 대한 희망이나 꿈을 갖지 못하던 시절, 삶의 중심에는 오로지 가난한 부모님과 공부하는 동생들만 있었다. 누가 그러라고 시킨 것도 아닌데, 논밭에서 지문이 닳도록 일해도 벗어나지 못하는, 가난에 찌든 부모의 삶에서 그렇게 학습된 건 아니었을까.

  연고전이라도 열리는 날이면 패션의 거리 명동은 학생들로 가득했다. 골목골목은 퍼질러 앉아 술을 마시며 응원가를 부르는 대학생들이 차지했고, 회사 유니폼을 입은 나는 사무실 창문 밖에서 들려오는 그들의 함성소리를 들으며 대학생들이 누리는 낭만과 자유과 열정을 한없이 부러워했다. 돌아보면 나의 20대는 가난이라는 가시울타리 안에서 주눅으로 똘똘 뭉쳐 빠져 나올 생각도 못하던 날들이었다.

  그때 사회적 약자들을 위해 정의를 외치던 똑똑한 여대생들은 지금 어디서 무엇을 하며 살고 있을까. 지금도 소외된 사람들, 사회석 약자들을 위해서 목소리를 높이고 있을까. 국가가 경제적 발전만을 추구할 때 공평한 분배를 외치던 지성인이었던 여대생들, 민주화가 이루어지는 게 느껴지는 이즈음 자꾸 과거를 돌아보면서 나보다 앞서간, 나보다 정의로웠던 그녀들의 안부가 궁금해진다. 프락치에게 새로운 바람을 불어넣었던, 지적 충격을 던져주었던 세상에서 가장 똑똑했던 그녀!

짝사랑 — 문학 노트

　8개월 된 둘째아이를 멜빵에 매고 비탈길을 오른다. 가도가도 힘겨운 오르막길, 축축히 젖은 손수건으로 송글송글 맺히는 땀을 찍어 누르며 앞서가는 동사무소 직원을 따라 걷는다. 얼굴이 쓰려온다.
　동사무소 직원이 다 왔다며 손가락으로 가리키는 끝을 바라보니 금방이라도 쓰러질 것만 같은 내 모습처럼 오두막집 한 채가 국방색 천막을 이고 힘들게 서 있다. 범박동이라는 이곳은 왜 이리도 못사는 사람들이 많은 걸까.
　퀘퀘한 냄새 속에 누워 있는 할머니의 이야기를 듣고 내가 해야 할 일을 생각하니 눈앞이 캄캄했다. 이 할머니는 물질보다는 부지런한 손길이 필요했다. 가끔씩 방문해서 청소도 해주고 반찬도 해줄 수 있는 딸과 같은 손길.
　내게 너무 벅차다. 아이 하나도 감당하지 못해 찾아오는 것만으로도 이렇게 기진맥진하는데 과연 내가 이 할머니를 위해서 할 수 있는 일이 무엇일까, 막막하기만 했다.
　내게 주어진 사명은 어떤 것인지, 절대자는 무엇을 원하셔서 내 생명을 연장해 주신 것인지, 그 해답을 구하기 위해 무의탁 노인을 만나고, 고아원을 찾아다니던 무렵이었다.
　'위암'이라는 병마와 처절하게 싸우던 끝에 시한부 삶으로 작은 아이까지 낳았는데, 그 은혜를 무엇으로 갚아야만 하는지 부담스러운 마음으로 하루하루를 채우고 있을 때였다. 투병 생활과 이어진 둘째 아이의 출산으로 인해 내 체력은 바닥났고, 남을 도울 만큼 물질도 넉넉지 않았다. 그런 내가 할 수 있는 일은 무엇일까. 내게 왜 이런 생을 허락하셨을까?

그래, 우선 아이나 잘 키우고 보자. 내가 낳았다지만 내 소유가 아닌, 하나님께서 맡아 키우라고 주신 생명이니 우선은 아이 키우는 데 최선을 다하자고 마음먹고 나니 빚진 것 같은 마음이 한결 가벼워진다.

어떻게 하면 아이를 잘 키울 수 있을까. 학원으로 전전하며 남에게 의탁해서 가르치기보다는 내 힘으로 가르치고 싶었다. 그 무렵 '한우리 독서문화운동본부'를 시작으로 책을 읽어야 한다는 각계각층의 목소리가 높아져 갈 때였다.

아이들에게 좋은 책을 읽히려면 우선 좋은 책을 선정할 줄 알아야 하고, 같이 토론할 수 있어야 한다. 그러려면 엄마인 내가 먼저 공부해야 했다.

독서지도사 과정에 등록하고 공부를 시작했다. 그 기간 동안 교수님들을 통해 깨달을 수 있었던 것은 앎에 대한 나의 현주소, 나에 대한 실체였다. 내가 그렇게도 무지했던가.

그것을 깨닫는 순간 나는 망설이거나 머뭇거릴 수가 없었다. 무지한 나를 용납할 수 없었던 것이다. 한 시간의 강의를 들으면 그 강의 시간에 들었던 작품과 작가들에 대해 읽고 이해하는 데 한 주일씩 소비했다. 독서지도사 자격증은 땄지만 그것으로는 아무것도 할 수가 없어 다시 논술지도교사 과정에 들어가 공부를 했고, 이어서 한우리 독서대학에 등록해서 닥치는 대로 읽었다. 나의 실체를 안 순간 나는 아이들에게 더 이상 무능한 엄마일 수는 없었다. 그것은 엄마로서 최소한의 내 자존심이었고 괜찮은 엄마가 되고 싶다는 소박한 욕망이기도 했다.

독서지도가 전인교육이라는 확신에 한우리 독서문화원 부천 남지부를 개원하고 아이들을 모집해 독서 지도를 했다. 동화의 세계는 참으로 아름다웠다. 동화를 읽으면서 아이들과 함께 웃었고 함께 울었다. 아름다운 이야기, 감동스런 이야기를 만났을 때 주변이 온통 행복의 빛깔로 채색되는 것을 느꼈고, 그 감동을 아이들에게 들려주고 싶어서, 엄마들에게 들려주고 싶어서 안달이 나기도 했다. 무슨 사명이나 가지고 있는 것처럼 그렇게 열정을 쏟았다.

서툴지만 투명한 아이들의 글을 읽으면서 하나님께 감사했다. 이렇게 맑고 깨끗한 아이들과 함께 책을 읽고 이야기를 나눌 수 있는 현실이, 그 아이들을 내가 가르치기보다는, 맑은 영혼을 통해 내가 배울 수 있는 기회가 눈물겹도록 감사했다.

한시도 가만히 있지 못하던 말썽꾸러기들이 책을 잡고 더듬더듬 읽는 모습, 서툴게나마 자기의 마음을 글로 담아내는 모습은 기쁨이었고 보람이었다. 모든 걸 잘해서 톡톡 튀는 아이에게는 엄지손가락을 들어주었고, 머뭇거리며 자신 없어 하는 아이들은 안아주었다.

엄마들이 먼저 동화를 읽고 아이와 함께 이야기를 해 보라고, 독서문화원을 찾아온 엄마들 손에 동화책을 들려 보내기도 했다. 하루에도 몇 번씩 4층을 오르내리면서도 피곤한 줄 몰랐다. 그러는 동안에 독서문화원을 찾는 아이들은 백이십여 명으로 늘어났고 나약했던 내 체력은 강해져 가고 있었다.

그렇게 바쁘게 보내던 어느 날, 아이들과 동화를 읽고 토론하는 시간보다 학부모를 상대해야 하고 강사를 모집해야 하는 등 사람들을 관리하고 운영하는 일로 바빠지면서 나는 사업가로 변해가고 있음을 느꼈고, 피곤해지기 시작했다. 그것은 처음 출발할 때의 의도와 다른 것이어서 가슴 속에서는 이게 아니라는 회의와 함께 새로운 열망이 싹트기 시작했다. 그것은 다름 아닌 창작에의 욕망이었다.

어디서 생기는 자만심일까. 아이들과 동화를 읽고 토론하면서 나도 쓸 수 있다는 생각, 아니 좀 더 솔직히 말하면 더 좋은 동화를 쓸 수 있다는 자만심이 생기기 시작했다.

　나보다 먼저 그런 생각을 한 사람들이 있었나 보다. '한우리 아동문예아카데미'에 가보니 창작 공부를 하는 사람들이 있었고 나는 아무 망설임 없이 그 문을 두드렸으며 아동문학가 신현득 선생님을 만났다.

　신현득 선생님은 창작을 향해 서툰 걸음마를 시작한 내게 아주 소질 있다는, 동화를 쓰기 위해 태어난 사람이라는 말씀을 해주셨다. 그야말로 세상을 다 얻은 것 같은 기쁨이었고 해보자는 자신감이 생겨나기 시작했다.

　어려서부터 특별한 것이 없었던 나는 있으나 없으나 표시 나지 않는 평범한 아이였다. 똑똑하고 예쁘다는 칭찬을 독차지하는 언니 옆에서 덤으로 착하다는 말을 듣고 자랐다.

　학기 말이면 우등상장을 내미는 언니 곁에서 선행상장을 내밀었다. 그런 나보고 아동문학의 대가이신 신현득 선생님께서 동화를 쓰기 위해 태어났다고 하시니 그것은 믿을 수 없는 말이었으나 믿고 싶었고 실제로 그렇게 되고 싶었다.

　지금 생각해 보면 얼토당토않은 말이었지만 선생님께서는 창작에 뒤늦게 용기를 낸 내게 그렇게 격려해 주셨다. 칭찬을 먹고 사랑을 입고 자라는 게 아이들이라고 했는데 내 내면에 아이가 있었던지 내게도 해당되는 말이었다. 신이 나서 열심히 읽었고 열심히 썼다. 정말로 잘하는 줄 알고 썼다. 그럴수록 선생님의 격려는 더해 갔다. 그분의 의도적인 배려를 알았을 때는 이미 MBC창작동화 대상 수상자가 되어 수상식장에 갔을 때였다.

　감히 입 밖으로 꺼낼 수조차 없었던 그 오만은 나에게 문학을 짝사랑하는 열병을 앓게 했다. 할수록 어렵고 힘들었지만 하지 않고는 견딜 수 없었고, 무엇인가 떠오르면 그것이 하나의 글로 완성될 때까지 나는 아무것도 할 수 없는 그런 사람이 되어 가고 있었다.

창작에 전념한 지 꼭 1년 만에 MBC 창작동화 공모에서 대상을 받았다. 신인뿐만 아니라 등단 10년 이내의 기성 작가도 응모 가능한 MBC창작동화공모에서 380여 편을 제치고 내 작품이 당선된 것이다. 그것은 내 인생에 커다란 전환점이 되었다.

등단은 내게 또 다른 만남을 가져다주었다. 유난히도 눈이 많이 내렸던 1997년 나는 대학 입학 수능시험을 보았고, 다음 해 1월, 한서대학교의 연구실에서 소설가 윤흥길 선생님을 만났다.

그날의 만남을 위해서 나는 두어 달 전부터 잠을 설쳐야 했다. 등단은 해 놓고 동화작가라는 이름을 감당하기가 버거워 쩔쩔매고 있을 때 윤흥길 선생님을 만날 수 있다는 것은, 그분의 제자가 될 수 있다는 것은 구세주를 만나는 것과 같은 의미였기 때문이다. 더군다나 학생 신분으로 돌아가 대학에서 교양과목부터 시작해서 꼼꼼하게 문학을 공부할 수 있다는 것은 가슴 벅찬 일이었고, 축복이었으며 등불이었다. 연구실 앞에 섰을 때의 흥분과 설렘, 커피를 내리면서 인자하게 미소 짓던 선생님의 모습은 지금도 생생하다.

MBC 창작동화 대상 시상식에서 아동문학을 하시는 선생님들을 처음 만났을 때도 그랬다. 여의도 MBC의 10층 대회의실에서 긴 타원형의 책상을 사이에 두고 심사위원과 수상자가 마주 앉아 있다는 것이 꿈만 같은 일이어서 나는 고개를 들 수가 없었다. 유명한 선생님들이 쭉 앉아 계신데 감히 마주 볼 수가 없어 내 시선은 둘 곳을 찾지 못했고 가슴은 두 방망이질 쳤다. 왜 그렇게도 진땀이 나던지, 글을 통해 흠모해 오던 작가들이 지금 내 앞에 앉아계시고, 내 동화를 읽었으며 그 동화가 최고라고 선정해 주셨다는 사실, 세상이 모두 나의 편인 듯했다.

그런데 이제 다시 작품 속에서만 뵙던, 한국을 대표하는 소설가인 윤흥길 선생님의 제자가 되기 위하여 나는 그분의 연구실에 들어서고 있었다. 정말로 내게 예비되어 있던 길이었을까. 할 일을 찾지 못하여 방황하던 나에게 이런 길이 있었다니, 내 삶에서 그것은 기적이었고 은총이었다.

문학회나 세미나를 통해 많은 작가들을 만난다. 세미나를 끝내고 뒤풀이 시간이면 그들은 작가가 되기까지 지난 시간들을 이야기한다. 그들은 한결같이 어린 시절부터 작가가 될 기질을 가지고 있었다. 아주 어린 나이에 다락방에 갇혀 시간 가는 줄 모르고 책을 읽었다거나, 수업 시간에 동화나 소설, 세계문학을 읽다가 야단맞았다는 이야기, 백일장이 열릴 때마다 학교 대표로 뽑혀 상을 탔다는 이야기는 그들이 가지고 있는 공통점이었다.

그런데 내게는 그런 어린 시절이 없다. 책에 대한 기억이라고는 만화책이 전부니까. 마땅히 읽을 책도 없었지만 관심도 없었던 듯하다. 백일장에는 한 번도 나가본 적이 없다. 학교 대표가 아니라 학급 대표로도 뽑혀본 적이 없는, 특별하게 국어를 잘 하지도 않고 선생님의 관심 밖에 있는, 흔적 없는 아이였다.

어른들이 언니나 동생을 예쁘고 똑똑하다고 칭찬하면 질투도 시샘도 할 줄 모르고 나는 왜 못났을까를 생각하며 먼 산을 바라보았다. 어린 나이에도 스스로 못났음을 인정할 줄 알았던 것은 아이들을 비교해서 말하는 어른들 때문이었다. 그 어른들 덕에 나의 유년기는 열등감으로 채워졌고 냇가에 나가 소에게 풀을 뜯기며 시냇물을 바라보는 일이 유일한 낙이었다.

내가 살던 공주시 우성면 목천리 마을 앞에는 신작로를 사이에 두고 봇도랑(농수로)과 정안천이 금강으로 흐르고 있었다. 그 냇가에 가면 예쁘다 밉다, 잘한다 못한다를 비교하는 어른들은 한 명도 없었다. 평행선으로 끝없이 이어지는 정안천과 신작로 그리고 봇도랑은 내게 편안한 쉼터였다.

정안천은 모래사장이 넓고 수심이 얕았고 신작로 건너 봇도랑은 좁고 깊었다. 학교 갔다가 돌아오면 냇가에 소를 매어 놓고 동네 사내아이들과 어울려 물이 허리까지 차는 봇도랑의 진흙 둑을 뒤져서 시커먼 털이 나 있는 참게를 잡거나, 발바닥으로 바닥을 더듬어 말조개를 잡기도 하고, 수염이 긴 메기를 잡기도 했다.

마땅한 친구가 없을 땐 냇가에서 맨질맨질한 조약돌을 주워 공기놀이도 하고 돌팔매질로 물수제비를 뜨기도 했으며 그것도 심심하면 풀을 뜯고 있는 소 옆에 앉아서 신작로에 뽀얀 먼지를 일으키며 달리는 자동차를 구경했다.

허리가 길쭉한 사냥개가 그려진 그레이하운드가 빨래판같이 울퉁불퉁한 비포장도로를 질주할 때는 그 모습이 보이지 않을 때까지 바라보았다. 그레이하운드는 2층으로 된 고속버스였는데 그 버스가 신작로를 지날 때 일어나는 뽀얀 흙먼지는 거무칙칙한 트럭이 지나갈 때 일으키는 흙먼지와는 비교도 안 될 만큼 아름답고 멋있었다. 이다음에 크면 꼭 그레이하운드를 타고, 그것도 꼭 2층에 앉아서 서울로 갈 거라고 빼빼 마른 단발머리 계집애는 그렇게 다짐하곤 했었다.

정안천이 흘러드는 금강 하구 하늘이 붉게 물들기 시작하면 멀리 예배당에서 저녁 종소리가 들려왔다. 그 종소리를 신호로 아이들은 어깨에 바를 접어 메고 자기 몸집보다 두세 배나 더 큰 소를 끌고 마을로 들어온다. 마을은 굴뚝마다 연기가 피어올랐고 마당에는 모깃불이 타고 있었다. 아직도 귓가에 들려오는 예배당의 저녁 종소리, 발바닥에 닿는 진흙의 감촉과 민물조개 껍데기의 동그란 감촉, 속살을 비춰주던 맑은 시냇물과 조약돌 틈의 모래무지, 갈겨니, 송사리 떼들.

그런 것들과 어울려 놀던 내가 글을 쓰게 되었다는 것은 분명 놀라운 분의 축복이었다. 읽는다는 것과 쓴다는 것에 거리가 멀었고 열등감 속에 사내처럼 자란 내가 작가로서 화려하게 데뷔할 수 있었다는 것은 그분의 은총이 아니고는 도저히 있을 수 없는 불가능한 일이었기에 말이다.

굳이 나에게 청소년기의 남다른 점을 찾아보라면 대전여상을 다녔던 시간들이다. 대학에 진학하지 못한다는 아쉬움 때문이었을까. 나와 라이벌이었던 조순희라는 친구를 기억한다. 라이벌이라고 표현했지만 순희가 알면 서운해 할지도 모른다. 그 애는 항상 1, 2등을 하는 모범생이었기 때문이다.

순희는 내게 세계 문학작품을 읽자고 제의해 왔고, 읽은 뒤 독서감상문을 써서 바꿔 읽자고 했다. 나는 그 제안에 흔쾌히 응했다. 거절해서 나의 자존심에 타격을 받을 순 없었기 때문이다. 순희가 흉볼까 봐 노력했던 시간들이 기억난다. 『젊은 베르테르의 번민』을 이해할 수 없다고 의아해하면서도 거듭 읽었고, 『갈매기의 꿈』을 읽으면서 조나단의 지칠 줄 모르는 도전을 그려보며 다음에 나도 그렇게 날아갈 거라고 다짐했다. 라스꼴리니코프의 번민에 동참했던 『죄와 벌』, 광기의 히드클리프가 두렵게 다가왔던 『폭풍의 언덕』, 전쟁의 무거운 분위기 속에서 경박한 행동을 이해할 수 없었던 『참을 수 없는 존재의 가벼움』, 그리고 재희 언니가 사주었던 책 『난장이가 쏘아올린 작은 공』, 『암병동』, 『제인에어』, 『테스』….

그리고 또 한 사람, 당시의 나의 정신세계를 지배했던 상후오빠를 빼놓을 수 없다. 상후오빠는 대전 변두리 회덕에서 언니와 자취할 때의 주인집 아들이었다. 독실한 기독교인이었던 그는 당시 대학 4학년으로 열등감 속에 자란 나를 온전한 한 인격체로서 대해 주었고 내가 가치 있게 여겨야 할 많은 것들에 대하여 들려주었다. 그의 말들은 청소년기의 내게 이정표가 되어 삶의 방향을 제시해 주었다.

그는 곧은 것이 강한 것이라는 공자의 인(仁) 사상과 잠언서에 있는 이야기들을 특히 많이 들려주었는데 -나중에 알게 되었지만- 청소년기에 그의 말은 세상을 바라보는 잣대가 되어 휠 줄도 모르고 타협할 줄도 모르는, 강직하되 편협한 사고방식을 갖게 했으나 정직하고 올곧게 살게 했으며 자아 발전을 위해 끊임없이 노력하게 했다.

그때부터 습관이 된 무엇인가 끊임없이 하려고 하는, 하지 않으면 불안해지는 삶의 자세는 사십이라는 나이에 나를 대학 캠퍼스에 머물게 했다.

내 학번은 남편과 20년 차이가 난다. 가끔 남편과 학문에 대해 토론을 하면 남편은 기억을 더듬느라 때로 긴장한다. 교양과목들을 통해 깨닫는 앎의 즐거움, 밑바닥부터 차근차근 다지는 배움에의 길은 환희다.

내 또래의 교수님이나 혹은 연배나 연하의 교수님들과 이야기를 나누어도 학생이라는 신분 때문에 나는 참 편하다. 나이가 많음에도 모든 것들을 유예해 주는 넉넉함을 누릴 수 있는 학생증을 가지고 있다는 것은 분명 하나님의 특별한 은혜일 것이다. 언제까지나 학생증을 소지하고 싶은데 그런 내 얌체 같은 마음을 아는지 시간은 자꾸만 흘러 나를 캠퍼스 밖으로 밀어낸다.

아무리 힘겨운 일이 닥쳐도 나는 힘들지 않다. 내가 사랑하는 문학이 있고, 앎을 향해 노력할 수 있으며 그런 나를 좋아해 주는 든든한 후원자가 있기 때문이다. 어느 동화에서처럼 해님이 해바라기를 사랑하는 것은 해바라기가 매일 해님을 바라보기 때문이라고, 내가 매일 바라보는 그분이 나를 사랑하심을 느낀다. 내가 실족치 않게 살피심을.

언제부터였을까. 일상에서의 일탈을 꿈꾸었던 것이 아마 초등학교 입학 전후쯤으로 기억한다. 가난으로부터 도망가고 싶었고, 무서운 아버지에게서 벗어나고 싶었으며 잘난 언니로부터 멀어지고 싶었고, 사랑할 나이가 되어서는 열병을 앓듯 지독하게 사랑했던 남자와 함께하고 싶었으나 나는 다른 남자의 사랑에 갇혀 지금껏 한 발짝도 움직이지 못하고, 거부하고 싶었던 아버지의 딸로, 언니의 동생으로, 애들 아빠의 아내로 살아간다.

가정주부가 되어 또다시 일탈을 꿈꾼다. 나이 사십에 일탈을 꿈꾸며 대학생이 되었고, 펑퍼짐한 아줌마에서 벗어나고 싶어서 미니스커트를 입고 하이힐을 신는다. 가벼운 옷차림과 경쾌한 스타카토의 걸음걸이는 얼마 안 가서 긴 바지와 편한 신발로 갈아 신게 되지만 다음 날이면 또다시 미니스커트를 입고 하이힐을 신으며 책가방을 든다. 그렇게 끊임없이 일탈을 꿈꾸며 살아왔고 앞으로도 일탈의 욕망은 계속될 것이다.

살아가면서 많은 사람들과 인연을 맺는다. 학문이나 문학 활동을 통해서나 오가다 우연히 맺어지기도 하는 인연 중에 더러 놓치고 싶지 않은 사람이 있다. 그런 인연은 내 마음 속에 둥지를 틀어 때로 번민을 가져다주기도 하는데, 다가서지도 못하고 그렇다고 돌아설 용기도 없으면서 번민하는 것은 아마도 사람에 대한 욕심 때문이리라. 이성이든 동성이든 좋은 사람과 가까이 지내고 싶은 마음은 때로 생채기를 내기도 하지만 지나고 보면 그 생채기 위에는 깨달음이라는 딱지가 앉는다.

일탈의 욕망은 나태하고 권태로운 생활에 팽팽한 긴장감을 주기도 하고 삶에 열정을 불러일으키기도 한다. 일탈을 꿈꾸는 내 삶에 우연히 찾아 들어 둥지를 튼 인연은 내 가슴에 하나의 별이 된다. 그래서 내 하늘에는 반짝이는 별들이 많다. 가물가물 잊혀져 가는 하얀 별에서부터 오랜 시간 튼튼하게 자리 잡고 나를 지켜주는 붉은 별, 이제 막 새로 생겨나는 초록별.

나는 그 별들과 대화를 하고 글을 쓴다. 그 별들은 뭉뚱그려서 나에게 문학이라는 이름으로 다가와 나를 잡고 놓아주질 않는다. 끊임없이 생각하게 하고 읽게 하며 쓰게 하고 자라게 한다. 한 마디로 짝사랑의 열병을 앓는 것이다.

사랑은 받는 자의 것이 아니라 하는 자의 것이다. 비록 짝사랑일지언정 사람을 사랑하고 문학을 사랑하는 나는 행복하다. 일상에 찌들어 지치거나 힘겨울 때 문학을 사랑하므로 힘이 나고 내 하늘에서 반짝이는 별빛을 바라보며 용기를 얻는다. 만나지 않아도 누군가 저만큼에서 나를 지켜보고 있다는 믿음은 든든한 후원자가 되어 나를 부단히 일어서게 한다.

저잣거리에 나갔다가 다리품을 쉬기 위해 아는 가게에 들어갔더니 반갑게 맞아주는 주인 하는 말이 그만큼 사랑했으면 이제는 결혼하란다. 그래서 눈매가 시원시원한 옥동자를 낳으란다. 무슨 말인가 싶어 멀뚱히 바라보다가 기분 좋게 한바탕 폭소를 터트렸다. 문학을 짝사랑한다고 했던 며칠 전의 내 말이 생각났기 때문이다. 그래, 언젠가는 옥동자를 낳겠지. 그렇게 실없이 사람을 웃게 만드는 것이 매력인 그녀도 문학을 사랑하는 사람이다.

그러고 보면 세상은 참 아름답다. 자연이 아무리 아름다울지라도 사람의 속내만큼 아름다운 것은 없다는 어느 스님의 말처럼 관계 속에서 느끼는, 다가가지도 못하고 돌아서지도 못해 바라보아주는 마음들, 채 말이 되어 나오지 못하는 마음이 아름다워 사랑하지 않을 수가 없다. 하고 싶은 말을 어찌 다 하고 살까. 채 건네지 못하고 입가에서 멈춰야 하는 마음들은 소리가 되어 나오지 못했음에도 불구하고 나는 느낄 수 있는데, 그 따뜻함은 오래오래 남아서 나를 감싸주고 사랑하게 만든다. 그런 마음들로 인해 나는 사색에 빠지고 글을 쓴다.

키보드를 두드리다가 컴퓨터 앞을 떠날 때는 벗어놓은 매미의 허물처럼 껍데기로 남는 나를 느낀다. 동화를 쓸 때는 동화 속의 주인공이 되어 울고 웃으며, 수필 한 편을 쓸 때는 문장 하나하나를 다듬는 과정이 내 삶을 다듬는 과정이기에 썼다가 지우고 다시 또 써본다. 그러노라면 나도 모르는 사이에 깨달음이 찾아온다.

나에게 글쓰기는 결국 나를 나로 바로 서게 하는 수련의 작업이다. 마음속에 있는 것들을 쏟아 놓고 나면 입안이 헐면서 혓바늘이 돋고 몸의 모든 에너지가 고갈된 상태를 느끼지만 그러는 중에서도 가슴

속에 충만이 차오르는 희열을 나는 좋아한다.

　누군가 내가 쓴 글을 읽고, 고단함 속에서 위로받고 희망을 가질 수 있기를 바란다면 지나친 욕심일까. 그러나 나는 그런 글을 쓰고 싶다. 그것이 내가 진 사랑의 빚을 갚는 일이니까. 그리고 쓸 수 있을 것이다. 내 주위에는 훌륭한 스승들이, 나를 사랑하는 사람들이, 내가 사랑하는 사람들이 에워싸고 있으니까.

　괜찮은 엄마가 되고 싶었던 소박한 욕망은 내 이름을 찾아 나를 나로 살게 했다. 때때로 일에 파묻혀 아이들에게 소원해지기도 하고 아내로서 미안함도 느끼지만 아이들은 불평 없이 제자리를 지키며 공부하느라 무심한 엄마를 좋아하고 자랑스러워한다. 남편 또한 넉넉하게 보아준다.

　책을 보다가 좋은 글귀를 발견해서 들려주고 싶은 충동에 돌아보면 남편은 스포츠에 빠져 있고 아이들은 이미 각자가 들고 있는 책 속에 빠져 있어 말을 건네기 미안해진다. 서로가 서로를 간섭할 시간이 없는 바쁨 속에서 각자 하고 싶은 것을 자유롭게 할 수 있다는 것 또한 즐기는 눈치다.

　늦은 저녁이나 별이 초롱초롱 빛나는 새벽, 컴퓨터 앞을 떠나 안방으로 들어가면 룸메이트가 내게 주의를 준다. 가슴 속에 있는 것 다 썼느냐고, 아직 남은 게 있으면 마저 털어내고, 안방에 들어올 때는 빈 공간을 가지고 오라며 들어서는 나를 흘겨보며 돌아눕는다. 그는 아마도 불붙기 시작한 내 짝사랑을 눈치챈 모양이다.

　― 2003년

압록강가에 서다

　신산스런 일상에서 탈출하고 싶은 날이었다. 짧은 시간에 다녀올 만한 곳으로는 가까운 중국이 제격일 것 같아 출장을 떠나는 남편을 따라나서기로 하였다. 중국에서 온 어학연수생들에게 중국에 갈 거라고 하니까 중국 어디에 가느냐고 묻는다. 단둥이라고 하니까 좋아하면서도 자기도 안 가 본 곳이라고, 추우니까 따뜻하게 입고 가라고 한다. 그들 말을 듣다가, 우리가 우리나라 곳곳에 대하여 훤히 알듯이 중국 사람도 중국의 곳곳에 대해 잘 알 것이라고 생각했던 것이 나의 주관임을 깨달았다.

　인천공항에서 중국의 다롄공항까지 1시간, 다롄 시내는 우리말과 한자어가 많아 낯설지 않았다. 그곳에서 승용차로 북쪽으로 3시간을 달려 단둥으로 가는데 끝없이 펼쳐지는 논배미에는 볏가리와 볏등가리가 있었다. 볏가리 위나 볏등가리 위나 하얀 눈이 소복하게 쌓여 있다. 눈은커녕 서리라도 내리면 큰일 나는 줄 알고 서둘러 수확하고 탈곡하던 부모님 모습이 떠올라 걱정했더니 그곳은 모두가 그렇게 농사를 짓는다고 한다.

　왕룽과 오란이 살았을 중국의 논배미도 '늙은 소년 엑슬브롯'이 살았을 미국의 미네아폴리스에서 파고로 가는 94번 도로가의 콩밭처럼 끝이 없었다. 달려도 달려도 끊임없이 펼쳐지는 논배미를 보면 기계로 농사를 지어야 할 텐데, 농지정리는 되었으되 경운기나 트랙터는 한 대도 보이지 않았고, 그런 기계들이 들어갈 법한 농로도 보이지 않는다. 경운기 대신 소달구지가 다니고 거리에는 택시보다는 인력거(자전거로 만든 택시)가 더 많았다. 저 넓은 땅을 일일이 사람들의 손으로 농사를 짓느냐 물었더니 수많은 인구 때문에 기계로 농사를 지으면 사람들이 할 일이 없어져서 안 된다고 한다.

단둥에서 하루 묵고 다음 날 아침 창가에 서니 압록강 너머 북한 쪽에서 아침 해가 떠오르고 있다. 눈이 부셔 제대로 바라볼 수조차 없는 아침 햇살을 맨몸으로 마중하기 위하여 우리는 서둘러 아침 식사를 하고 압록강가로 나왔다. 압록강가에는 며칠 전 내렸다는 눈이 하얗게 남아 있었고 크고 작은 몇 척의 배가 떠 있었으며 더 북한 쪽으로 올라가자 끊어진 압록강 철교가 당시의 모습 그대로 서 있었다. 우리는 중국 돈 20위안씩을 내고 끊어진 채 서 있는 압록강 철교를 걸었다.

압록강 철교 위에는 영어로 'HISTORY OF THE BROKEN BRIDGE'라고 쓰여 있다. 건교부분(建橋部分)이라는 제목 아래에는 일본인에 의하여 세워진 압록강 철교가 1909년 8월 시공하여 1911년 10월 준공했다는 설명과 함께 다리를 세우던 당시의 사진들이 있었으며 '단교사활(斷橋史活)'의 제목 아래에는 1950년 11월 7일 미국의 로켓포에 의해 부서진 다리의 모습을 찍은 사진과 설명이 있었다. '교량전쟁(橋梁戰爭)'이라는 제목 아래에는 다리 위에서 벌어졌던 전쟁의 참상들을 찍은 사진들이 적나라하게 전시되어 있다.

모든 사진들이 충격적이어서 다 인상에 남았지만, 그중에서 특히 기억에 남는 사진이 한 장 있었는데 아이를 등에 업고 끊어진 다리를 처연히 바라보고 서 있는 여인의 모습이었다. 헝클어진 머리에 남루한 모습의 여인은 아이를 업은 채로 팔짱을 끼고 흐르는 강물만 바라보고 서 있는데 그 눈빛이 꼭 실성한 사람 같았다. 곁에는 뗏목으로 강을 건너는 사람들의 모습도 있었다. 사진만으로도 눈물 가득했을 원망과 절규, 울분을 충분히 느끼고도 남았다.

또 하나 인상 깊었던 것은 종이처럼 구겨지고 찢어진 철교의 끊어진 끝부분이었다. 그 위에는 1.5미터가량 되는 로켓포가 아래위로 한 개씩 진열되어 있었다. 미국이 그 로켓포로 다리를 끊은 것이라고 한다. 한국전쟁 시 중공군의 남하를 막기 위한 일이었다. 처참한 역사를 안고 있는 압록강 철교 위에도 며칠 전 내렸다는 흰 눈이 쌓여 있었고 조용한 음악이 흐르고 있었으며 언제 그런 전쟁이 있었냐는 듯이 고즈넉하고 평화스러웠다. 어쩌면 다리 위에 흐르는 조용하고 차분한 음악이 아수라장이었던 전쟁의 역사를 조용히 생각해 보도록 유도하는지도 몰랐다.

끊어진 압록강 철교를 내려와 유람선에 올랐다. 유람선이라고 해야 10여 명 태우고 다닐 조그만 배였는데 그 배는 여행객들을 태우고 압록강 철교의 끊어진 부분을 돌아 북한 주민들이 살고 있는 인근 뭍까지 한 바퀴 돌았다. 그 작은 배를 타고 압록강을 유람하는데 아이러니하게도 갑자기 샌프란시스코에서 배를 타고 금문교(Golden Gate Bridge)를 한 바퀴 돌아오던 1년 전 여름이 생각났다.

붉은색의 아름다운 교량은 주위의 경치와 조화를 잘 이루어, 짙은 안개와 함께 샌프란시스코의 상징이 되었으며 세계에서 가장 아름다운 다리로 꼽힌다. 다리 옆의 사우스포인트(South Point)에는 다리를 설계한 조셉 B. 스트라우스의 동상이 서 있다. 그곳에서 사진도 찍고 다리의 웅장함에 감탄사를 연발했다. 금문교는 준공 이후에도 철저한 유지 관리를 위하여 한 해도 거르지 않고 보수·보강 공사를 펼쳐 많은 관광객들을 불러들이는 것으로 유명하다.

가까이에서 본 샌프란시스코의 금문교는 압록강 철교에 비교하지 않는다고 하더라도 그 자체만으로도 지극히 화려하고 웅장하였다. 금문교가 붉은색인 이유는 다리를 세울 때 노동자로 동원된 수많은 중국인들이 흘린 피를 나타내기 위함이라고 한다. 금문교를 관광하는 근처에 중국인의 거리를 만든 것도 그 때문이라고 한다.

그렇듯 금문교는 화려함의 극치를 이루고 있었으나 일본인에 의해 세워지고 미국인에 의해 부서진 압록강 철교는 처참하기 이를 데 없었다. 관광객을 불러들인다는 것에는 금문교와 같으나 의미도 사뭇 달랐다. 북한의 담배와 술, 작은 기념품 따위들을 팔고 있던 유람선도 금문교의 유람선에 비하면 작고 왜소하여 두 나라의 차이를 확연히 느끼게 한다.

부서진 다리, 상판이 없는 교각을 돌아오면서 북한 쪽에 정박해 있는 커다란 배 한 척을 보았다. 그 배는 늪지대를 형성하고 있는, 겨울빛에 퇴색한 수생식물들을 배경으로 서 있었는데 유람선이라면 모를까, 삭막해 보이는 그 배는 고즈넉한 그곳 배경과는 도무지 어울리지 않았다. 배 안에는 20~30명의 남자들이 타고 있었는데 거무칙칙한 배만큼이나 사람들의 모습도 칙칙하여 반갑다고 손을 흔들려다가 지레 겁부터 나서 주머니에 넣고 말았다.

배 안에서 북한산이라고 하는 젓가락 10쌍을 샀다. 그냥 내리기 허전하려니와 압록강을 기념하고 싶어서 샀으나 내려서 들으니 중국산이라고 한다.

가두리 양식장이 있는 하늘

압록강가를 따라 북쪽으로 올라가면서 보니 투명한 햇살이 강물 위를 비춘다. 하늘과 마주한 강물은 하늘을 담고 있었다. 창공에 가두리 양식장이 있었다. 하늘에서도 가두리 양식을 할 수 있구나, 저 가두리에는 무엇을 가두었을까, 흰구름일까, 바람일까, 아니면 강물 따라 흘러간 역사일까, 파란하늘에 심심찮게 떠 있는 흰구름 그리고 그 가운데 있는 가두리 양식장을 보며 많은 생각에 잠긴다.

마주 보는 산은 군데군데 수염을 깎아놓은 듯 반듯하게 다듬어져 있다. 자세히 바라보니 잔설 위로 밭고랑이 보이는데 옥수수 밭이라고 한다. 산은 높든 낮든, 가파르든 완만하든 상관없이 개간되어 밭이 되었다. 식량을 구하기 위한 궁여지책이라고 하는데 그래서 큰 비가 오면 홍수가 나기 일쑤라고 한다. 직접 보니까 북한에 홍수가 심해 구호물자를 보내야 한다던 지난여름의 뉴스가 생각났다. 산에 나무가 없는 것도 위험하지만 저렇게 높은 곳까지 어떻게 올라가 일을 했을 것이며, 그 수확량을 어떻게 운반했을까, 생각만으로도 헐떡이고 숨이 찼다.

강폭의 길이에 따라 북한 땅은 20미터 앞이기도 하고 3미터 앞이기도 하다. 철책선 너머 간간이 군인들이 움직인다. 작고 왜소해 보이는 것이 앙상한 갈대를 배경으로 해서만도 아니고 햇살을 등지고 있기 때문도 아니다. 멀리 보이기 때문만은 더더욱 아니다. 그들의 모습은 군데군데 남아 있는, 시린 겨울바람을 온몸으로 맞고 있는 깡마른 옥수숫대 같았다. 점점이 떠 있는 작은 모래섬조차 갈대를 비롯한 수생식물들이 메마른 빛으로 겨울을 그려놓았고 곁에는 남쪽으로 떠나지 않은 몇 마리의 철새가 옹기종기 모여 있었다.

철책선 너머에 근무하는 북한의 군인들은 여름이 되면 낚시질만 한다고 한다. 그 얘길 듣고 보니 중국과 북한의 경계인 압록강변이 평화로운 것은 틀림없는 모양이다.

이성계가 회군했다는 위화도는 곳곳에 연립주택으로 짐작되는 건물들이 늘어서 있었는데 우리나라의 여의도처럼 신도시가 세워진 것도 같았으나 전시용 건물이라고 한다. 실제로 압록강가에서 바라보는 북한에는 놀이기구도 있었고 현대식 건물들도 더러 있었는데 모두가 전시용이라고 한다. 아닌 게 아니라 놀이기구는 한 번도 움직이지 않았고 많은 건물들 주변에는 사람의 모습을 찾아볼 수가 없었다.

단둥에서 출발한 우리는 한때 동양 최대를 자랑했던 요령성 수풍리의 수풍댐까지 올라갔다. 한국전쟁 전까지 한반도에 전기를 공급했다는 수풍댐은 지금도 가동하는데 그곳에서 생산되는 전기는 중국과 북한이 나누어 쓴다고 한다. 수풍댐을 배경으로 몇 장의 사진을 찍고 댐 아래 강가의 민물고기 매운탕 집에서 붕어찜과 메기매운탕으로 늦은 점심을 주문하고는 압록강가로 내려갔다.

강가에는 30cm 높이의 철망으로 된 우리가 있었는데 그 안에 기러기들이 바글바글 살고 있었다. 아마도 매운탕 집에서 매운탕거리로 사육하는 기러기 같았는데 그러니까 30cm 높이의 철망은 압록강의 가두리인 셈이었다. 우리 안에 갇힌 기러기들은 꽉꽉거리며 나름대로는 한가로이 놀고 있는 듯도 한데, 그것을 바라보노라니 참 많은 생각이 들었다.

저 기러기들은 30cm 높이를 넘지 못하여 자유를 박탈당하고 갇혀 사는구나. 갇혀 사는 기러기는 안전하다고 여길까 불안전하다고 여길까, 자유롭다고 여길까 답답하다고 여길까.

내 상식으로는 새라고 하면 마땅히 자유로이 날 수 있어야 한다. 저 기러기들은 틀림없이 새이고 새의 본성은 창공을 날아가는 것이다. 멧돼지가 사육당해 집돼지가 되는 것처럼 이유야 어디에 있든지 하늘을 날던 기러기는 사육당해 30cm의 그물망도 넘지 못하고 있으니 닭장의 닭과 같은 신세가 될 것은 자명한 일이다. 그런데 정말 저 기러기는 어떻게 저기에 갇히게 되었을까, 그리고 왜 가만히 있으며 가두리에서 길들어가는 것일까, 편안히 받아먹는 먹이 때문일까, 이런저런 상상을 해보는데 선명한 답이 떠오르지 않는다.

그곳은 강폭이 넓어 북한이 멀리 보였다. 나는 압록강 물에 손을 닦고 조약돌을 주웠다. 물은 차고 맑았다. 멀리 고기잡이배 두 척이 한가로이 떠 있었다. 무엇인가를 잡은 듯 어부는 자꾸만 건져 올리고 있었고 강물은 햇빛에 반사되어 윤슬로 빛났다.

주운 조약돌을 주머니에 넣으며 북한 땅을 바라보는데 자꾸만 가두리 양식장 생각이 났다. 저들도 안전하게 보호받고 있다고 생각할까,

행복하다고 생각할까. 어디든 행복도 불행도 주관적이고 보면 그곳에도 행복은 있을 것이다. 세상은 넓은데 30cm 높이의 그물망 안에서 그것이 세상의 전부인 줄 알고 사는 기러기처럼, 북한 주민들도 그곳이 지상낙원인 줄 알고 행복해할지도 모를 일이다. 행복지수가 선진국보다는 후진국, 자유를 보장해 주는 나라보다 억압하는 나라가 높지 않은가. 참으로 아이러니한 일이다.

책을 읽다 보면 더러 한칸의 감옥에서도 동서양을 넘나들고 과거와 미래를 종횡무진하는 붕새와 같은 사람이 있지만 일상이 주는 삶의 무게에도 비틀거리는 우리네로서는 그럴 능력이 없다. 그래서 비틀거리면서, 휘청거리면서 기꺼이 견딜 수 있고, 견뎌내는 것은 스스로의 선택한 일상이기 때문이다.

가두리는 강이든 바다든, 땅이든 하늘이든 구속의 장이다. 그 구속을 보호로 생각하여 행복하다거나 안전하다고 정의할 수는 없다. 참다운 행복이란 안전하거나 불안전하거나, 물질의 많음이나 적음의 이분법적 사고에서 생겨나는 것이 아니고 스스로 행할 수 있는 자유로운 선택에 있는 것이기 때문이다.

— 2012년

연꽃무늬 스카프

스승의 날 즈음이었을 것이다. 연꽃무늬 실크 스카프 한 장이 내게로 왔다. 겨자색 바탕에 채색된 연꽃무늬가 어찌나 곱던지 브랜드의 카피대로 '잊혀지지 않을 가치'를 지니고 있는 '품격의 선물'이었다.

나는 한동안 그 스카프를 포장된 채로 화장대 위에 올려놓았다. 어쩌다 우아해지고 싶을 때 거울 앞에 서서 한 번씩 둘러보고는 다시 고이 접어 넣어두면서 어서 가을이 오기를 기다렸다.

가을이 채 오기도 전 일요일, 나는 성급하게 스카프를 두르고 저녁 모임에 나갔다. 그런데 날씨가 더워 제대로 하고 있을 수가 없어 목에 두른 스카프를 등으로 내려서 둘렀다. 땀이 좀 나기로 그 예쁜 스카프를 가방 안에 넣어둘 수는 없지 않은가. 그리고 집에 돌아왔는데 며칠 뒤 다시 두르려니 스카프가 보이지 않았다.

내 머리 속은 온통 겨자색 바탕에 회색으로 채색된 연꽃무늬 스카프의 고운 자태가 아른거렸고 손가락 끝은 실크가 주는 부드러운 느낌만 가득해 집안 구석구석 뒤적거렸다. 옷장도 수납공간도 책상서랍도…. 있을 법한 곳은 모두 찾아보았지만 나타나지 않아 평소 그런 소품들은 딸과 함께 쓰는데 혹시 딸 방으로 갔나, 딸의 옷장과 수납공간까지 열어보았다. 손도 대지 않았다는 딸의 말도 무시한 채 뒤적거렸으나 스카프는 보이지 않았다.

내게는 이런저런 이유로 갖게 된 스카프가 열 장쯤 있다. 그런데도 그 연꽃무늬 스카프는 내게 최고의 스카프로 인식되어 다른 건 눈에 들어오지 않았다. 밥을 먹다가도 책을 보다가도 차를 마시다가도 혹은 청소를 하다가도 내 눈은 그 스카프를 찾느라 집안을 헤맸다.

차 안에도 집에도 없이 감쪽같이 사라진 스카프는 어디로 간 것일까. 마트에 다녀와 사 온 물건들을 차에서 내릴 때 그 상자 위에 얹어서 내린 것도 같은데, 혹시 분리수거를 담당한 남편 눈에 그저 그런 것으로 보여 배출된 건 아닐까~. 별의별 생각이 다 들면서 괜스레 잘 버리는 남편에게 토라지기도 하고 찾아달라며 가족들에게 현상금을 걸기도 했다.

장미꽃 한송이와 더불어 내게 그 선물상자를 내밀던 제자가 알면 얼마나 서운할까 생각하면서 혹시 주차장에 떨어지진 않았을까, 이웃 사람은 물론 앞집, 옆집 사람들에게 묻기도 하고 찾아주시는 분에게 사례를 하겠다고도 했다. 그래도 스카프는 나타나지 않았다.

스카프가 들어 있던 주황색의 화려한 케이스는 실물도 없이 품질보증서 한 장만 달랑 간직한 채 한 달 동안 내내 화장대 위를 지켰고 결국 더 이상 찾을 수 없음을 감지한 나는 인터넷으로 똑같은 스카프를 구입했다. 다음 날 겨자색 바탕의 연꽃무늬 스카프는 내 눈앞에 처음 그 모습대로 고운 자태를 드러냈고 그제야 나는 스카프를 찾아 헤매는 일을 멈출 수 있을 것 같았다. 더불어 미안한 마음도 조금 접을 수 있을 것 같았다.

그날 나는 또 그것을 두르고 학교 앞 저녁 식사자리에 나갔다. 저녁을 먹는데 앞자리에 앉은 한 시인이 내 목에 걸린 스카프를 눈여겨보기에 얽힌 사연을 이야기했다.

시인은 스카프가 정말 멋지다고, 품격 있다며 보고 또 보더니 "그 스카프를 한 여인과 연애를 하고 싶다"고 한다. 아니 "그 스카프를 한 여인과 세상 끝까지 가고 싶다"고 한다. 평소 존경해 오던 시인의 느닷없는 발언에 깜짝 놀란 나는 큰소리로 웃었고 함께 자리한 시인도 깔깔깔 호탕하게 웃었다.

내가 너무 환하게 웃었던 탓이었을까. 시인은 손가락으로 내 목에 두른 '스카프'를 가리키며 액센트까지 곁들여 다시 말한다. "그 스카프를 한 여인과 연애를 하고 싶다고, 세상 끝까지 가고 싶다"고.

시인의 말의 의미를 제대로 알게 된 건 집으로 돌아오는 길에서였다. 그러니까 선생님이 연애하고 싶은 상대는 '내'가 아니라 '연꽃무늬 스카프를 한 여인'이었던 것이다. 그걸 깨닫는 순간 활짝 웃던 내 모습이 어찌나 민망하던지, 쥐구멍이라도 있으면 숨고 싶은 심정이었다.

내가 행복하게 웃을 때 시인은 말귀도 못 알아듣고 좋아라 웃는 내 모습이 얼마나 재미있었을까. 그동안 세상 무심한 척, 무상한 척 살아온 나는 그날 여성의 속내를 노 시인한테 들켜버리고 말았다.

스카프는 참 좋았겠다.

청이

언 땅이 녹아내리는 소리가 들리는 것 같은 봄날이다. 안나물(우리 집 옆 골짜기)에 냉이가 많다는 남동생 말에 가까이 사는 언니에게 냉이를 캐러 가자고 했다. 좋다고 찾아온 언니 팔에는 푸들 한 마리 안겨 있다. 하얀 푸들 모습이 어찌나 깨끗한지 함께 냉이를 캐기는 그른 것 같아 개는 왜 데리고 왔냐고 핀잔을 했다.

언니가 피식 웃는다. 시골에 왔으니 뛰어다니게 놓아도 좋으련만, 언니는 한사코 안고 다닌다. 방금 씻기고 나왔기 때문이기도 하고, 언니 집에 온 지 얼마 되지 않아서 잃어버릴 수 있기 때문이란다. 결국 언니는 푸들을 안고 봄볕을 즐겼고 나는 그깟 개가 뭐 그리 중하냐고 구시렁거리며 남동생과 둘이서 냉이를 캤다.

아메리칸 드림을 꿈꾸며 미국으로 갔던 둘째동생이 COVID 19를 피해 귀국하였고, 나는 살던 시골집을 동생에게 자가 격리 처소로 내어주고 이웃면에 사는 언니네로 갔다. 결국 언니 반려견과 함께 살게 된 것인데, 안락사 당할 위기에 처한 유기견이 불쌍하다고 며느리(시바견을 키운다)가 데려온 푸들은 '청'이라는 이름을 갖게 되면서 언니네 가족이 되었다.

청은 언니 집으로 온 첫날, 깨끗하게 목욕을 하고 동물병원에 가서 종합검사를 받았으며 피부병을 치료받기 시작했다. 언니는 버림받은 게 불쌍하다며 개 치료에 아낌없이 투자를 했는데 내 눈엔 꼴불견일

정도였다. 이후 청은 병세가 줄어들었고 언니의 일거수일투족에 촉각을 곤두세우고 따르더니 잠을 잘 때도 언니 침대에서 함께 잔다. 자다가 깨어보면 청은 언니가 잠든 사이에 내려가 잔다는데 언니 옆자리가 불편한 모양이다.

그런데 수면제에 의존했던 언니가 청이 온 뒤로 약 없이도 잠을 잘 수 있게 되었다고 한다. 부부라는 이름으로 살면서 이런저런 일들을 겪다가 아이들이 출가하자 서로가 소원해진 언니와 형부는 청이 온 뒤로 함께 웃고, 함께 이야기한다고 한다. 집안 분위기가 달라진 것이다.

청이와 함께 산 2주, 나는 청이 모습에서 많은 것을 발견한다. 내가 이모라는 것을 아는 것일까. 얼마나 잘 따르는지, 나갔다 들어오면 격렬하게 반기는 모습은 저러다 몸이 다칠까 걱정스러울 정도다. 두 발로 서서 깡충깡충 뛰다가, 달려들어 앞발로 긁어대다가, 눈앞에서 후다닥후다닥 왕복달리기를 서너 번 한다. 그렇게 기쁨으로 날뛰다가 벽에 제 몸을 부딪기도 하는데 아픈 줄도 모른다. 그런 청이 모습이 걱정스러워 안아 올리면 몸부림을 친다. 기쁨을 다 표현할 때까지는 뛰어야 하는 것이다. 그러다 목이 타면 허겁지겁 몇 모금 물을 핥아먹고 다시 뛰어다닌다. 거실이고 마당이고 장소에 구애 없이 기쁨을 표현하기 위해 온몸을 내어 던지는 것이다. 주인의 발짝 소리는 물론 차 소리도 구별하여 꼬리치며 격렬하게 반기는 청을 보면 예뻐하지 않고는 배길 수가 없다.

더러 배변을 못 가릴 때가 있어 혼내는데, 그땐 슬그머니 몇 발짝 뒤로 물러나 까맣고 말간 눈동자를 굴리며 곁눈질을 한다. 잘못한 것은 알아서 눈치를 보는 것이다. 그 모습이 우스워 청아, 다정하게 부르면 언제 혼났냐는 듯 꼬리치며 달려드는데 배알로 없고 속도 없다. 다른 개들은 자기를 귀찮게 하거나 먹는 걸 방해하면 으르렁거리며 송곳니를 드러내는데, 견종이 달라서일까, 청은 저를 드러내는 법이 없다.

　언니가 침대에 누울라치면 청은 잽싸게 먼저 올라간다. 그러고는 배 위를 징검징검 밟기도 하고 얼굴을 부비거나 뽀뽀를 하기도 한다. 청이 그럴 때마다 언니는 기쁨으로 청이 좋아하는 것들을 챙겨준다. 뿐만 아니라 가끔씩 찾아오는 조카들은 청이 좋아할 만한 간식과 장난감을 사다 준다. 언니는 청을 위해 친구들과 만남을 포기하기도 하고, 개를 동반하지 못하는 맛집도 과감하게 포기한다. 청을 위해 마당가에 없던 울타리도 만들었다. 다시 유기견이 되지 않게 하기 위해서다. 예쁘다고 만져주면 발라당 드러누워 말간 눈으로 바라보거나 부끄러운 줄도 모르고 쫙 벌린 다리 사이를 사삭사삭 핥기도 한다. 간식을 주면 던지고 받고 숨기며 가지고 놀다가 먹는다. 어느 땐 먼 곳에 두고 와서는 또 줄 때를 기다린다. 제 딴에는 아껴먹는 것 같은데, 그런 행동을 보면 선악과를 따 먹기 전 에덴동산의 아담과 하와가 저 모습이지 않을까, 혼자서 상상에 빠지곤 한다.

　청과 함께 산 2주 동안 나는 청이 모습에서 "너희는 그 은혜에 의하여 믿음으로 말미암아 구원을 받았으니 이것은 너희에게서 난 것이 아니요 하나님의 선물이라. 행위에서 난 것이 아니니 이는 누구든지 자랑하지 못하게 함이라."는 에베소서 2장 8-10절 말씀을 깨닫는다.

　병들어 안락사 위기에 처한 청이 언니에게 온 것이 바로 구원이다. 그 구원을 위해 청이 노력한 것은 아무것도 없다. 예쁜 것도 아니고 건강한 것도 아니었으며 값나가는 개도 아니었다. 뿐만 아니라 선택받기 위해 애쓰지도 않았다. 병들어 안락사당할 위기에 처했던 유기견이었을 뿐이다. 함께 있던 유기견들 중에 대다수는 안락사당했을 것이다. 그런데 청은 조카가 선택하여 언니에게로 왔다. 그러니까 청에게 지금과 같은 삶이 주어진 것은 스스로 대가를 지불하지 않은 선물이다. 아무런 노력도 없이, 행함 없이 구원받는 청은 언니가 가지고 있는 온갖 것을 제 것처럼 누리며 사랑을 독차지한다. 언니의 침대에서 함께 자고, 함께 먹고, 함께 즐기며 살아가는 것이다.

조건 없이 주는 게 선물인데, 사도 바울은 구원이 그런 선물이라는데, 그 의미를 안다면 기뻐하고 감사하며 찬양하며 살아갈 일이다. 그러면 청처럼 매일을 기쁨으로 채울 수 있을 텐데, 아담의 후예인 나는 생각만 거기에 이를 뿐 행함이 없어 오늘도 크든 작든 스트레스를 받는다. 삶의 뒤안길을 살펴보면 은혜 아닌 게 없는데, 왜 현실에서는 깨닫지 못하고 꼭 지난 뒤에야 아는 것일까. 그러면서도 구원받은 그리스도인이라고 할 수 있을까.

찬란한 봄빛 아래 청이 온몸으로 기뻐하고 찬양하는 모습, 하염없이 기다리는 모습, 그런 청을 기쁘게 책임지는 언니 모습이 눈에 선하다.

─ 2020년 4월 28일

투박한 멋

반상회가 있어 이웃집에 갈 때가 있다. 집집마다 주부들이 베란다에 화초를 가꾼다. 반려동물이라는 말이 생기더니 이제는 반려식물이라는 말도 생겼다. 어느 집은 베란다를 온실로 꾸며 놓고 온갖 애정으로 키운다. 많은 돈을 주고 산 화초일수록 더 사랑받는다.

나도 난을 좋아한다. 화려하지도 않고 꽃잎이 많지도 않은 동양란을 좋아한다. 난꽃은 청초한 아름다움이 있다. 그 아름다움이 뿜어내는 은은한 향도 좋다. 그렇다고 내 손으로 사다 키우지는 않는다.

자라면서 보아온 개나리 봉숭아 덩굴장미가 좋고 싸리나무꽃, 칡꽃, 조팝나무꽃, 도라지꽃, 구절초꽃처럼 언덕이나 야산에 피어 있는 꽃이 좋다. 그 꽃들은 집으로 가져오거나 집 안에 들여와 키울 수 없다. 꽃과 나 사이의 거리, 미학의 거리도 그들을 좋아하는 데 한몫하겠지만, 보살피지 않아도 때가 되면 억센 풀 사이에서 피어나는 산꽃은 나를 감동시킨다.

그런 나와는 달리 남편은 도시에서 자라서인지 집 안에서 키우는 화초를 좋아한다. 그래서 우리 집에도 몇몇 난이 있다. 물론 가꾸는 사람은 남편이다. 남편은 해외로 출장을 가면 화초에 물은 주었는지 국제전화까지 한다.

어느 날 베란다 청소를 하다가 반가운 화초를 발견했다. 결혼하고 3년, 시댁살이를 마치고 서울 종로구 팔판동으로 독채 전세를 얻어

분가했을 때, 집주인 아주머니가 꺾어다 심어 준 불로초다. 염좌라고도 불리는 다육 식물이다.

주인집 아주머니는 가끔 자기 집에서 기른 콩나물, 부추를 한 움큼씩 나눠주곤 했는데, 어느 날 다육 식물 가지 하나를 꺾어 화분에 심어서 가져왔다. 불로초라고 불린다고 하는데, 별로 반갑지 않았다. 시골에서 자라 그런지 화초를 집안에서 키워본 경험이 없는 탓도 있지만, 시댁에서 분가한 살림이 힘들 때였다. 3년간 시댁살이로 인한 갈등으로 여유를 찾지 못했던 것도 원인이었을 것이다.

다육 식물 불로초는 나의 냉대와 무관심 속에서 어린 딸에게서 먹고 남긴 물을 한 모금씩 얻어먹으며 자랐다. 아주머니가 놓고 간 신발장 위에서였다. 다른 화초였다면 말라 죽기 십상이었을 텐데, 불로초는 안정 없는 나를 원망하지 않았다. 차츰 형편이 나아져 내 집을 갖게 되면서도 까맣게 잊고 있었던 불로초는 제법 튼실하게 자라 밑동이 굵었다. 아름드리 느티나무를 연상케 하는 모습도 품위가 보였다.

어느 틈에 저렇게 자랐을까, 10여 년이 지난 뒤에야 발견한 나는 자투리 시간이면 불로초를 바라보곤 했다. 내가 살아온 시간을 모두 보았을 터, 나를 알고 있을 것 같았다. 그런데도 불평 한마디 없이 튼튼하게 자라주다니, 고맙고도 대견했고, 미안했다. 우리 아이들도 저 불로초처럼 강하고 튼튼하게 자랐으면 좋겠다며, 나약한 아름다움보다는 투박한 강인함을 칭찬했다. 아픔으로 힘들었던 시간이 바래갈 즈음, 정이 많고 알뜰했던 주인집 아주머니가 그리웠다.

다육 식물 불로초는 옹색한 플라스틱 화분에 심긴 채 구석에 있는 걸 보니 남편한테 냉대받은 모양이었다. 내년 봄엔 근사한 것으로 분갈이를 해주어야지, 흐뭇한 마음으로 봄을 기다렸다.

내가 집을 비운 어느 날, 남편이 베란다 정리를 했고, 불로초는 꽃도 피우지 못하고, 볼품없다는 이유로 허리가 잘린 채 쓰레기 봉투에 담겨 있었다. 외출에서 돌아와 꺾인 불로초를 발견했을 때 가슴이 철

링 내려앉으며 나도 모르게 눈물이 쏟아졌다.
"왜 그랬어? 쟤가 어쨌다고 저렇게 꺾어서 버려?"
 남편이 사람으로 보이지 않았다. 펑펑 눈물을 쏟는 내 모습에 남편이 당황하면서 의외라는 듯 언제부터 화초에 관심이 있었느냐고 묻는다. 꼭 말을 해야 하는 거냐고, 베란다 구석에서 조용히 있는 애를 왜 꺾었느냐고, 울고불고 대들었다.
 그날 이후 일주일 넘게 남편과 각방을 썼다. 구석에 놓인 대로 얌전히 있었을 뿐인데, 왜 꺾어서 버렸을까, 그 애가 어쨌다고? 도무지 용서되지 않았다.
 결국 나는 쓰레기 봉투에 들어 있는 불로초를 꺼내 가지가지 작은 화분에 심었다. 미안하다고 어루만지면서 심었다. 그렇게 다육 식물 불로초는 작은 몸으로 여러 화분에 나뉘었지만 튼튼했던, 아름드리 느티나무 같았던 그 애 모습이 그리웠다. 며칠을 속상해하다가 그래도 마음이 풀리지 않아 친구에게 전화했다. 내가 사랑한 화초가 흔하다는 이유로 버림받았다고 훌쩍이는 나에게 친구가 말한다.
 "네 마음은 알지만, 남편은 모르고 한 행동이잖아. 그리고 너의 삶을 지켜보았다는 그 화초보다는 함께 한 남편이 더 소중하지 않니?"
 듣고 보니 내가 속이 좁았나, 아이들 방에서 불편하게 지내던 것을 청산하고 안방으로 들어왔다. 사실, 불로초에 그만큼 정이 들었는지 나도 몰랐다.
 맨 구석으로 밀려난 불로초를 보았을 때, 우리 가족에게 특별한 화초임을 남편에게 말했더라면 그런 비극은 막을 수 있었을 텐데, 평소 화초에 관심 없던 내가 불로초에게 관심 가진 줄 남편이 어찌 알았으랴.
 특별한 의미였던 다육 식물 불로초는 지금 내 동화 속에서 살아간다. 한겨울에 꽃도 가득 피우고 화초들 사이에서 왕초가 되어 살아간다. 나는 며칠 동안 동화 속에서 불로초를 살려내기 위해 애를 썼다.

그 결과 다육이는 이제 동화의 주인공이 되어 새로운 삶을 살아가는 것이다.

　요즘 집마다 다육 식물 키우는 게 유행이다. 다육이를 볼 때마다 아줌마가 건네준 통통한 이파리의 염좌, 불로초가 생각난다. 철이 없어 아프고 힘들었던 나의 과거를 알고 있던 다육 식물이, 자기처럼 튼튼하게 살아가라고, 옆에서 초록으로 빛을 내던 다육 식물이, 이제는 한 편의 동화가 되어 아름다운 꽃도 피웠다. 이제는 주변을 둘러보고 아끼고 사랑하는 것들을 그때그때 보듬고 표현하며 살아야겠다.

　소중한 것은 보이는 것 너머에 있다.

미래를 예측하는 일

　천안에서 강의를 마치고, 한국문화기술연구소 연구원들과 서산시 솔바람길 연구용역에 관한 회의까지 마치고 늦은 시간 돌아왔습니다. 오늘 강의 시간에 '미래예측'이라는 주제로 학생들과 토론을 했습니다. 홍대용과 볼테르를 예로 들면서 볼테르가 미래학자가 될 수 있었던 이유와 홍대용이 묻힐 수밖에 없었던 이유를 읽어가면서 양귀자의 「숨은 꽃」에 나오는 의사의 이야기를 소재로 대화를 나눴습니다.
　의사가 수술할 때 그동안의 경험과 지식 등 온갖 것을 동원해서 느끼는 예감이 있다고 합니다. 살 거라 확신이 드는 환자의 환부와 죽을 거라고 판단되는 환자의 환부를 다루는 의사의 마음 자세는 다르다고 합니다. 살 것 같은 환자의 환부는 촘촘히 예쁘게 바느질하지만, 그렇지 않은 환자의 환부는 듬성듬성 대충 꿰맨다고요. 그런데 촘촘히 예쁘게 꿰맨 환자를 영안실에서 만난다거나 듬성듬성 아무렇게나 봉합한 환자가 회복실에서 활짝 웃고 있을 때 의사는 소름이 돋는다고 합니다.
　경험과 지식을 동원한 우리의 직감이 뚫고 가는, 예측이 빗나가는 상황들을 보면 과연 우리는 어떻게 살아야 하는가, 인류의 미래는 물론이거니와 개인의 미래 역시 예측이 가능한가 하는 생각거리였습니다.
　제가 이렇게 살 거라는 예측도 코앞에서만 할 수 있었을 뿐 10년 혹은 5년 아니 1년만 거슬러 올라가도 오늘의 제 삶을 저는 예측하지 못했습니다. 아니 5년 시한부 삶에서 내일도 알 수 없다는 말이 제 경우엔 맞을 겁니다. 제가 시한부 삶을 넘기고 공부를 하고 대학 강단에서 강의하고 또 이런 글을 쓰게 되리라는 것을 그때 당시 어떻게 알 수 있었겠나요?

예측할 수 없는 미래 앞에서 우리는 어떻게 살아야 하는가, 눈망울이 초롱초롱한 학생들에게 생각거리만 던지고 나왔습니다. 왜냐하면 저도 답을 모르거든요. 자신 없는 것에 대해서는 여기저기 자료도 찾아보고 알 만한 사람을 찾아 자문을 구하면서도 제 경험이나 지식에 따라서 알고 있다고 생각하는 것들을 고집스레 밀고 가는, 다른 것을 쉽게 받아들이지 않는 경향이 있습니다. 그래서 걸려 넘어지거나 힘들어지기도 하지요. 아니 어느 땐 이러이러해야 한다고 생각한 것들조차 현실에 부딪히면 그렇게 할 수 없는 상황이 연출될 때가 많아요. 그때마다 언제나 뒤따르는 건 후회입니다. 그래서 이러이러한 계획을 세웠고, 계획에 맞춰 살아간다는 어느 후배의 이야기가 제게는 낯설게 느껴집니다. 돌아보니 무질서 속에 사는 제가 질서 속에 사는 분을 염려하고 있더군요. 매사 선하게 보라 이르셨으니 주제넘음도 무난히 보아주시기 바랍니다.

돌아오는 길에 아들과 긴 통화를 했습니다. 혹시라도 귀중한 시간 헤프게 보내지는 않을까, 염려 차원의 전화였는데, 봉사활동을 다녀오는 길이라고 합니다. 봉사활동은 가까운 지역에 나가 중고생들을 가르치는 일이랍니다. 국립대인 경찰대생들에게 과외 아르바이트는 금지되어 있거든요. 다만 아이들을 가르치고 오면 봉사 시간으로 인정해 준답니다. 버스비조차 받으면 안 되는 규칙을 적용해서요.

이번에 만난 아이는 중3이라고 하는데 꽤 똑똑해서 아들아이가 가르친 게 아니라 배우고 오는 중이라며 호탕하게 웃었습니다. 그 웃음소리에 은근슬쩍 졸업 후 로스쿨에 갈 준비를 하라고, 우리가 집을 잃게 될 줄 1년 전에 알 수 없었듯이 1년 후 그런 집이 두 채가 생길지 어떻게 아느냐고, 좋아하는 일을 하며 살아갈 수 있는 준비를 해두라고 일렀습니다. 우리는 이렇게 알 수 없는 내일로 인하여 꿈을 꾸며 살아갑니다. 일을 마치고 돌아오는 늦은 밤이지만, 피곤하지 않았습니다.

— 2011년 11월

길을 묻는다

우리 마을 북서쪽으로 천안 논산 간 고속도로가 지나간다. 삼면이 산으로 둘러싸인 조용한 마을 목천 2리는 들어오면 그 길로 나가야 하는, 입구가 출구인 마을이다. 산을 넘는다면 이웃 오인리와 반촌리도 갈 수 있겠지만, 일반인은 길을 모를 뿐더러 산을 잘 타는 사람이 아니고는 다닐 수 없는 길이다. 산 하나 넘어 서쪽 반촌리는 마을 위로 고속도로가 지나가는 바람에 마을 사람들은 졸지에 다리 아래에서 산다. 정부에서 하는 일, 그러려니 불편해도 참고 살아간다.

몇 해 전 가을 어느 날이다. 우리 마을 안쪽, 못안골이 있는 산에서 낯선 할아버지 한 분이 내려왔다. 아무리 보아도 낯선데 들어간 적 없는 사람이 어떻게 나오는 것일까. 마을 사람들은 호기심 반 궁금증 반으로 할아버지한테 다가갔다. 그러자 할아버지가 먼저 말을 걸어온다.

"여기가 어디요?"

"우성면 목천리인데, 어디서 오시나요?"

"우성면이 어느 도시요?"

기운은 없어 보였지만 남루한 기색은 아니었다. 총기도 있어 보였다. 여기가 공주라는 걸 알게 된 그는 파출소가 어디 있느냐며 가는 길을 물었고, 마을 사람들은 그를 면 소재 파출소로 안내했다.

그가 떠난 뒤 마을 사람들은 누구일까, 어떻게 산에서 내려왔을까,

상상력을 동원하며 수런거렸다. 노인은 아들 차를 타고 함께 여행 가던 중이었다고 한다. 소변이 마렵다고 하니까 아들은 고속도로 갓길에 잠시 차를 세웠고, 볼일을 해결하고 돌아섰더니 아들 차가 사라지고 없더란다.

우리 마을에서 북쪽으로 1~2km 떨어진 곳에 정안 휴게소가 있다. 그런데도 휴게소가 아닌 갓길에 세워 볼일을 보라 했다니, 고속도로에서 차도 없이 혼자가 된 할아버지는 이러지도 저러지도 못해 망설이다가 주춤주춤 마을을 향해 내려왔고, 우리 동네에 이른 것이다. 파출소로 간 그는 집 주소도 말하지 않았고 아들 이름도 말하지 않았으며 시설에 보내달라고만 했다는 후일담을 들었다.

언젠가 읽은 책에서의 일화가 떠오른다. 인천의 한 구청 공무원이 어느 날 저녁 경찰서로부터 길에서 노인을 발견했다고 데려가라는 전화를 받았는데, 찾아가 만나보니 말을 못 하는 노인이었다. 집이 어디냐고 물어도 대답이 없고, 자녀가 있냐고 물어도 "으으아…업어으…모으으아아…" 알 수 없는 말만 하더란다.

노인은 왼손과 왼쪽 얼굴이 풍으로 마비된 듯했으며 버짐으로 피부가 하얗게 일어난 데다 옷은 여기저기 해지고 더러워 보기에도 측은한 모습이었다. 결국 그 공무원은 시립 노인시설 담당자를 불렀고, 모든 절차를 마치고 밤 10시, 노인을 구청 차에 태워 시립 양로원으로 향했다.

"이 할아버지 언어장애인인가 봐. 아까부터 계속 물어봤는데 말도 못 하고, 까막눈이야."

양로원으로 가는 차 안에서 공무원은 시설 담당자와 이런저런 얘기를 주고받았는데, 갑자기 뒤에서 노인의 목소리가 들렸다.

"나, 담배 한 개비만 줘유!"

"어, 할아버지 말씀하실 줄 아세요?"

노인은 깜짝 놀란 공무원에게 말을 하기 시작했다. 충청도 대천에서 올라왔다고, 바닷가에서 살았는데 젊어서 부인을 잃었지만 재혼하지 않고 아들 하나 키우며 살았다고, 아들은 잘 자라 결혼을 했고 자신을 닮은 손주를 하나 안겨주더니 얼마 지나지 않아 교통사고로 세상을 떠났다고, 혼자 남은 며느리와 노인은 양식장에서 잡일을 하며 손자를 키우며 그럭저럭 살았는데, 개발로 인해 양식장이 폐장되면서 모두 일자리를 잃게 됐다는 것이다. 그날의 충격으로 노인은 쓰러졌고, 중풍으로 식사 수발과 대소변을 며느리에 의지해야 할 상황이 된 것이다. 하루하루가 엉망이었다. 아들도 없는데, 며느리와 어린 손주에게 짐이 되고 싶지 않았던 노인은 가출을 결심하였고, 인천으로 왔다는 것이다.

"시애비라구 도움도 못 되구, 늙고 병들어 일두 못 하구…, 남편 읎이 아들 키우며 혼자 사는 메누리 고생만 시키게 생겼는디…."

이야기를 읽는데 얼마나 막막했으면 가출하여 언어장애 흉내까지 냈을까. 평생을 자식 하나만 믿고 살아온 노인의 삶이 참으로 안쓰러웠다.

고속도로 갓길에서 버려져 살길을 찾아 산에서 내려온 노인의 사정도 딱하기는 마찬가지였다. 현대 사회 물질의 풍요 속에서 살아간다지만 양극화로 인한 고단한 사람들의 삶이 구석구석 끼어 있다. 두 노인 모두가 갈 곳을 몰라 방황하다가 길을 묻고 있지만, 스스로 가출한 노인과 버려진 노인의 심정은 아주 다를 것이다.

평생 자식을 위해, 가정을 위해 살다가 늙어서 혼자가 된 독거노인들, 우리 마을에도 독거노인이 많다. 할머니들은 아침만 먹으면 삼삼오오 마을회관에 모여 밥도 해 먹고 고스톱도 치고 노는데, 남자 노인들은 그러지도 못하고, 혼자서 집 주변을 어정거린다. 밥때가 되면 슬그머니 안으로 들어가 혼자서 끼니를 해결한다.

얼마 전 마을 이야기를 쓰기 위해 다른 마을 어른들을 만났다. 그 마을 노인들도 우리 마을처럼 남녀를 구별하여 회관을 따로 사용하는

데, 남자 노인회장님은 "시에서 경비만 주면 자신도 여자들처럼 회관에서 밥을 지어 혼자 사는 남자 노인들과 나눠 먹겠다"라고 한다. 밥도 할 수 있고, 반찬도 할 수 있다면서 자신 있다고 했다. 그래서 시에 경비를 신청했는데 줄지 모르겠다면서 이제는 "젊으나 늙으나 남자도 밥을 하고 반찬도 할 줄 알아야 먹고 사는 시대"라고 한다.

돌아보면 배우자든 아이들이든 사랑할 때, 사랑하는 사람을 위하여 뭔가 할 수 있을 때가 인생의 황금기였다. 내리사랑이라고 늙어서도 끝까지 무엇인가 줄 수 있다면 얼마나 좋을까만 늙음은 사람을 도움 받아야 하는 신세로 전락시킨다. 도움을 받는 게 얼마나 싫었으면 가출을 결심했을까. 늙은이를 부양하는 일이 얼마나 힘들면 고속도로 갓길에 아버지를 두고 떠났을까.

젊음에 인생을 낭비하지 않도록 삶의 길을 안내해 주는 내비게이션이 있다면, 그래서 늙음까지 잘 준비할 수 있다면 얼마나 좋을까. 그런데 젊음에 삶의 길을 알려준다 해도 젊음은 그대로 순응할까. 예수와 석가를 비롯한 많은 현자가 삶의 비법을 알려주어도 젊음은 "내 인생은 나의 것, 나는 모든 걸 해결할 수 있어요."라고 부르짖으며 자신의 꿈을 향해 미래를 향해 집을 떠난다. 더러는 성공도 하지만 더러는 헛다리 짚고 세월만 탕진한 뒤 늙어 쓸모마저 잃는다.

삶이란 순례의 길이다. 골목골목 경험이 가르쳐주는 것들이 얼마나 많은지, 하나씩 깨달으며 늙어간다. 얼추 깨달아 삶의 묘미를, 진리를 알 것 같다 싶으면 생을 마감한다. 사랑할 수 있을 때 마음껏 사랑할 일이다. 늙어서 사랑이 아닌 부담을 주게 될지도 모르니까.

텃밭과 글밭

고향 공주로 내려온 지 5년 차다. 아이들이 커서 몫몫이 제 길을 가게 되자 홀가분하기도 했고, 엄마가 요양원에 계셔 들락거릴 요량이기도 했다. 엄마 사시던 빈집에 남편이 먼저 들락거리며 텃밭에 이것저것 심기 시작했다. 지렁이똥의 효능을 알게 된 남편은 관련된 책을 찾아 읽더니 지렁이똥액비를 만들고 실험할 텃밭이 필요했던 모양이다.

삼면이 산으로 둘러싸인 고향 마을은 40여 호가 사는데, 어느 시골이나 비슷하겠지만, 청년회원들이 60~70대로 노령마을이다. 산골이어서 밤농사를 비롯하여 복숭아, 오디, 인삼 등 특수작물을 재배하는 사람들이 많다.

우리 마을 목천리는 인절미마을로 유명하다. 1624년 인조가 이괄의 난을 피해 공주로 파천했을 때 공주에는 임금을 비롯한 조정 대신들과 호종하는 관군들이 먹을 식량이 부족했고 노 씨 집성촌인 인근 마을(동곡리, 목천리, 귀산리, 반촌리)에서 어공미 백석을 모아 임금님께 바쳤다. 집에서 키우던 닭을 잡아 수라상에 올렸으며 찰떡도 만들어 올렸다. 인조는 그렇게 모아 올린 노숙이 살던 마을을 임금을 도운 마을이라 하여 조왕동(助王洞)이라 했고, 어가가 쉬어가던 마을에서 찰떡을 먹고, "맛이 절미하구나, 이 떡 이름이 무엇이냐?" 물었다. 신하가 알지 못하고 인근 마을 임씨가 해온 떡이라고만 아뢨다. 그러자 인조는 "절미한 맛의 떡에 임씨 성을 붙여 임절미라 해라." 하였다는데, 시간이 흐르면서 인조가 이름지어 주셨다고 '인절미'로 불렸다. 인절미를 먹을 때 소들도 쉬어 물을 마시게 했는데, 그곳은 '소물(牛井)'이라 명명했다. 그 일대는 조선시대 우정면(牛井面)이었다가 1913년 행정구역 개편으로 성두면과 합치면서 우성면이 되었고, 임씨가 인절미를 만들어 바친 마을이 바로 우성면 목천리, 우리 마을이다.

이러한 이야기를 안고 있는 고향에 내려오니 음악 선생님으로 정년 퇴임한 마을 이장님은 문화마을을 만들겠다고 함께 하자 하였고, 마을 위원들은 수시로 모여 머리를 맞대고 어떡하면 문화마을을 만들 수 있을까 궁리했다. 이러한 애씀은 공주를 문화도시로 지정받는 데 기여했고, 마을 사람들은 자주 모여 맛있는 음식을 만들어 먹었으며 인절미 떡메치기 축제를 열었다. 이러한 열정으로 인절미 떡메치기는 마을 축제로 자리매김했다.

마을 이장은 어렸을 때 함께 자란 선배로 1970년대 새마을운동이 붐을 이룰 때 공주 농업 고등학교에 다니며 부강한 농촌을 꿈꾸던 소년으로 선진 농업 마을을 만드는 게 꿈이었다고 한다. 그런데 어찌하다 보니 음악 교사가 되었고, 퇴임 후에 마을을 위해 일하게 된 것이다. 그는 새마을운동을 하던 때처럼 이른 아침 마을 사람들을 불러내어 마을 입구는 물론 안길을 단장했다. 청소년기 선진 농업 마을을 만들고 싶다던 꿈이 노년기 선진 문화마을을 만들기로 바뀐 것 같았다. 어쩌면 예쁜 꽃을 심고, 잔디도 심어 유럽풍의 정원을 만든 자기 집처럼 마을도 그렇게 만들고 싶었는지 모른다.

바쁜 농번기, 마을을 가꾸려는 그의 열정은 조용히 글을 쓰겠다는 나의 계획에 차질이 생기는 것은 아닐까, 신경도 쓰였다.

산골 마을에서 태어나고 자란 나는 특별히 가꾸지 않아도 지천으로 피고 지는 게 꽃인 줄 안다. 그 꽃이 사람이 정성을 들여 가꿔야 하는 줄 모르고 자랐다. 물론 우리 집 마당에도 봉숭아, 분꽃, 나팔꽃, 채송

화, 금잔화 등이 자라는 꽃밭은 있었다. 꽃들은 해마다 봄이 되면 그곳이 꽃밭인 줄 알았는지 스스로 나고 자라 꽃을 피웠다. 어쩌다 이웃집에서 예쁜 꽃을 얻어다 심으면 그 꽃 역시 다음 해에도 그다음 해에도 저절로 나고 자라 꽃을 피웠다.

그런데 이장님은 사람들이 다니는 마을 골목마다 꽃을 심었으면 좋겠다고 한다. 길갓집인 우리 집 텃밭에도 철마다 감자와 콩, 들깨 등의 먹을거리를 심는데, 그런 것 대신 꽃을 심었으면 좋겠다고, 꽃을 심는 집에 곡식을 심었을 때의 소득을 보상해 준다면 모두가 꽃을 심어 꽃동네가 되지 않겠느냐고 궁리도 한다.

그의 구상이 내게는 부담스러웠다. 나는 작은 텃밭에서 자급자족하려고 완두콩과 강낭콩, 서리태를 이모작으로 심는데, 철따라 감자와 고구마도 차례차례 심는데, 그것도 한여름을 지나려면 여간 힘든 게 아니다. 풀의 생명력은 놀라워서 아침에 눈 뜨면 부추밭, 콩밭, 감자밭, 고구마밭 고랑에 앉아야 한다. 조용히 글을 써보자던 나의 계획은 풀에 밀려나곤 했다.

이장님 바람대로 꽃밭은 아닐지라도 깔끔하게 가꿔보자고, 호미를 들고 텃밭에 앉아본다. 엄마가 밭을 차지한 풀에 치여 힘들어할 때마다 무비료, 무제초, 무농약, 무경운을 주장하는 후구오카 마사노부의 자연농법을 들먹거리며 호미를 들지 말라고, 자연이 주는 대로 먹다 보면 채소도 잡초 근성을 가져 강인해질 거라고 아는 척을 했다. 그러면 엄마는 "동네 사람들 창피하게 풀이 무성한 밭을 그냥 두느냐"고 타박하셨다.

막상 시골에 내려와 살고 보니 엄마 말씀이 새록새록 떠오른다. 지나가는 사람들이 도와준다고 한두 마디씩 건네는 말에는 게으름에 대한 따가운 시선이 느껴진다. 그런 날에는 창고에 들어가 엄마가 쓰시던 호미를 찾아 텃밭에 앉는다. 쪼그린 다리의 압박 때문일까, 몇 번의 호미질에 위액이 역류한다. 일어서서 허리를 굽혀 다시 호미질을 해본다. 비어 있는 위에서도 역류는 여전하고 식도가 불편하다. 호미질 수만큼이나 트림을 하다가 에라, 못하겠다, 들고 있던 호미를 팽개친다.

때맞춰 우성면 주민자치회에서 이야기책을 만들자는 제안이 들어왔다. 작년에 시작한 사업인데, 면내 31개 마을을 차례로 순회하면서 사람들이 살아온 이야기와 살아가는 이야기를 발췌하여 책으로 엮어내는 일인데, 전문가가 필요하다고 했다. 작가인 나에게는 안성맞춤인 일 같아 흔쾌히 수락하고, 전반기 '우리 마을 이야기책' 발간 사업에 뛰어들었다.

면 소재 각 마을 어르신들을 만나 이야기를 듣다 보니, 공주에 대하여 내가 아는 게 없다는 걸 알게 되었다. 공주에서 중학교를 졸업하고 고등학교를 대전으로 진학한 이후 계속 타지에 살았으니 어찌 보면 당연한 것인지도 몰랐다. 생전에 유림으로 활동하시던 아버지께서 노씨 종중의 족보를 편찬하시며 만경 노가의 뿌리인 삼의사에 대하여 이야기를 하실 때마다 옛이야기라고 생각했다. 아버지가 임진란에 중봉 조헌 선생을 따라 의병으로 참전했던 할아버지 삼형제 이야기와 그중에 큰아들이었던 응환 할아버지의 아들 숙이 인조 파천 때 왕사를 도운 이야기를 자랑스럽게 하실 때마다 한 귀로 듣고 한 귀로 흘렸다.

그런데 마을 이야기책을 발간하면서 『노씨 문헌록』을 읽고, 아버지가 편찬하신 족보를 뒤적거리며 나의 뿌리를 더듬어 확인했다. 그러다 보니 아버지가 쓰신 "선조의 업적을 후손이 기리며 살아가기를 바라는 마음으로 족보를 편찬한다"라는 발간사가 눈에 들어왔다. 어렸던 어느 날 아버지는 "지난주에는 성균관에 가서 난중일기도 살펴보았고, 중봉집도 살펴보았는데, 세 분 할아버지의 의병 활동에 대한 기록이 나와 있더라"라며 자랑스러워하셨다.

결국 나는 아버지의 바람대로 청백리로 살아오신 선대의 삶을 비롯하여 삼의사(충남지방문화제 23호)에 계신 세 분의 의병 활동을 되짚어 보고, 인조 임금을 도운 노숙 할아버지의 행적을 찾아 역사 동화를 쓰기 시작했다. 외세가 쳐들어왔을 때 의병으로 나가 목숨을 바치고, 역적이 일어나 왕사에 위기가 처했을 때 임금을 호종하며 어공미를 모아 섬기던, 민초였던 선조들의 마음을 헤아려본다. 그런 뿌리를 잊지 않았던 아버지와 그런 남편을 섬기느라 평생 호미를 놓을 수 없었던 종부였던 어머니 마음도 헤아려본다.

농번기가 다가오면 아침저녁으로 논에 나가 일하시고 해가 내리쬐면 사랑방에 앉아 책과 신문을 읽으시며 족보를 편찬하신 아버지, 그런 아버지와 살려니 어머니는 뙤약볕에도 호미를 들고 풀과 싸워야 했는데, 그분들이야말로 뿌리를 잊지 않고 강인하게 살아가는 풀이 아니었을까.

숱한 외세에도 뿌리를 잃지 않고 살아오신 우리의 조상들, 부모님 떠나신 빈집에 들어와 부모님이 그랬던 것처럼 텃밭 풀과 씨름하며 풀뿌리를 생각한다. 민초로 살아오면서 나라가 위기에 처했을 때 의병으로 참전한 세 분 할아버지를 생각한다. 아니 임진란에 세 아들을 잃은 할머니와 남편을 잃은 세 분의 아내와 아버지를 잃은 세 가정의 아이들을 생각한다. 충신이었던 이괄을 역적이 되게 하고, 그에게 쫓겨 공주로 도망 온 못난 임금도 임금이라고 섬기던 노숙 할아버지를 생각한다. 그리고 그분들을 잊지 않으려 한복을 차려입고 유림으로 활동하며 조상의 제를 지내며 족보를 편찬하시던 아버지의 삶을, 가난한 집 종부로 힘들었던 어머니의 신산스러웠던 삶을 뒤적거려 본다. 그분들이야말로 밟히면서도 일어설 줄 아는 강인한 풀이었구나, 깨닫는다.

몇 번의 호미질로 뒤적거려 본 그분들의 생애를 글밭에 옮겨 심으면 어떨까, 엄마가 다듬던 텃밭만큼 정갈하지는 않겠지만, 쓰고 지우고, 쓰고 지우기를 하다보면 그분들의 삶을 심은 글밭도 엄마의 텃밭 못지않게 깔끔해지지 않을까.

글밭을 가꾸는 일은 위액이 역류하지도 않는다. 물론 텃밭 못지않게 허리가 아프고 땀도 흐르지만 애쓴 만큼 고랑 고랑 문장이 깔끔해지는 걸 느낀다. 내가 가꾼 글밭에서도 냉이꽃, 봄까치꽃, 민들레, 제비꽃 등 소박한 풀꽃들이 피어나겠지. 그것들이 피우는 풀꽃과 씨름도 해야겠지, 심호흡을 한다.

텃밭에서 나는 푸성귀들이 우리 몸에 좋은 양식인 것처럼 글밭에서 나오는 것들도 우리 영혼에 좋은 양식이 될 수 있을 것이다. 그리되기를 소망하며 귀촌 5년, 나는 아버지, 어머니를 비롯하여 풀처럼 살아오신 선조의 지난한 삶을, 어머니의 신산스러웠던 삶을 글밭에 옮기기 위해 열정을 쏟는다. 이장님이 가꾸는 마을 이야기도 글밭에 가꾸고 싶은데, 이모작을 하려면 땀 꽤나 흘리겠다.

― 2023년 9월 12일

산딸기

 산딸기나무가 귀향한 이듬해 함께 살자며 우리 집으로 왔다. 사촌 시동생이 가져온 산딸기나무는 붉고 가느다란, 회초리 같은 막대기였다. 그걸 가져온 사촌 시동생은 우리 집 텃밭에 꽂아놓더니 "열리면 따 먹을 만해유" 하고는 돌아섰다. 남편의 고모 아들인 그는 참 부지런하고 알뜰한 사람이다.
 어느 날 남동생이 와서 산딸기가 심긴 텃밭을 보고는 집 옆에 있는 창고의 추녀 밑으로 옮겨 심었다. 뿌리가 번지기 시작하면 텃밭을 버린다는 지론이었다.
 한 해가 지나자 산딸기나무는 제법 많은 가지를 뻗었고, 남동생 말대로 주변 여기저기에 새순도 올라왔다. 5월이 되어 하얗게 꽃을 피우더니 꽃이 진 자리에 열매를 맺기 시작했다. 한 자루에 네 알 혹은 다섯 알의 진초록 단단한 열매였다.
 산수유와 보리수 열매는 양달과 응달의 차이는 있지만, 붉으죽죽 한꺼번에 우르르 앞다투어 익는데, 네 알 혹은 다섯 알의 산딸기는 한 알씩 익어갔다. 토양이 척박해 그런가 싶어 거름을 줬는데도 마찬가지였다.
 주로 가운데 열린 산딸기에 먼저 살이 올랐다. 뽀얗게 살이 오른 알이 붉어지다가 검붉게 농익으면 알이 더욱 굵어지며 먹음직스러운 산딸기가 된다. 이후에 옆에 있는 푸른 열매 하나에 뽀얗게 살이 오르기 시작한다. 그 산딸기가 붉어지고 탐스럽게 농익으면 그 다음 열매에 살이 오르고 붉어지고 농익는다. 자기 차례가 올 때까지 한 자루에 열린 산딸기는 푸르고 단단한 모습으로 기다렸다.

신기하다 싶어서 다른 나무의 산딸기도 유심히 살펴보았다. 약속이나 한 듯 똑같이 하나의 열매가 농익은 후에야 다른 열매에 살이 오르고 붉어지고 농익는다. 무엇을 기준으로 순서가 정해지는지는 알 수 없지만, 한 자루에 열린 다섯 알 혹은 네 알의 산딸기는 생길 때부터 서열을 정한 듯하다. 그 서열에 따라 익어가는 열매들, 말없이 자기 순서를 기다리는 열매가 놀랍다.

산딸기는 4~5월에 하얗게 꽃이 피고 열매를 맺기 시작하면 6월에 접어들면서 살이 오르며 붉어지기 시작한다. 한 자루에 보통 4~5개씩 열리는데 하나씩 붉어지고 농익는데, 검붉게 농익는 하루는 크고 탐스러운 모습으로 변한다. 감도 붉게 익은 것과 농익은 것은 크기에서 차이가 나더니, 산딸기도 그렇다. 농익을 때 통통하게 살이 오르고 과즙이 차는 것이다.

잎새 뒤에 숨은, 농익은 산딸기를 따려고 팔을 뻗으면 나무는 그냥 주지 않는다. 가시를 내밀어 손가락이든 손등이든 팔이든 한 번씩 찌르거나 할퀴고 준다. 그러니까 가시는 농익은 산딸기를 지키는 파수꾼이다. 순서를 정해 기다리며 힘들게 익혔는데, 그냥 줄 수는 없는 모양이다.

귀향 6년 차, 산딸기가 익을 무렵이면 결혼한 조카들이 어린 자녀를 데리고 산딸기 따는 체험을 하러 온다. 아이들은 소쿠리를 들고 밖으로 뻗은 가지에서 한 알 두 알 따 담는다. 다섯 그루 심었는데 조카들이 따먹고도, 우리 가족과 남매들 실컷 먹는다. 얼리기도 하고, 쨈을 만들기도 한다.

한꺼번에 익히면 전멸할까 봐 하나씩 익히는 것일까. 다투지 않고 순서를 기다리는 산딸기는 나의 사유체계를 확장시킨다. 딸부잣집에서 위로 세 언니가 객지로 나가고 다섯 남매가 부모님과 살 때였다. 어쩌다 "뻥!" 하는 뻥튀기 아저씨가 마을에 들어오면 엄마는 말린 곡물을 꺼내 뻥튀기를 튀겼다. 우리는 그것을 튀밥이라고 불렀다. 주로 말려놓은 옥수수와 설 명절에 먹다 남은 흰떡이었고, 그런 것이 없을 땐 쌀과 보리쌀을 튀기기도 했다. 이제 돌아보면 겨울날 양지바른 마루에 걸터앉아 엄마가 튀겨온 뻥튀기 자루에서 그걸 나눠주시던 날들이 천국이었던 듯 행복했다.

엄마가 우리에게 뻥튀기를 담아주는 그릇은 댕댕이 넝쿨이나 싸리나무 혹은 대나무로 만든 작고 앙증맞은 소쿠리였는데, 손으로 만든 것이라서 크기가 제각각이었다. 종손인 남동생의 소쿠리가 제일 컸고, 다음으로 둘째 남동생의 소쿠리였으며 나머지 딸들은 그날그날 랜덤으로 주어졌다. 남동생의 소쿠리에 받아먹고 싶었던 기억이 생생하다. 우리들의 뻥튀기 그릇 크기는 태어난 순서가 기준이 아니라 아들이 먼저였고, 다음이 태어난 순서였다.

하늘은 양으로 아버지를 상징하고, 땅은 음으로 어머니를 상징한다. 어머니는 모든 걸 받아주고 품어 길러 내지만 엄격한 아버지는 선별하여 잘라내고 잘 자랄 것만 키운다. 농경사회에서 유산을 나누어 줄 때도 장자에게 많은 걸 물려준다. 땅은 그 집안이 대대손손 살아가야 하는 터전이기에 장자에게 넘겨주면 지킬 수 있지만, 골고루 나눠주면 사라질 확률이 크기 때문이다.

종족을 보존하기 위해서는 살아남을 한 사람, 장자를 선택하는 것이 아버지들의 권리였다. 유대인이 그랬고 유교사상이 팽배한 우리나라가 그랬다. 성서에도 아버지로부터 물려받는 장자의 축복권을 두고 싸운 쌍둥이 형제 야곱과 에서의 이야기는 유명하지 않은가. 차자는 자기가 알아서 생존해야 한다. 그래서 차자는 장자보다 더 투쟁적이고 모험적이다.

그러한 섭리는 적자생존인 자연의 세계에서 더욱 선명하게 드러난다. 새들도 먹이가 부족할 때는 살아남을 새끼만 먹여 키운다. 다른 새끼는 버리는 것이다. 500년 조선왕조의 역사를 보아도 왜 세자가 되려 했는지, 세자를 두고 일어난 부지기수의 궁중 암투가 이해된다. 왕 중심의 사회에서 같은 핏줄의 남자들이 왕이 되지 못하면 살아남을 확률이 낮아지니까. 선택된 장자가 대대손손 그 종족을 지키고 번식시킬 만한 능력자인지는 미지수인데도 말이다.

오늘날은 사회적 약자인 차자와 딸들이 평등을 주장하며 투쟁한 덕분에 유산 상속에서는 성별이나 서열에 관계없이 똑같은 권리가 주어진다. 이는 자연의 섭리와 다른 인간 중심적 사고이지만, 현대는 농경사회가 아니니, 장자가 고향을 지키거나 조상을 섬기는 것도 아니어서 평등은 합리적인 것이 되었다.

이런저런 상념에 젖고 보니 따놓은 산딸기가 소쿠리 가득 농염하다. 어떤 것을 기준으로 서열을 정했는지 모르지만, 순서를 지켜가며 살이 오르고 붉어가고, 농익는 산딸기 덕분에 나는 싱싱하고 달콤한, 맛있는 산딸기를 6월 내내 먹을 수 있었다. 많이 딸 때는 냉동실에 저장해두기도 하는데, 더운 여름에 얼음 박인 산딸기를 꺼내 한 알 한 알 씹는 맛도 일품이다.

소쿠리 가득한 붉디붉은 산딸기를 어떡할까, 그냥 냉동시킬까, 잼을 만들까 아니면 벌거벗고 누워 있는, 농염한 산딸기를 누구와 나눠 볼까. 이 사람 저 사람 떠올리며 전화기를 만지작거리는데 입 안에서 산딸기 터지는 상큼함, 아자작아자작 씨앗 씹히는 소리 절미(節美)하게 넘쳐난다.

— 2025. 7. 15

|해설|

진솔한 고백이 뿜는 향
— 노경수 산문집에 부쳐

박덕규 문학평론가, 단국대 명예교수

　노경수의 산문은 자신이 살아온 체험과 깊은 관련이 있다. 농사짓는 부부의 8남매 중 다섯째딸로 태어나 가난하게 성장한 사연부터 한 아름이다. 이후 우여곡절 끝에 고등학교까지 다녀서 취업을 하고 결혼을 하고 자식을 낳고 키운 사연이 또 다른 한 아름이다. 자식들 키우면서 뒤늦게 공부에 재미를 들여 독서지도를 하고 동화작가가 된 일이며, 그걸 계기로 만학의 대학생이 되고 나아가 대학원 석사, 박사를 연이어 취득해 대학 강단에 선 과정이 그렇다. 어디 이뿐인가. 첫딸이 17개월 때 치명적인 위암이 발병해 시한부 삶이 된 상태에서 아들을 낳고 도리어 건강을 되찾아 꿋꿋이 살아온 일, 가장의 연이은 사업 실패로 경제적 수난을 겪으며 이를 견뎌낸 일, 그러고 또 두어 해 전부터 유방암 항암 치료를 묵묵히 이겨내고 있는 일 또한 숨김없이 드러나 있다.
　세상에 평탄한 삶이 어디 있으랴만, 노경수의 이런 체험기는 시련의 역사라 할 만도 하고, 또한 고난을 이겨낸 역경 극복의 스토리라 할 만도 하다. 무엇보다 인상적인 것은 분명 자신에게 찾아든 운명과도 같은 조건이 남달리 험악한 성질의 것이 많았음에도 불구하고 불평하고 원망하기보다 순응하고 감사하는 마음으로 그것을 이겨내 왔다는 점이다.

ⅰ) 그날 나는 얼떨결에 영순이 옆에 앉아 사진을 찍었다. 그리고 집으로 돌아와 엄마에게 학교에서 있었던 일을 얘기했다. 가만히 듣고 있던 엄마가 깊은 한숨을 내쉬며 말했다.
"다니다 중퇴하는 일이 있어도 너도 들어가 보자."
그날 찍은 사진 한 장은 나의 운명을 바꿔놓았다. 비록 친척 언니가 입던 교복을 물려 입었지만 나는 중학생이 될 수 있었고 반질반질 닳고 닳은 교복으로 주눅은 들었지만 가는 허리에 질끈 벨트를 메고 중학교 교문을 드나들었다. 졸업 후 실업계 고등학교로 진학하였고, 취업해서는 부모님을 도와 남동생 둘의 대학 뒷바라지도 했다. ―「보리수나무 아래에서」에서

ⅱ) 비가 그치고 나면 더욱더 맑은 하늘이 펼쳐지고 비 온 뒤 때로는 그 하늘에는 무지개도 뜨는 법이니 너희도 너희 몫의 삶에 최선을 다해라, 그것만이 밝은 미래를 보장해 준다. 사계절이 돌고 돌듯이 쉬움과 힘듦도, 기쁨과 슬픔도 돌고 도는 것이다. 온 가족이 함께 희망을 심어 가면 맑은 날은 반드시 오게 되어 있다. 건강을 잃고도 되찾았는데 집을 잃고 되찾는 건 일도 아니다. 라며 나는 아이들에게 주술을 걸고 또 걸었다. ―「마디가 생기는 시간」에서

ⅲ) 그리고 보면 세상은 참 아름답다. 자연이 아무리 아름다울지라도 사람의 속내만큼 아름다운 것은 없다는 어느 스님의 말처럼 관계 속에서 느끼는, 다가가지도 못하고 돌아서지도 못해 바라보아주는 마음들, 채 말이 되어 나오지 못하는 마음이 아름다워 사랑하지 않을 수가 없다. 하고 싶은 말을 어찌 다 하고 살까. 채 건네지 못하고 입가에서 멈춰야 하는 마음들은 소리가 되어 나오지 못했음에도 불구하고 나는 느낄 수 있는데, 그 따

뜻함은 오래오래 남아서 나를 감싸주고 사랑하게 만든다. 그런 마음들로 인해 나는 사색에 빠지고 글을 쓴다. ―「짝사랑 ― 문학노트」에서

ⅰ)에서 초등학교를 졸업하는 아이는 중학교에 진학할 수 없는 처지였다. 바로 위 언니는 진학을 했고, 이 아이는 그 아래 남동생 둘을 나중에 진학시키기 위해 살림밑천으로 쓰일 상황이었다. 그런데 중학교에 진학 예정인 친구들이 두 사람씩 짝을 맞춰 찍는 사진에 구색을 맞춰주기 위해 한 친구 옆에 앉아 나란히 찍은 그 사진으로 부모님의 마음을 움직였다. 교복도 살 수 없어 친척 언니한테 물려 입고 입학을 했고, 그 뒤 여상까지 다녀서 취업을 해서는 동생들 뒷바라지를 하는, 실질적인 살림밑천이 되었다.

ⅱ)는 가장의 사업 부도로 가재도구가 차압당하고 집도 내놓아야 할 상황에 직면했을 때의 심정을 보여준다. 이미 이전의 경험도 있어서 "다 내어주자고 각오"도 했던 터였다. 그러나 "저질러졌던 일들을 수습하는 데 만만치 않은 고통"이 따라온 것이다. 그런 상황에서도 "이 폭풍우만 넘기면 맑은 하늘이 나타날 것이다. 속삭이며 아이들의 어깨를 다독"이고는 우체국으로 데리고 가서 아이들 통장을 하나씩 만들어주고 다짐하고 있다. "건강을 잃고도 되찾았는데 집을 잃고 되찾는 건 일도 아니다"라며 아이들에게 주술을 건다.

ⅲ)은 없는 살림에 스스로 공부하면서 아이들을 직접 가르치며 키우겠다고 마음먹고 시작한 독서지도사 공부를 바탕으로 아이들의 공부를 도왔을 뿐 아니라 스스로 동화작가가 된 체험을 담고 있다. 그러는 과정에서 얼마나 많은 시련이 있었을까. 문학의 이름으로 만난 사람들도 많았을 것이고 그 가운데는 꼭 필요한 사람만 있지는 않았을 것이다. 그러나 이 글은 자신을 도운 많은 이들을 흥겹게 떠올린다. 마음에만 품고 내뱉지 않은 고마움이 자신을 사색과 글쓰기로 이끈다고 고백한다.

노경수의 산문은 이처럼 어떤 운명적인 환경에 닥쳐도 그 앞에서 절망하거나 좌절하지 않은 채 그걸 새로운 날을 위한 동력으로 삼는 태도와 과정을 보여준다. 이는 단순히 글쓰기의 과정에서 나타나는 수사가 아닐 것이다. 실제의 삶에서도 여러 악조건에 부딪치면서도 이를 수긍하면서 지금보다 더 나은 시간을 향해 매진해 왔음을 이 책 곳곳에서 확인할 수 있다.

이 책은 크게 네 덩어리를 이루고 있다. 첫째 덩어리는 가족과 부모님 특히 어머니에 대한 사연을 다룬다. 둘째 덩어리는 가족 그 중에서도 자녀 성장과 관련한 사연을 담았다. 셋째 덩어리는 예기치 않게 동화작가가 되고 난 뒤 만학도로 대학을 마친 과정을 설명하고 그로부터 얻은 나름의 교육관까지 피력했다. 넷째 덩어리는 생활인으로 살면서 부딪치며 느낀 이야기를 담았다.

다음은 첫째 덩어리 글 중 한 장면이다.

"언제 올래? 장에 가서 들기름을 짜야 되겠는디…."
7년 전 2월, 엄마 전화였다. 엄마는 대보름이 되기 전에 들기름을 짜야 한다며 기동성 있는 딸이 집에 오기를 기다렸다.
"알았어요. 엄마. 미국 다녀와서 내려갈게요."
"오늘은 안 되냐?"
"준비할 게 많아요. 기름은 다녀와서 짜도 되잖아요."
혹시나, 전화를 받은 내가 달려올까, 아니면 가까이 사는 큰딸이 달려올까, 들깨를 깨끗하게 씻어 말린 엄마는 마대 자루에 담아 창고 입구에 넣어둔 것이다.
"알았어. 너 바쁜 일부터 해야지." ―「창고 정리」에서 어머니를 떠나보낸 그 집에 거주하면서 하루 짬을 내 창고 정리를 하며 어머니를 떠올리고 있다. 무엇이든 있으면 자식들 챙겨주려고 애쓰는 어머니 심정을 잘 이해하면서도 바쁘다는 핑계로 받아들이지 못한 추억이 많다. 특히 위 대화는 어머니가 한 '마지막 말'이었다. 전화 통화를 마치고 십여 일 뒤, 뇌졸중으로 쓰러져 일주일 만에 의식을 찾은 뒤부터는 왼쪽 뇌가 막히고 오른 편마비에 언어장애까지 생겨 말을 잃어버린 것이다. 그러다 돌아가신 지 2년. 창고 정리를 하다보니 그 마지막 말에서 들기름을 짜려고 준비한 들깨 자루가 그대로 남은 걸 보고 "털썩 주저앉고"만다. 아직 여기저기 남은 어머니의 흔적을 본 딸의 심정이 고스란히 전달돼 오는 글이다.

첫 번째 덩어리에는 이런 어머니와의 사연을 비롯해서 아버지, 언니 등 식구들과의 관계를 주로 드러냈다. 무학의 어머니가 첫 남편을 전쟁 통에 잃고 아버지를 남편으로 맞아 8남매를 키우며 살다가 만년에 뇌졸중으로 쓰러진 일이며 그러다 결국 타계한 사연도 여기에 다 들어 있다. 일흔셋이 된 어머니를 모시고 가서 귀에 구멍을 내고 귀고리를 하는 등의 사소한 사연이며, 아버지가 다섯째딸(노경수)이 만학으로 대학을 시작할 때 키우던 송아지 두 마리를 팔아 등록금을 댄 일, 그 딸이 박사까지 마치는 동안 어머니가 수시로 쌈짓돈으로 지원하며 기뻐하신 일, 큰언니가 설날 선물로 사준 빨간 스웨터와 까만 구두를 받고 '신데렐라'가 된 추억(「잊혀지지 않는 선물」) 등이 펼쳐진다. 특히 어머니가 작고하고 나서 독도 탐방에 나서는 선상에서 '엄~~마!' 하고 소리치는 장면(「독도」)은 코끝을 찡하게 한다.

다음은 두 번째 덩어리 글 중 한 장면이다.

그 딸이 초등학교 입학은 물론 중학교와 고등학교를 우수하게 졸업하고 교육대학에 들어갔으며 미국에서 어학연수까지 마치고 돌아와 졸업하고 교사로 취임하다니, 너무나 감사하다는 나의 목소리는 떨렸고 꽃다발을 받고 앞자리에 앉아 있는 딸은 울었다. 나는 경황이 없어 볼 수 없었지만 그 자리에 있던 선생님들도 학부모들도 학생들도 위암으로 투병하며 딸을 키운 내 이야기에 모두가 울었다고 나중에 전해 들었다.

　이런 시간이 있을 줄 알았더라면 근사한 인사말이라도 준비했을 것을, 아무 생각 없이 달랑 떡보따리만 들고 올라왔다가 감정에 북받쳐 모두를 울리고 말았다. 촌스러움만 실컷 보여주고 울먹이다 내려왔지만 내겐 정말 잊을 수 없는 고맙고 감사한 날이었다. ─「딸의 취임식」에서

　딸이 생후 17개월일 때 위암에 걸렸다. 시한부로 입원해 있는 동안 집에 남아서는 엄마 냄새가 좋다고 엄마 베개를 끌어안고 자고, 문병을 와서는 주삿바늘로 엄마를 찌르는 간호사의 출입을 막으려던 그 딸이다. 그 딸이 초등학교에 입학할 때까지만이라도 살게 해 달라고, "사랑할 수 있는 시간이 필요하다고, 그 시간을 허락해 달라고 간절히" 빌었다. "나름대로는 책도 보고 공부도 하면서 스스로 하는 아이로 키우려고 노력했다." 그렇게 자란 딸이 초등학교 교사로 취임하는 날, 엄마로서 '부모님의 소감'으로 그렇게 살아온 얘기를 해서 청중을 울린 것이다.

　두 번째 덩어리에는 이렇듯 자녀들을 키우면서 살아온 체험을 담은 이야기들이 펼쳐진다. 한때 엄마(노경수)가 위암 발병으로 시한부 판정을 받기도 했고, 이후 연이은 사업 실패로 거주가 불안정해지는 고난이 겹친 집안 분위기에도 두 자녀는 구김살 없이 성장했다. 학교에서는 줄곧 장학생이었다. 아들은 고교 때 미국 학교에서 받아들인다는 초대까지 받기도 했다. 자녀들을 키우면서 어머니로서 스스로 공부하며 가르치는 방법으로 사교육비를 줄였다. 자녀들은 중고등학교 때도 그랬지만 대학 시절에도 등록금 부담을 주지 않았다. 딸은 교육대학에 진학해 미국 연수를 거쳐 초등학교 교사가 되고, 아들은 경찰

대학을 나와 경찰청에 근무한다.

다음은 세 번째 덩어리 글 중 한 부분이다.

　나는 어떡하면 아이들을 잘 키울 수 있을까. 좋은 엄마가 되고 싶다는 꿈을 가지고 궁리하다가 함께 동화책을 읽기 시작하였다. 함께 동화를 읽고 토론을 하다 보니 쓸 수 있을 것 같아 창작에 도전하였으며 MBC 창작동화 대상 수상으로 동화작가가 되었다. 그 덕에 특기자 전형으로 수능시험을 보아 대학에 들어갔고, 만학도로 공부하면서 박사학위를 받아 강단에도 섰다. 그러는 과정마다 아이들이 있었다. 좋은 엄마가 되려면 성장하는 아이들을 따라서 엄마도 준비해야 했다. 아이들이 공부하는 단계보다 2년만 앞서 공부하자고 마음먹었다. 그러다 보면 큰애가 대학에 들어가게 될 때면 나도 혹시 대학생이 될 수 있지 않을까, 막연한 기대는 하고 있었다. 그런데 좋은 엄마가 되고 싶다는 꿈은 나를 동화작가가 되게 하였고, 그것은 대학생이 되는 지름길이 되었고, 큰아이가 5학년이 될 때 나는 대학교에 입학했다.
　그러니 나는 아이들을 가르쳤다기보다는 아이들이 나를 가르쳤다고 해도 과언이 아니다. 아이들을 잘 키우려는 과정에서 내가 자랐으니 말이다. 함께 성장한 아이들은 이제 나의 보호자가 되어 이런저런 일을 마주할 때 상의하는 대상이 되었다. 그야말로 교학상장이었다. ―「교학상장」에서

　'교학상장(敎學相長)'이라는 말은 가르치고 배우면서 함께 성장한다는 뜻이다. 흔히 교사를 가르치는 사람이라고만 이해하지만 실은 바람직한 교사는 가르치면서 스스로 부족한 것을 채워나가면서 학생과 더불어 성장해 간다. 위 글은 아이들을 사교육에 의존하지 않고 잘 키워보려는 꿈을 실행해 옮기면서 아이들과 함께 동화를 읽고 토론을 하던 중에 스스로 동화창작까지 하게 돼 동화작가가 되는 과정을 담

왔다. 그걸 계기로 특기자 전형으로 만학도 대학생으로 입학하고, 이어 석사와 박사과정까지 마치고 강단에도 섰다. 아이들을 잘 키우려는 과정에서 스스로도 성장을 거듭한 그야말로 '교학상장'의 예가 아닐 수 없다. 바로 이 주제로 충남 지역 교사들을 대상으로 발표한 학부모의 실천사례를 정리한 것이 바로 이 글이다.

학부모가 교사들을 상대로 교육 실천사례를 발표한다는 것은 사실 난감한 일일 수 있다. 그러나 노경수의 실천을 이해하면 충분히 그럴 자격이 있다는 것을 알 수 있다. 노경수는 여상 출신으로 500명이 근무하는 중기업에 입사해 신용사업부에서 7년간 근무하다 결혼하면서 퇴사한 사람이다. 책과 글은 가까이 있지 않았다. 그러나 자녀 교육을 위해 책을 가까이 했다가 동화작가가 되고 대학을 거쳐 대학원 마치고 강단에 섰고 적지 않은 책을 내는 작가로 활동했다. 지금도 남편의 스마트팜 안개분무설비와 유산균지렁이액비 제조 판매 사업을 도우며 유방암 투병을 하는 한편 글을 쓰고 강의하는 일을 게을리하고 있지 않다. 스물아홉에 시한부 판정을 받은 사람으로서는 실로 '기적 같은 나날'이 세 번째 덩어리 글에 펼쳐진다.

다음은 네 번째 덩어리 글 중 한 대목이다.

무지외반증은 평소 조용히 있다가도 가끔씩 통증을 수반한다. 하이힐이나 킬힐을 신을 때 앞 발바닥으로 쏠린 몸의 무게를 감당하느라 생긴 듯한데, 양쪽으로 삐죽이 튀어나온 오른쪽 앞발을 볼 때마다 하이힐이나 통굽, 킬힐을 고집하던 명동 거리의 20대 내 모습이 떠오른다.

하이힐로, 통굽으로, 킬힐로 오른발을 혹사시키며 지켜야만 했던 20대 나의 자존심은 무엇이었을까. 대학에 진학하지 못한 설움이었을까, 고졸자와 대졸자의 임금 격차였을까, 아니면 열심히 노력해도 벗어날 수 없었던 여상 졸업이라는 신분이었을까. 쓸데없는 자존심으로, 결국 발만 혹사시켰다.

    무지외반증을 앓는 오른발을 쓰다듬는다. 그래도 네가 오른발이다. 힘들어도 '오른' 길만 걸었기 때문에 주어진 이름일 거라며 쓰담쓰담 다독인다. 오른발이 주인을 잘못 만나 고생만 실컷 했다고, 양 볼 뻬쭉이 내밀고 있다. ―「무지외반증」에서

    '무지외반증(拇趾外反症 hallux valgus)'은 엄지발가락이 둘째발가락 쪽으로 심하게 휘어져서 엄지발가락 관절이 안쪽으로 돌출된 상태를 말한다. 심하면 엄지발가락이 둘째발가락과 엇갈리는 정도까지 돌아가기도 한다. 선천적인 경우도 있기는 하지만 대개는 하이힐처럼 특히 앞이 좁고 굽이 높은 신발을 자주 신는 여성에게 잘 발생하는 족부 질환이다. 요즘은 덜해졌지만 한시절 젊은 직장여성들은 하이힐을 많이 신었다. 직장에서 원했을 수도 있고, 자신의 외모나 신분에 따른 부족을 대체하려는 보상심리 같은 것이 작용했을 수도 있다. 위 글은 '대학에 진학하지 못한 설움', '고졸자와 대졸자의 임금 격차', '열심히 노력해도 벗어날 수 없었던 여상 졸업이라는 신분' 등이 하이힐을 고집하게 만든 이유가 되었다는 얘기다. 말을 바꾸면 이 글에서의 무지외반증은 부족과 한계를 어떻게든 극복하려고 치열하게 산 후유증이라 할 수 있겠다.

    이렇듯 이 책의 네 번째 덩어리 글은 20대부터 지금까지 살아오면서 부딪친 많은 사연을 담고 있다. 회사 다닐 때 불매운동을 하려는 집회의 움직임을 파악하기 위해 본의 아니게 '프락치'로 파견 나간 웃지 못할 경험도 있고, 남편의 구강암 후유증 보완 수술이며, 본인의 자궁적출수술 등 심각한 사연도 있다. 최근에 겪고 있는 유방암 투병 얘기도 여기에 있다. 틈틈이 외국에 나가 탐방한 경험도 담았다. 만나면 "거실이고 마당이고 장소에 구애 없이 기쁨을 표현하기 위해 온몸을 내어 던지는" 언니네 반려견 '청이' 얘기도 얹었다. 말 그대로 희

로애락이다. 심각한 이야기는 심각한 그대로, 재미있는 건 그 재미대로 따라 읽으면 절로 고개가 끄덕여지면서 한편으로는 안타까워 혀를 차게 하고 한편으로는 흐뭇하게 미소 짓게도 한다.

노경수의 산문은 진솔하다. 마음 아픈 사연, 고마운 마음, 그리운 생각, 부끄러운 고백, 아쉬운 느낌 등 감추거나 돌려 말하지 않는다. 서술한 그대로 따라 읽어가면 어디 하나 걸릴 데 없이 술술 읽히면서 그 내용에 공감하게 한다. 그 공감은 물론 진솔한 글 양식 덕인 것만이 아니다. 그 진솔함에 실제 자기 삶의 본 모습을 제대로 바라보는 자세가 녹아 있어서다.

집 안에 가득 찬 행운목 향기 속에서 내 살아가는 모습을 돌아본다. 나는 어떤 모습일까. 보잘것없다고 생각했던 행운목은 사력을 다해 이토록 진하고 아름다운 향을 뿜어 올렸는데, 그 향기만큼은 아닐지라도 내게도 분명 숨어 있는 어떤 향이 있으리라. 행운목처럼 봉오리가 예쁘지 않더라도 나 역시 나의 향을 뿜을 수 있을 때까지 잎이 누렇게 뜨는 목마름을 기꺼이 감내하리라. ―「내가 지닌 향기는」에서

노경수는 가난하게 자랐고 치명적인 병으로 시한부가 된 적도 있으며 사업 실패로 거주환경마저 불안정해진 나날도 있었으며 지금도 여전히 병마에 시달리고 있다. 내 삶은 왜 이럴까, 하는 반항심도 없지 않았지만 노경수는 그마저도 긍정의 심리로 돌려놓고 있다. 어떤 악조건 아래서도 "자신에게도 분명 숨어 있는 어떤 향이 있으리라" 믿고 살아왔고 살아가고 있는 것이다. "나의 향을 뿜을 수 있을 때까지 잎이 누렇게 뜨는 목마름을 기꺼이 감내하리라"는 진솔한 고백은 곧 노경수의 삶을 대변한다. "나의 향을 뿜을 수" 있게 온몸으로 살았으니 그 삶에서 향이 나지 않을 턱이 없다!

노경수 산문집
하나의 마디가 생기는 시간

초판 1쇄 발행 2025년 08월 15일

지은이 노경수
펴낸이 임현경

발행처 (재)공주문화관광재단
펴낸곳 곰곰나루
출판등록 제2019 - 000052호 (2019년 9월 24일)
주소 서울특별시 양천구 목동서로 221 굿모닝탑 201동 605호(목동)
전화 02 - 2649 - 0609
팩스 02 - 798 - 1131
전자우편 merdian6304@naver.com
유튜브 채널 곰곰나루

ISBN 979 - 11 - 92621 - 22 - 7 03810

책값 17,000원

* 본 도서는 (재)공주문화관광재단(대표이사:김지광) 사업비로 제작되었으며,
「2025 공주 올해의 문학인」 선정 작품집입니다.
* 이 책은 저작권법에 따라 보호받는 저작물이므로 무단전재와 무단복제를 금합니다.
* 이 책의 전부 또는 일부를 이용하려면 반드시 저작권자와 도서출판 곰곰나루의
  서면 동의를 받아야 합니다.
* 잘못된 책은 바꿔드립니다.